Die schönsten Vornamen für Ihr Baby

F. C. Lindau

Die schönsten Vornamen für Ihr Baby

**Herkunft, Bedeutung,
Namenstage, Sternzeichen**

Zum Thema "Baby und
Kleinkind" sind bereits
erschienen:

Siân Blunos
Gesundes für kleine
Schleckermäuler –
Cocos Lieblingsgerichte
ISBN 3-332-01473-0

Katharina Kerlen-Petri,
Bettina Salis
Mein Baby im ersten
Jahr – Antworten auf
alle wichtigen Fragen
ISBN 3-332-01493-5

Jeanette Stark-Städele
Unser Baby im ersten
Jahr – Mit Spielen fit
fürs Leben
ISBN 3-332-01252-5

Dr. Miriam Stoppard
Erste Hilfe für Babys
und Kleinkinder – Die
wichtigsten Informatio-
nen für den Notfall
ISBN 3-332-01472-2

Dr. Miriam Stoppard
Das Neugeborene
ISBN 3-332-00712-2

Heidi Velten, Bruno
Walter
Harmonische Babymas-
sage
ISBN 3-332-01313-0

Bibliografische Information der Deutschen Bibliothek: Die Deutsche Bibliothek verzeichnet diese
Publikation in der Deutschen Nationalbibliografie;
detaillierte bibliografische Daten sind im Internet
über http://dnb.ddb.de abrufbar.

Urania Verlag in der
Verlagsgruppe Dornier GmbH
Postfach 80 06 69, 70506 Stuttgart

www.urania-verlag.de
www.verlagsgruppe-dornier.de

Umschlaggestaltung: Behrend & Buchholz,
Hamburg
Umschlagbild: © zefa/masterfile/Bob Gelberg
Redaktion: AntiquaNova, Wiesbaden
Satz: AntiquaNova, Wiesbaden
Druck: Westermann Druck, Zwickau
Printed in Germany

ISBN 3-332-01494-3

Inhalt

Bedeutungswandel und Geschichte

Seit alters hat die Vergabe des individuellen Vornamens einen besonderen Stellenwert. Im Brauchtum haben sich Normen verfestigt. Der Staat macht sich anheischig, die Namengebung ordnungspolitisch zu überwachen. Religiöse Gemeinschaften verwandeln die Vergabe des Namens in eine kultische Handlung. Nicht zufällig ist in den christlichen Kirchen mit der Zuweisung des Individualnamens das Sakrament der Taufe verbunden. Und dass in katholischen Gegenden mehr als anderswo der Namenstag von Bedeutung ist, wichtiger vielleicht als der Geburtstag, ist die Folge davon.

In unserer Kultur haben sich die Familiennamen verfestigt und werden von Generation zu Generation – im Wesentlichen unverändert – weitergegeben. Hingegen verstehen es Eltern mehr und mehr als kreativen Akt, ihren Kindern möglichst unverwechselbare

Vor- und Rufnamen zu geben. Sie haben dabei große Freiheiten. Aber wo ist die Grenze zwischen Freiheit und Willkür? Wo endet die Originalität und wo muss sich das Kind einer Zumutung und seelischen Belastung ausgesetzt sehen?

In William Faulkners Roman „Das Dorf", dem ersten Band der Snopes-Trilogie, der etwa um 1931 spielt, gibt es einen Schmied namens Eck, dessen zehnjähriger Sohn einen etwas eigentümlichen Vornamen trägt. Jemand vermutet, Eck habe ihn nach dem Börsenkrach von 1929 umtaufen lassen. Doch Eck widerspricht: „Nein, nein. Nich umgetauft. Er hatte bis letztes Jahr überhaupt keinen Namen nich. Hab ihn nach dem Tod meiner ersten Frau bei seiner Großmutter gelassen, bis ich erst mal Boden untern Füßen hatte, war damals erst sechzehn. Sie rief ihn nach seinem Großvater, aber einen richtigen Namen hatte er nie nich. Aber als ich ihn dann vergangenes Jahr zu mir holte, weil ich jetzt Boden untern

Füßen hatte, dachte ich, der Junge muss doch einen Namen ham. I. O. hat ihn in der Zeitung gelesen. Er meinte, wenn wir ihn Wallstreetkrach nennen, dann könnte er mal so reich werden wie die Leute, die den Wallstreetkrach ausgeheckt ham."

Bei Mark Twain macht der „Yankee an König Artus Hof" seiner Freundin Sandy ein Kind. Sandy gibt dem Kind einen ebenfalls etwas seltsamen Namen. Denn „viele Male hörte Sandy, wenn ich schlief, diesen flehenden Ruf von meinen Lippen. Mit edler Großzügigkeit heftete sie ihn an unser Kind, weil sie annahm, er sei der Name einer verlorenen Liebe." Sandy nennt das Kind „Hallo Amt".

So unmittelbar im ersten Literaturbeispiel der geschichtliche Hintergrund der Namengebung aufscheint, so deutlich verweist das zweite ungeachtet des satirischen Stils auf den magischen Kontext der Namenverleihung.

Beide Namen, *Wallstreet Panic* wie *Hallo Amt*, hätten heute in Deutschland keine Chance, eingetragen zu werden. Die Standesbeamten sind durch die Dienstanweisung für die Standesbeamten und ihre Aufsichtsbehörden angehalten, die Eintragung von „Bezeichnungen" zu verweigern, „die ihrem Wesen nach keine Vornamen sind." Dies gilt auch für Familiennamen, die als Vornamen vergeben werden sollen, soweit nicht nach örtlicher Überlieferung (zum Beispiel in Ostfriesland) Ausnahmen bestehen. Martin Luther King kann man in Amerika heißen; der Familie König in Wittenberg würde die Eintragung des Vornamens Martin Luther für ihren Sohn aber verweigert. Nicht eintragungsfähig sind in Deutschland unter anderem Titel. Sollte ein Witzbold auf die Idee kommen, seinen Sohn Graf Bobby nennen zu wollen, oder ein Verehrer der „Königin der Herzen", seine Tochter Princess Diana, hätte er schlechte Karten. Auch Namenzusätze, die mit traditionellen Vornamen verbunden sind, gelten als nicht eintragungsfähig. Also sollten Eltern es erst gar nicht versuchen, für ihren Sohn den Namen „August der Starke" oder für ihre Tochter „Katharina die Große" zu beantragen.

In Deutschland wachen Standesbeamte darüber, dass ein Vorname seine Trägerin oder seinen Träger nicht der Lächerlichkeit preisgibt oder aber verächtlich macht. Außerdem sollen Vornamen bei anderen Menschen keinen Anstoß erregen. Und sie sollen die relgiösen Gefühle anderer nicht verletzen. Das ist der Grund, warum Judas und Satan bei uns als Vornamen nicht beurkundet werden. Bis vor kurzem waren Jesus und Christus in Deutschland tabu, obwohl Jesús in Spanien und Christós in Griechenland – beides sehr von Religiosität geprägte Länder – alles andere als selten sind. Seit kurzem werden sie auch hierzulande akzeptiert, nicht aber – aus verständlichen Gründen – ein Doppelname Jesus Christus. Und falls Eltern auf die Idee kommen

sollten, Geschwister Kain und Abel zu nennen: Abel ist zulässig, Kain hingegen nicht. Zu den gesetzlichen Vorschriften, welche die Namengebung regulieren, gehört die Bestimmung über die eindeutige Erkennbarkeit des Geschlechts. Hierzu sagt das Personenstandsgesetz: „Für Knaben sind nur männliche, für Mädchen nur weibliche Vornamen zulässig. Nur der Vorname Maria darf Knaben neben einem oder mehreren männlichen Vornamen beigelegt werden. Lässt ein Vorname Zweifel über das Geschlecht des Kindes aufkommen, so ist zu verlangen, dass dem Kinde ein weiterer, den Zweifel ausschließender Vorname beigelegt wird." Gerade diese Regelung führt immer wieder zu Misshelligkeiten und Problemen. Unter welchen Umständen und bei wem kommen Zweifel über das Geschlecht des Kindes auf? Nur beim Standesbeamten? Ist Kai typisch männlich und Nicola typisch weiblich? Oder umgekehrt? Oder keines von beiden? Nicht zuletzt hat die Tatsache, dass Maria als Zusatzname für Knaben erlaubt ist, übervorsichtige Standesbeamte dazu veranlasst, nun auch von Mädchen-Eltern zu verlangen, dem Kind einen eindeutigen Zweitnamen zu geben, der das weibliche Geschlecht ausdrückt, Maria allein genüge dazu nicht …

Wie frei ist die Wahl des Vornamens?

Nicht nur Gesetze beschränken die Vornamenwahl, auch die Grenzen dessen, was man zu verschiedenen Zeiten unter gutem Geschmack versteht – und nicht zuletzt Traditionen und Konventionen. Nicht nur in Fürsten- und Königshäusern werden Vornamen wie ein Programm vergeben – in Dänemark heißen seit langem die männlichen Nachkommen abwechselnd Christian oder Frederik und in Preußens Hohenzollernhaus waren bekanntlich Friedrich und Wilhelm besonders beliebt. Auch in Bauern- und Bürgerfamilien bildeten sich Gepflo-

genheiten der Namengebung, die vielen Einflussfaktoren unterworfen waren.

Bereits 1901 hat der Sprachforscher Robert Franz Arnold eine Übersicht aufgestellt, welcher Hilfsmittel sich Eltern bedienen, um sich für einen geeigneten Namen zu entscheiden. So sah seinerzeit die „Hitliste" der Einflussfaktoren aus:

1. Faktor Tradition
2. ethischer Faktor
3. religiöser Faktor
4. dynastischer Faktor
5. politischer Faktor
6. literarischer Faktor
7. Faktor Wohlklang
8. Faktor Nachbarschaft
9. Faktor Originalität
10. Faktor Unauffälligkeit.

Hinzu tritt als 11. Faktor die Hilfe des Familiennamens: Wer Schumann heißt und seinen Sohn Robert oder die Tochter Klara nennt, drückt damit eine bestimmte Programmatik aus. Und schließlich als 12. Faktor der Zufall. So bekam Benvenuto Cellini seinen Vornamen, welcher „der Willkommene" bedeutet, weil seine Eltern eigentlich die

Geburt einer Tochter erwartet hatten. Und Johann Gottfried Seume (* 29.01.1763) erklärte seine Namen so: „Ich kam mit dem Hubertusburger Frieden an, und man nannte mich also Gottfried." Der Hubertusburger Frieden am 15. Februar 1763 beendete den Siebenjährigen Krieg, der Sachsen besonders schlimm beutelte. Und man kann sich vorstellen, dass für Seumes Eltern im sächsischen Weißenfels dieser Zufall sowohl ethische wie religiöse und politische Motive zusammenführte und sie bewog, ihrem Sohn einen Namen zu geben, in dem die Sehnsucht nach Gottesfrieden mitschwang. „Ich heiße Heinz, wie mein Onkel, der in Frankreich fiel, und Rudolf, wie Rudolf Heß", heißt es in einem Text des Liedermachers Heinz Rudolf Kunze. Es gibt also Anlass anzunehmen, dass sich viele Menschen fragen, warum ihnen die Eltern ausgerechnet diesen Namen gegeben haben. Und viele Eltern werden sich fragen, welchen Namen sie ihren Sprösslingen

mit auf den Weg geben sollen. Als 1976 bei der Olympiade in Montreal der DDR-Langstreckenläufer Waldemar Cierpinski den Marathonlauf gewann, forderte der Sportreporter Heinz-Florian Oertel den männlichen Teil der (Ost-) Nation auf, Mut zu beweisen und die gerade angekommenen Söhne Waldemar zu nennen. Davon dürfte allerdings kaum jemand Gebrauch gemacht haben.

Kleine Geschichte der Namengebung

Unser heutiger Vorrat an Namen speist sich aus verschiedenen Quellen und er wird aus immer neuen Quellen ständig ergänzt, während die alten Quellen immer noch sprudeln und zu mancher Neuentdeckung und Wiederbelebung führen.

Die germanische Wurzel

Die frühe germanische Namengebung war mit dem Heilswunsch verbunden, die in dem Namen (oder in einzelnen Namenbestandteilen) ausgedrückten (oder assoziierten) Eigenschaften mögen durch einen Namenzauber auf den Träger des Namens übergehen. Anders herum betrachtet, stellte die Namengebung einen Rückversicherungsvertrag dar: Die benannte Person befand sich in kultischer Abhängigkeit zu einer Gottheit und stand zugleich unter deren Schutz. Oder der benannten Person wurden per Namenbestandteil Wissen, Können, Wollen, Eigenschaften und Funktionen zugeschrieben, die der Gottheit eigen waren und deren Übergang auf die Person man wünschte. Schon in germanischer Vorzeit jedenfalls war die Namengebung für die Menschen ein wichtiger, ja kultischer Akt.

Christliche Namen

Noch zur Karolingerzeit sind christliche Namen im deutschen Sprachraum außerordentlich selten. Die erste Welle christlicher Namen verläuft sich Anfang des 11. Jahrhunderts, ohne den germanisch-fränkischen Namenbestand wesentlich verändert oder verdrängt zu haben. Vor allem Namen aus dem Alten Testament sind aus dieser ersten Chrstianisierungswelle des Namenbestandes überliefert: Aaron, Abraham, Adam, Daniel, David, Elias, Isaac, Moyses, Salomon, Samuel. Daneben auch einige aus dem Neuen Testament wie Andreas, Johannes, Marcus, Petrus, Simon, Stephanus aber auch Zacharias. Unter den Frauennamen waren die christlich geprägten noch seltener als bei Männern; überliefert sind aus der Frühzeit Susanna, Judith, Petrissa, Elisabeth, Beata, Christina. Vom späten 12. Jahrhundert an überrollt die zweite Welle christlicher Namen den deutschen Sprachraum. Sie steht in Zusammenhang mit der aufkommenden Heiligenverehrung. Rufnamen aus dem Neuen Testament werden beliebt. Aus dem Raum des Klosters Heisterbach belegt eine Statistik, wie die Namen aus germanischen und christlichen Quellen verteilt waren und welche Veränderungen sich zwischen 1200 und 1500 vollzogen haben. Waren um 1200 ganze 5 Prozent der männlichen Vornamen christlich geprägt, so waren es 150 Jahre später schon 30 Prozent und um 1500 rund 60 Prozent. Noch eindrucksvoller fällt die „christliche Wende" bei den weiblichen Vornamen aus. Immerhin schon 15 Prozent der Mädchen bekamen um 1200 christliche Vornamen, 150 Jahre später hielten sich christlich geprägte und germanische Vornamen etwa die Waage und um 1500 waren bereits 90 Prozent aller weiblichen Vornamen christlich geprägt. Daran hat sicher auch das Frauenbild der Kirche mitgewirkt, das zum Ausgang des Mittelalters die Rolle der Frau als Dulderin und Dienerin ziemlich eindeutig definierte. Zu diesem Frauenbild dürften Erinnerungen an weibliche Wehrhaftigkeit wie bei den Namen Gudrun und Siegrun (Zusammensetzungen aus „Kampf" und „Sieg" mit „Geheimnis, Zauber") oder gar bei der gepanzerten Kämpferin Brunhilde nicht mehr recht gepasst haben. Eine weiteres Motiv für die Namenwahl war die Verehrung der Schutzheiligen und der Brauch der Namenpatronate. Mit den Heiligen und Schutzheiligen verbreiteten sich auch deren Namen. Viele dieser Namen wurden allerdings an die germanischen Laut- und Betonungsverhältnisse angepasst. So wird Hans aus Johannes, Niels aus Cornelius, Thies aus Matthias, Lene aus Magdalena und Trine aus Katharina: Den Deutschen lag eben die germanische Stammbetonung der ersten Wortsilbe einfach besser im Mund als die Betonung der zweiten oder dritten Silbe bei Namen lateinischen oder griechischen Ursprungs. Im Zuge der Heiligenverehrung wurden auch viele altgermanische Namen – auch Heilige trugen „heidnische" Namen – wieder rehabilitiert, indem sie nicht mehr in ihrer ursprünglichen Bedeutung verstanden wurden, sondern im christlichen Traditionszusammenhang.

Die Orden der Bettelmönche taten viel für die Ausbreitung der Heiligenlegenden und -namen. Die Kreuzfahrer schließlich brachten nicht nur Reliquien, sondern auch Legenden der Ostkirche, griechische und orientalische Namen mit nach West- und Mitteleuropa. Doch erst nach dem Trienter Konzil von 1563 verlangte die katholische Kirche ausdrücklich, der dem Täufling beigelegte Name solle „von Männern und Frauen genommen werden, die durch ihren frommen und gottesfürchtigen Wandel zu den Heiligen gerechnet werden".

Zu diesem Zeitpunkt hatte die Reformation in Deutschland mit der Heiligenverehrung bereits gebrochen; die Namengebung in den protestantischen Gegenden speiste sich aus anderen Quellen und Motiven. Doch natürlich kennen auch die evangelischen Kirchen verehrungswürdige Leitbilder und Glaubenszeugen, derer im Lauf des Kirchenjahres gedacht wird. Im ökumenisch orientierten Evangelischen Namenkalender von 1984 gibt es immerhin 138 Gedenktage, die mit denen der römisch-katholischen Kirche übereinstimmen; so bleibt auch hier die Erinnerung an die seit alters verehrten Heiligen lebendig. Jedoch ist dieser Kalender weder als Namenstagskalender im Sinne der katholischen Heiligenverehrung aufzufassen, noch wird seitens der evangelischen Kirchen ausdrücklich dazu aufgefordert, ausschließlich diese Namen zu wählen.

Andere Einflüsse

Dort, wo die Deutschen heute leben, waren die Kelten schon eher als die Germanen. In Westdeutschland – im Grenzgebiet zu Belgien – haben sich Reste keltischer Namenbildung lange gehalten.

Stärker noch sind die sprachlichen Spuren, die sich in den ehemals slawischen Siedlungsgebieten in Ost- und Ostmitteldeutschland – vor allem bei Orts-, Landschafts- und Personennamen – der deutschen Sprache aufgeprägt haben. Erkennbar sind sie immer noch an Namen wie Wenzel (Kurzform von Wenzeslaus, was wiederum die latinisierte Form des tschechischen Václav ist, eine Zusammensetzung aus „mehr" und „Ruhm") oder Stanislaus (latinisierte Form des polnischen Stanislaw, eine Zusammensetzung aus „werden" oder „Festigkeit" und „Ruhm"). Kein Wunder: Wurde doch in der Mark Brandenburg bis ins 19. Jahrhundert das Wendische (Sorbische), eine slawische Sprache, in weiten Landstrichen noch gesprochen und bis heute gibt es in Südostbrandenburg und Ostsachsen ein geschlossenes sorbisches Siedlungs- und Sprachgebiet. In Theodor Fontanes Roman „Der Stechlin" wird der alte Herr, „schon ein gut Stück über Sechzig hinaus", charakterisiert als „Typus eines Märkischen von Adel, aber von der milderen Observanz, eines jener erquicklichen Originale, bei denen sich selbst die Schwächen in Vorzüge verwandeln." Dieser Major a. D. heißt bei Fontane Dubslav (Zusammensetzung aus „tap-

fer" und „Ruhm") von Stechlin. Sein altslawischer Vorname harmoniert durchaus mit dem „Selbstgefühl all derer, die ‚schon vor den Hohenzollern da waren' ..."

Namenmoden und Modenamen

Die Namengebung wurde aber auch immer wieder durch wechselnde Moden beeinflusst, und das nicht erst in jüngster Zeit.

Humanismus und Reformation

Auch das 16. Jahrhundert hatte seine Moden. Weil die protestantischen Kirchen die katholische Heiligenverehrung ablehnten, bevorzugten sie stattdessen alttestamentliche Namen. Abraham, Benjamin, Elias, Jonas oder Daniel, David, Jeremias, Samuel, Tobias kamen wieder auf. Nicht zuletzt, weil die Bibelübersetzung Luthers sie populär machte.

Vom Bildungsbürgertum eingeführt und vom Hochadel begierig aufgegriffen, trifft man um 1500 auch auf antike Namen: Jungs heißen jetzt wieder Agrippa, Claudius und Hektor, Mädchen Cornelia, Felicitas und Sabina. Brandenburgs Markgrafen und Kurfürsten legen sich antike Beinamen zu und nennen sich Albrecht Achilles, Albrecht Alkibiades oder Johann Cicero.

Auf der anderen Seite entstehen, besonders im pietistischen Umfeld, christlich motivierte Neuprägungen wie Ehrenfried, Erdmann, Gotthelf, Leberecht oder Traugott. Der zu Halle „Systematik lesende Professor" in Thomas Manns Roman „Doktor Faustus", der als „der saftigste Sprecher an der ganzen Hochschule" galt, konnte gar nicht anders heißen als Ehrenfried Kumpf.

Auch die Doppelnamigkeit wird nun häufig. Dadurch sollen besonders beliebte und daher sehr häufig vergebene Namen wieder individualisiert werden. Unter den männlichen Vornamen trifft es besonders Hans und Karl, unter den weiblichen Vornamen vor allen anderen Maria und Anna. Ein Elternpaar, das etwas auf sich hält, nennt senen Knaben nicht einfach Johann, sondern Johann Sebastian oder Johann Wolfgang, das Mädchen nicht einfach Anna, sondern Anna Magdalena. Im Lauf der Zeit werden aus Doppelnamen „Bindestrichnamen" – Karl-Heinz, Hans-Werner – und aus denen wiederum Doppelformen wie Karlheinz oder Hanswerner.

Der unkirchliche Namenstil

Die seit dem 17. Jahrhundert aufkommenden und wechselnden Namenmoden nennt der Namenforscher Adolf Bach den „unkirchlichen Namenstil". Besonders ausländische Namen machen jetzt Karriere. In der Zeit des Sonnenkönigs kommen Henriette, Jeanette, Luise und Charlotte aus Frankreich über den Rhein, gefolgt von Emil, Eduard und Louis. Über Österreich, das in Italien Provinzen besitzt, wandern italienische Namen nach Deutschland ein: Eleonora, Laura und Guido

klingen dem deutschen Ohr
so angenehm, dass sie sich
rasch einbürgern.

Ende des 18. Jahrhunderts
setzen sich auch englische
Namensformen durch. Sie
sind Ausdruck der Bewun-
derung, welche die bürger-
lichen Kreise für die wirt-
schaftliche Prosperität und
politische Liberalität Eng-
lands empfinden: Harry,
Arthur, Edgar und Henry
sind britisch inspiriert, Betty,
Ellen, Fanny ebenso.

Nordische Namen tauchen
dann im 19. Jahrhundert auf:
Helga, Ingrid, Ingeborg, Si-
grid bei den Frauen, Gustav,
Hjalmar und Knut bei den
Männern.

Auch slawische Namen kom-
men immer wieder dazu, besonders dann, wenn russische
Großfürstinnen in deutsche
Herrscherhäuser (und deren
gibt es etliche) einheiraten.
Ludmilla, Olga, Wanda blie-
ben an Frauennamen hängen,
Fedor (eine buchstabengetreue
Wiedergabe des auf Russisch
Fjodor ausgesprochenen Namens, der wiederum die slawische Umlautung von Theo-

dor ist) und Boris verlieren
für die deutschen Ohren ihre
Ungewöhnlichkeit.

Kurz-, Kose-, Doppelformen

So wie bereits im Mittelalter
christliche Namen dem deutschen Laut und Betonungs-
system angepasst wurden, so
geht die historische Sprach-
wirklichkeit auch mit den
Doppelnamen respektlos um.
Aus dem hehren Namen
Johann Georg – vier Silben
Renaissancefürstentum – wird
das plebejische Hans-Jörg.
Maria Elisabeth schrumpft
zur Kopulativform Marlies,
die fromme Maria Magdalena
wird zur lasziven Marlene.
Stimmt wirklich. Marlene
Dietrich hieß mit bürgerli-
chem Namen Maria Mag-
dalena von Losch.

Kurz- und Koseformen sind
heute schon so selbstverständ-
lich in Gebrauch gekommen,
dass sich kaum noch jemand
an Lutz (für Ludwig), Rudi
(für Rudolf) oder Gabi (für
Gabriele) stößt. Kurt (für
Konrad) ist akzeptiert. Lou
für Lousie ist ebenfalls nor-
mal. Und wer seine Tochter

Maxie nennt, muss sich mittlerweile nicht mehr die Bemerkung anhören, dass seine Tochter doch wohl eigentlich Maximiliane heiße. Selbst so genannte Lallnamen wie Lulu oder Nena werden mittlerweile eingetragen. Allerdings sollten Eltern gerade bei „niedlichen" Namen, die so recht zum Baby passen, zurückhaltend sein; oft wirkt so ein Kosename bei Erwachsenen später lächerlich.

Namengebung seit 1945

Für die Zeit von 1945 bis 1975 liegen aus dem Gebiet Schwalmstadt/Ziegenhain Untersuchungen zur Namenhäufigkeit vor. In der ersten Dekade (1945–54) führt bei den Männern Karl vor Hans, Heinz und Georg, bei den Frauen führt Elisabeth knapp vor Maria, gefolgt von Anna und Margarethe. In der zweiten Dekade liegt bei den Jungen Heinrich knapp vor Peter, Andreas, Hans und Karl, bei den Mädchen führt immer noch Elisabeth vor Anna, Ingrid und Maria. Im Zeitraum 1965–75 dominieren

Michael, Markus, Karsten und Martin, Andreas und Torsten die männlichen Namen, während bei den weiblichen Susanne plötzlich an der Spitze auftaucht und Andrea, Annette, Elisabeth, Melanie und Anna hinter sich lässt. Eine andere Langzeitstudie untersucht die Namengebung in Heidelberg. Dort lagen 1961 die „Traditionsnamen" Michael, Andreas und Thomas auf den vorderen Plätzen, gefolgt von Klaus, Jürgen und Uwe. 1976 besetzten Christian, Markus und Stefan die drei Spitzenplätze vor Michael, Alexander und Matthias. Bei den weiblichen Vornamen war die Varianz wesentlich breiter. Traditionsbedingte Vorlieben sind bei Mädchennamen weniger ausgeprägt. Der erkennbare Trend dieser Untersuchung: Der Namenvorrat wächst. Die Eltern werden mutiger. Ausländische Nebenfomen kommen häufiger vor. Unabhängig von wechselnden Moden erfreuen sich einige Traditionsnamen auffallend dauerhafter Beliebtheit.

Weibliche Vornamen

Aaliyah arab., „hoch" oder „erhaben".

Abby engl. KF zu → Abigail.

Abelina WF zu → Abel, hebr. „die Vergänglichkeit, der Hauch".

Abeline NF → Abelone.

Abelone dän./norweg. → Apollonia, abgel. vom griech. Gott Apollon; „die Strahlende".

Abena aus Ghana überliefert.

Abigail hebr., „Vaterfreude, Quell der Freude". Abigail war eine der ersten drei Frauen des König Davids. Sie war schön, klug und mutig. Sie rettete ihr und ihres Mannes Hab und Gut vor der Vernichtung. David war so beeindruckt von ihrer Schönheit und ihrem Mut, dass er sie heiratete, nachdem ihr Mann verstorben war.

Ada 1. KF zu Namen, die mit der Silbe Adel- beginnen; 2. hebr. „die (vom Herrn) Geschmückte"; weitere Form: Adula.

Adela KF zu → Adelheid.

Adelaide franz. → Adelheid.

Adele NF zu → Adela; bekannte Namensträgerin: Adele Sandrock, dt. Schauspielerin (1863–1937).

Adelgunde Zus. aus ahd. adal, „edel, vornehm", und gund, „Kampf".

Adelheid Zus. aus ahd. adal, „edel, vornehm", und heit, „Stand, Rang". Im MA durch die Verehrung der hl. Adelheid, Gattin von Otto dem Großen und Regentin für Otto III., sehr beliebt, im 19. Jh. durch die Ritterdichtung neu belebt, heute selten. Weitere Formen: Aaltje, Adalie, Ailke, Aletta, Alheit, Alita, Heide, Heidi, Letta, Lida, Tale, Tela, Tida, Talida, Talika, Teida.

Adelind NF zu → Adelinde.

Adelinde Zus. aus ahd. adal, „edel, vornehm", und linta, „Lindenholzschild".

Adeline EF zu → Adele.

Adelmut Zus. aus ahd. adal, „edel, vornehm", und muot, „von edlem Sinn".

Adelrune Zus. aus ahd. adal, „edel, vornehm", und runa, „Geheimnis".

Adeltraud Zus. aus ahd., adal, „edel, vornehm", und trud, „Stärke".

Adeltraut NF zu → Adeltraud.

Adina EF zu → Ada.

Adriana WF zu → Adrian, → Adrien.

Adriane NF zu → Adriana.

Adrienne franz. → Adriana, → Adriane.

Aemilia UF zu → Emilia.

Afra lat., „afrikanisch, aus Afrika kommend".

Agascha russ. → Agatha.

Agatha griech., „die Gute".

Agathe NF zu → Agatha.

Agda schwed. → Agatha.

Agia griech., „die Heilige".

Aglaia griech., „Pracht" oder „Glanz".

Agnes griech., „keusch" oder „rein".

Agneta EF zu → Agnes; besonders in Skandinavien; weitere Form: Agnete.

Aila finn. → Helga.

Aimée franz. → Amata.

Aina finn., „die Einzige".

Aischa arab., „die Lebende"; weitere Form: Ayse.

Alameda indianisch.

Alana 1. kelt., „zum Volksstamm der Alanen gehörend"; 2. WF zu → Alan.

Alanis NF zu → Alana.

Albrun zu ahd. alb, „Elfe, Naturgeist", und runa, „Geheimnis".

Alda KF zu Namen, die mit Adel- beginnen.

Aldina EF zu → Alda; weitere Form: Aldine.

Alea NF zu → Aaliyah.

Alena KF zu → Magdalena.

Alessa KF zu → Alessandra.

Alessandra ital. → Alexandra.

Alessia WF zu → Alessio.

Aletta fries. KoF zu → Adelheid.

Alex KF zu → Alexandra.

Alexa KF zu → Alexandra.

Alexandra WF zu → Alexander.

Algül türk., „rote Sonne"; weitere Form: Algün.

Alia NF zu → Alja.

Alice engl./franz. KF zu → Adelheid, → Elisabeth und → Alexandra.

Alicia span. → Alice.

Alida niederdt. KF zu → Adelheid.

Alina NF zu → Aline.

Aline schwed. und ungar. → Helene.

Alisa NF zu → Alice.

Alisha engl. KoF zu → Alice.

Alison aus dem Engl., ursprünglich franz. KoF zu → Alice.

Alissa russ. → Alice.

Alix 1. altfranz. KoF zu → Adelheid (→ Alice); 2. KF zu → Alexandra.

Alja russ. KoF zu → Alexandra.

Aljona russ. KoF zu → Alexandra.

Alke niederdt. KF zu Namen, die mit Adel- beginnen.

Alla NF zu → Alja.

Allegra ital., „fröhlich, heiter, lebhaft" oder „munter".

Allmut NF zu → Almut.

Ally engl. KF zu → Alice, → Alison.

Alma 1. aus dem Ital. übernommen, ursprüngl. lat. „nährend" oder „fruchtbar"; 2. KF zu Namen, die mit Amal- beginnen.

Almut KF zu → Adelmut.

Almuth NF zu → Almut.

Aloisa WF zu → Alois.

Alrun MoF zu → Adelrune.

Alruna NF zu → Alrun.

Alrune NF zu → Alrun.

Alva 1. lat., „die Weiße"; 2. nord., „Fee, Elfe".

Alysha MF zu → Alicia.

Alyssa NF zu → Alissa.

Amabel   1. lat., „liebenswert"; 2. engl. → Annabella.

Amadea   WF zu → Amadeo.

Amalia   abgeleitet vom Namen des ostgotischen Königsgeschlechts der Amelungen.

Amalie   NF zu → Amalia.

Amanda   WF zu → Amandus.

Amata   WF zu → Amatus.

Amatullah   arab., „die Magd Allahs".

Amber   engl., „Bernstein".

Ambra   ital., aber arab. Ursprungs, „Bernstein", oder „die Blonde"; weitere Form: Ambre (franz.).

Ambrosia   WF zu → Ambrosius; weitere Form: Amrosine (engl.).

Amelie   dt. Form zu franz. → Amèlie.

Amèlie   franz. → Amalia.

Amina   arab., „die Treue, Zuverlässige".

Amrei   süddt./schweiz. KF zu → Annemarie.

Amy   engl. KF zu → Amata.

Anabel   NF zu → Amabel, Annabella.

Anahita   altpers., „die Makellose".

Anais   franz. → Anahita.

Anastasia   WF zu → Anastasius.

Andrea   WF zu → Andreas.

Andrée   franz. → Andrea.

Anemone   vom Namen der Pflanze (Buschwindröschen) abgeleitet, von griech. anemos, „Wind, Windsbraut".

Angela   griech., „(weiblicher) Engel".

Angelika   griech., „die Engelhafte".

Angelina   engl. zu → Angela, „kleines Engelchen".

Angèlique   franz. → Angelika.

Angie   engl. KoF zu → Angelika.

Ania   WF zu → Anianus.

Anica   slaw. KoF zu → Anna.

Anika   NF zu → Anica.

Anine   dän. KoF zu → Anna.

Anita   span. KoF zu → Anna.

Anja   russ. NF zu → Anna.

Anka   poln. KF zu → Anna.

Anke   fries./niederdt. KF zu → Anna.

Anna   griech. Form zu hebr. → Hannah, „Gnade, Huld".

Annabella   abgeleitet aus → Amabel.

Annalena   DF aus → Anna und → Lena.

Anne   NF zu → Anna.

Annedore   DF aus → Anne und → Dorothea.

Annegret   DF aus → Anne und → Margarete.

Anneke   niederl. KoF zu → Anna.

Annelie   KF zu → Anneliese.

Anneliese   DF aus → Anne und → Elisabeth.

Annemarie   DF aus → Anne und → Marie.

Annemie   NF zu → Annemarie.

Annemieke   niederdt. KoF zu → Annemarie.

Annerose   DF aus → Anne und → Rose.

Annett   NF zu → Annette.

Annette   franz. KoF zu → Anna, → Anne.

Annik NF zu → Annika.

Annika schwed. KoF zu → Anna.

Annina EF zu → Anna.

Annkathrin DF aus → Anna und → Katharina.

Anouk franz. KoF zu → Anna.

Anselma WF zu → Anselm.

Ansgard Zus. aus germ. ans, „Gott", und ahd. gard, „Gehege, Umfriedung, Schutz".

Antje niederl. → Anna.

Antonella ital. KoF zu → Antonina.

Antonia WF zu → Anton.

Antonina ital. EF zu → Antonia.

Annunziata aus dem Ital., „die Angekündigte, Verkündigte"; auf das Fest „Mariä Verkündigung" bezogen.

Apollonia griech., „die dem Gott Apollon Geweihte".

Arabella Herkunft und Bedeutung evtl. span./lat. „dic klcinc Arabcrin"; angelehnt an span./ital. Bella, „die Schöne".

Aranka ungar. → Aurelia.

Arantxa bask., KoF zu Arantzazu, auf ein gleichnam. Marienheiligtum im Baskenland zurückgehend; bekannte Namensträgerin: Arantxa Sanchez Vicario, span. Tennisspielerin (geb. 1971).

Areta am., aber griech. Ursprungs, „die Vortreffliche"; weitere Form: Aretha; bekannte Namensträgerin: Aretha Franklin, am. Soul- und Gospelsängerin (geb. 1942).

Ariadne griech., „die Liebliche".

Ariane 1. franz. → Adriane; 2. niederländ. → Ariadne.

Ariella WF zu → Ariel.

Arielle franz. → Ariella.

Arina KF zu → Katharina.

Artemis griech. Göttin der Jagd.

Artemisia ital. → Artemis; bekannte Namensträgerin: Artemisia Gentileschi (1593–um 1651), herausragende italienische Malerin, die in ihren Werken traumatische Jugenderlebnisse verarbeitete.

Arnfriede Zus. aus ahd. arn, „Adler", und fridu, „Frieden".

Aruna sanskr., „Morgendämmerung".

Ashley abgeleitet von altengl. Orts- und Familiennamen, ursprüngl. „Eschenhain".

Asisa arab., „mächtig, angesehen, edel, kostbar"; NF Aziza.

Asma arab., „anmutig, hübsch".

Aspasia griech., „die Willkommene".

Asta KF zu › Anastasia, › Astrid und → Augusta.

Astrid Zus. aus schwed. as, „Adler", und fridr. „schön"; bekannte Namensträgerin: Astrid Lindgren, schwed. Schriftstellerin (1907–2002).

Athanasia WF zu → Athanasius.

Athena Name der griech. Göttin, Lieblingstochter des Zeus und Göttin der Weisheit, aber schon vorgriechischen Ursprungs.

Augusta WF zu → August.

Aurelia WF zu lat. → Aurelius, altröm. Geschlechtername.

Aurora lat. „das Morgenrot", röm. Göttin der Morgenröte.

Ava 1. ostfries., „Wasser"; 2. roman. WF zu → Avo, abgeleitet von Zus. mit Abo-, „Mann, Gatte".

Axinja russ. → Xenia.

Aya NF zu → Agia.

Babette franz. KoF zu → Barbara.

Babs KoF zu → Barbara.

Baldegunde Zus. aus ahd. bald, „mutig", und gund, „Kampf".

Barbara griech., „die Fremde"; durch die Verehrung der hl. Barbara, eine der 14 Nothelfer, seit dem 14. Jh. verbreitet, bis heute häufig gewählt; NF und KoF: Barbra, Barbro, Basia (poln.); bekannte Namensträgerinnen: Barbara Blomberg (1527–1597), Geliebte Kaiser Karl V., Barbara Sukowa, dt. Schauspielerin (geb. 1950).

Barbe franz. → Barbara.

Bärbel NF zu → Barbara.

Barberina NF zu → Barbara; weitere Form: Barbarine.

Barbie KF zu → Barbara, bekannt durch die gleichnamige Kinderpuppe.

Balthilde Zus. aus ahd. bald, „mutig", und hiltja „Kampf".

Bea KF zu → Beate.

Beate lat., „die Glückliche".

Beatrice ital. → Beatrix; bekannt durch Dantes Jugendliebe Beatrice Protinari (13. Jh.).

Beatrix lat., „die Glücksbringerin"; bekannte Namensträgerin: Beatrix, Königin der Niederlande (geb. 1938).

Becki KF zu → Rebekka; weitere Form: Becky.

Behiye türk., „hübsche Frau".

Belinda engl., Herkunft unklar, zweiter Namensbestandteil weist auf ahd. lind, „sanft, mild, weich".

Bella 1. KF zu → Isabella; 2. ital., „die Schöne".

Benedetta ital. → Benedikta.

Benedikta WF zu → Benedikt; weitere Formen: Benedicta, Bengta (schwed., dän.).

Benita span. NF zu → Benedikta.

Berenike griech., „die Siegbringende".

Berit schwed. und dän. → Birgit.

Bernarda engl., franz. → Bernharde.

Bernharde WF zu → Bernhard; weitere Formen: Bernharda, Bernhardine, Bernhardina.

Berta WF zu → Bert; im MA vor allem in Süddeutschland verbreitet; im 19. Jh. nochmals populär geworden; im Ersten Weltkrieg wurde ein großkalibriges 42-cm-Geschütz der Firma Krupp „Dicke Berta" genannt – Bertha Krupp (1886–1957) war Erbin des Konzerns;

seitdem selten. Weitere Formen: Bertrada, Bertha, Bertel, Bertida, Berte.

Berte NF zu → Berta.

Bertfriede weibl. Form zu → Bertfried.

Bertha NF zu → Berta; bekannte Namensträgerin: Bertha von Suttner, österr. Schriftstellerin und Friedensnobelpreisträgerin (1843–1914).

Berthild Zus. aus ahd. beraht, „glänzend", und hiltja, „Kampf"; weitere Form: Berthilde.

Bertl KF zu Vorn. mit -bertine oder -bertina.

Bertruna Zus. aus ahd. beraht, „glänzend", und „runa", Geheimnis; weitere Form: Bertrune.

Bess engl. KF zu → Elisabeth; bekannt durch Gershwins Oper „Porgy and Bess".

Betsy engl. KF zu → Elisabeth.

Betti KoF zu → Elisabeth; weitere Formen: Betta, Bette, Betty (engl.); bekannte Namensträgerinnen: Bette Davis, am. Schauspielerin (1908–1989), Bette Midler, am. Schauspielerin (geb. 1946).

Bettina NF zu → Elisabeth; bekannte Namensträgerin: Bettina von Arnim, dt. Schriftstellerin (1785–1859).

Bianca ital., „die Weiße"; weitere Form: Blanka.

Bibiana NF zu → Viviane; seit dem MA durch die Verehrung der hl. Bibiana, Helferin bei Fallsucht und Kopfschmerzen (4. Jh.), weit verbreitet, heute in der UF

selten; weitere Formen: Bibiane, Bibianka, Binka (bulgar.).

Bilkis arab., in der traditionellen Überlieferung der Name für die Königin von Saba; Herkunft und Bedeutung aber umstritten (vielleicht „Nebenfrau"); weitere Form: Bilqis.

Billa KF zu → Sibylle.

Bille KF zu → Sibylle.

Bine KF zu Vorn. mit -bine, vor allem zu Sabine; weitere Form: Bina.

Bionda ital., „die Blonde".

Birgit schwed. → Brigitte; weitere Formen: Birgid, Birgitta, Birgitt, Birke, Birte, Berit (dän.), Berit, Birgitta (schwed.).

Birla nord., „kleiner Bär"; NF Birna.

Blanche franz., „die Weiße".

Blanchette KoF zu → Blanche.

Blanda lat. blandus, „freundlich. reizend".

Blandine EF zu → Blanda; bekannte Namensträgerin: Blandine Ebinger, dt. Schauspielerin (1899–1993); weitere Form: Blandina.

Briddy KoF zu → Brigitte; weitere Form: Briddi.

Blia schwed., „die Sanfte".

Bride KF zu → Brigitte.

Bridget engl. → Brigitte; weitere Form: Brigit.

Briga KF zu → Brigitte.

Brigida lat. Form zu → Brigitte; weitere Form: Brigide.

Brigitta NF zu → Brigitte.

Brigitte kelt., „die Erhabene"; durch die Verehrung der hl. Brigitte, Gründerin des Klosters Kildare und Patronin Irlands, früh auch in Deutschland verbreitet; zwischen 1920 und 1960 sehr beliebt; seitdem seltener; weitere Formen: Gitta, Gitte. Bekannte Namensträgerinnen: Brigitte Horney, dt. Schauspielerin (1911–1988), Brigitte Bardot, franz. Filmschauspielerin Filmschauspielerin (geb. 1934).

Brisa schwed., „der Wind".

Brit KF zu → Britta.

Britta KF zu → Brigitte; weitere Form: Brita.

Britte NF zu → Britta.

Brixa vermutl. kelt., zu MF Briccius.

Bronislawa WF zu → Bronislaw; weitere Form: Bronia.

Bruna WF zu → Bruno.

Brunhilde Zus. aus ahd. brunni, „Brustpanzer", und hiltja, „Kampf"; durch die Gestalt der Brunhilde in der Nibelungensage bekannt geworden; weitere Formen: Brunhild, Bruni; bekannte Namensträgerin: Brunichilde, merowingische Königin (+ 613), Bruni Löbel, dt. Schauspielerin (geb. 1920).

Bryna norw., „die Dunkle".

Burga KF zu Vorn. mit Burg- oder -burg, vor allem zu → Burghild und → Walburga; weitere Formen: Burgel, Burgl.

Burghild Zus. aus ahd. burg, „Burg", und hiltja, „Kampf"; weitere Form: Burghilde.

Burgit Neubild. aus → Burga und → Margit; auch Variation auf → Birgit; gelegentlich in der DDR beurkundet.

Burgunde Neubild. in Anlehnung an ostfranz. Region Burgund.

Buschra arab., „Freudenbotschaft, gute Nachricht".

Cäcilia NF zu → Cäcilie.

Cäcilie lat., auf altröm. Geschlechternamen der Caecilier zurückgehend; durch die Verehrung der hl. Cäcilie (Patronin der Musiker, Sänger und Dichter) im MA weit verbreitet, heute selten; weitere Formen: Zecilie, Zilla, Silja, Cilly, Zilly, Cicely, Sheyla, Sissy, Zissy.

Calla schwed. KF zu → Carolina/Karoline.

Camilla WF zu → Camillo, vom altrömischen Geschlechternamen abgeleitet; durch die Gestalt der Camilla in Stifters Novelle „Die Schwestern" im 19. Jh. populär; NF: Kamilla.

Camille franz. → Camilla; bedeutende Namensträgerin: Camille Claudel, franz. Bildhauerin (1864–1943).

Candice lat., „glühend"; bekannte Namensträgerin: Candice Bergen, am. Schauspielerin (geb. 1946).

Candida lat., „die blendend Weiße, die Reine"; weitere Form: Kandida.

Candy engl. KF zu → Candida.

Caprice franz., „Laune, Einfall".

Cara Neubild. aus ital. „lieb, teuer"; weitere Form: Kara.

Carin NF zu → Karin.

Carina ital. → Karina.

Caritas lat., „Nächstenliebe"; weitere Form: Charitas.

Carla WF zu → Carl/Karl.

Carlota span. → Charlotte.

Carlotta ital. → Charlotte.

Carmela span. NF zu → Carmen, auf die lat. Bez. des Berges Karmel, „Mons Carmelus", zurückgehend; weitere Form: Carmelia.

Carmen span., abgeleitet von Virgen del Carmen, „Jungfrau vom Berge Karmel"; vor allem durch Georges Bizets Oper „Carmen" (1875) populär geworden; weitere Formen: Karmen, Carmina.

Carol engl. KF zu → Caroline.

Carola NF zu → Karla.

Caroline EF zu → Carola, weitere Form: Carolin; bekannte Namensträgerin: Caroline von Monaco, monegassische Prinzessin (geb. 1957).

Carolyn engl. → Carolin.

Cassandra NF zu → Kassandra.

Caterina ital. → Katharina; bekannte Namensträgerin: Caterina Valente, Schauspielerin, Sängerin und Tänzerin (geb. 1931).

Cathérine franz. → Katharina; bekannte Namensträgerin: Cathérine Deneuve, franz. Filmschauspielerin (geb. 1943).

Cecily engl. → Cäcilie.

Cecilia ital. → Cäcilie; bekannte Namensträgerin: Cecilia Bartoli, ital. Sängerin (geb. 1966).

Cecilie NF zu → Cäcilie.

Celia lat., auf altröm. Geschlechternamen zurückgehend.

Celina EF zu Celia; weitere Form: Celine; bekannte Namensträgerin: Celine Dion, kanad. Popsängerin (geb. 1968).

Cella KF zu → Marcella.

Charlot niederl. → Charlotte.

Charlotte franz. → Karla; in der zweiten Hälfte des 17. Jh. Modename, heute selten; weitere Formen: Lotte, Lola, Lolo; bekannte Namensträgerinnen: Charlotte von Stein, Freundin J. W. Goethes in Weimar (1742–1827), Charlotte Rampling, engl. Schauspielerin (geb. 1945).

Chloe [klo:e:] griech. „erster Planzentrieb, junger Keim"; bekannt aus Longos' Schäferroman „Daphnis und Chloe"; weitere Form: Cloe.

Chlothilde NF zu → Klothilde.

Chris KF zu → Christa, → Christiane, → Christine.

Christa KF zu → Christiane, bedeutende Namensträgerin: Christa Wolf; dt. Schriftstellerin (geb. 1929).

Christabel DF aus → Christa und → Bella.

Christel   NF zu → Christa; weitere Form: Christl.

Christiane   WF zu → Christian; weitere Formen: Christiana, Christianne, Nane, Nina; bekannte Namensträgerinnen: Christiane Vulpius, Lebensgefährtin und Frau J. W. Goethes (1765–1816), Christiane Hörbiger, österr. Schauspielerin (geb. 1938).

Christina   Nebenform zu → Christiane; weitere Formen: Christine, Dina, Kristin, Kerstin, Kirstin, Kirsten, Kristina, Kristine, Stine (kann auch auf → Kerstin bezogen werden); bekannte Namensträgerin: Christina Aguilera, am. Popsängerin (geb. 1980).

Christine   NF zu → Christina; bekannt geworden durch die franz. Dichterin Christine de Pisan (um 1365–1432); im dt. Sprachraum weit verbreitet; bekannte Namensträgerin: Christine Kaufmann, Schauspielerin (geb. 1945).

Cilly   KoF zu → Cäcilie.

Cinderella   engl./franz. Name für „Aschenputtel".

Cindy   engl. KF zu → Cinderella; bekannte Namensträgerin: Cindy Crawford, am. Fotomodell (geb. 1966).

Cirilla   ungar., WF zu → Cyrill/Kirill.

Clara   NF zu → Klara.

Claire   franz. → Klara; weitere Formen: Cläre, Kläre; bekannte Namensträgerin: Claire Waldoff, dt. Kabarettistin und Schauspielerin (1884–1957).

Clarisa   NF zu → Klarissa; weitere Form: Clarisse.

Clarissa   NF zu → Klarissa.

Claudette   franz. KoF zu → Claudia.

Claudia   WF zu → Claudius; auf altröm. Geschlechternamen zurückgehend; seit dem 18. Jh. durch ital. Einfluss in Deutschland verbreitet, bis heute oft gewählt; weitere Formen: Klaudia, Claudiane, Claude, Clodia; bekannte Namensträgerinnen: Claudia Cardinale, ital. Filmschauspielerin (geb. 1939); Claudia Schiffer, dt. Fotomodell (geb. 1970), Claudia Pechstein, dt. Eisschnellläuferin (geb. 1972).

Claudine   franz. → Claudia; durch Goethes Jugenddrama „Claudine von Villa Bella" (1776) bekannt geworden; weitere Formen: Dina, Claudinette.

Clementia   WF zu → Clemens; weitere Formen: Klementia, Clementina.

Clementine   NF zu → Clementia; weitere Form: Klementine; populär geworden als Figur der Waschmittelwerbung.

Cleo   griech., KF aus Namen mit Cleo-, zum Beispiel Cleopatra.

Clio   griech., auf den Namen der Muse der Geschichte zurückgehend, „ich rühme, preise, verkünde".

Clivia   nach dem Amaryllisgewächs, Blumenname; weitere Form: Klivia.

Cölestine   WF zu → Cölestin; weitere Formen: Célestine (franz.), Celestina (ital.).

Coletta KF zu → Nicoletta; weitere Formen: Coleta, Colette (franz.).

Colleen ir., „Mädchen".

Columba lat., „die Taube".

Columbine EF zu → Columba; weitere Form: Kolumbine; bekannt als Figur aus der Commedia dell'arte.

Conny engl. KoF zu → Cornelia; weitere Formen: Conni, Connie.

Consilia ital. von lat. „Rat".

Consuela span., „Trost, Töstung".

Constanze NF zu → Konstanze.

Cora KF zu → Cornelia und → Cordula.

Cordelia NF zu → Cordula; weitere Form: Kordelia; bekannt aus Shakespeares Drama „König Lear".

Cordula lat., „Herzchen"; weitere Form: Kordula.

Corinna EF zu → Cora.

Cornelia WF zu → Cornelius; von altröm. Geschlechternamen abgeleitet; seit der Renaissance in Deutschland verbreitet, auch heute oft gewählt; weitere Formen: Conny, Cornell, Corrie, Nelli, Lia, Nelia, Kornelia, Cornélie (franz.), bekannte Namensträgerin: Cornelia Goethe, J. W. Goethes Schwester (1750–1777), Cornelia Froboess, dt. Schauspielerin (geb. 1943).

Corona lat., „der Kranz, die Krone"; weitere Form: Korona; bedeutende Namensträgerin: Corona Schröter; dt. Schauspielerin (1751–1802).

Corvina WF zu → Corvinus.

Cosima lat., „wohlgeordnet, sittlich"; weitere Form: Kosima; bekannte Namensträgerin: Cosima Wagner, Tochter Franz Liszts, Ehegattin Hans v. Bülows und Richard Wagners (1837–1930).

Crescentia NF zu → Kreszentia; weitere Form: Zenta.

Cynthia griech., „die vom Berge Cynthos Stammende"; Beiname der griech. Jagdgöttin → Artemis; weitere Formen: Cinzia (ital.), Cintia (ungar.).

Dafne NF zu → Daphne.

Dagmar WF zu → Dagomar; um 1900 aus dem Dän. übernommen, geht wohl auf die böhmische Prinzessin Dagmar zurück, die im 13. Jh. Königin von Dänemark wurde; bei uns durch die skand. Literatur eingebürgert.

Dagny 1. skand. KF zu → Dagmar; 2. schwed., „neuer Tag".

Daisy engl., „Gänseblümchen".

Daliah hebr. KF zu Gedalja, „Gott tat Großes", zum weibl. Vornamen umgedeutet; bekannte Namensträgerin: Daliah Lavi, Sängerin und Schauspielerin (geb. 1940).

Dalila hebr. delilah, „die Sehnende"; in der Bibel ist Dalila die Geliebte von Samson, entlockt ihm das Geheimnis seiner Kraft und liefert ihn seinen Feinden aus; weitere Formen: Delila, Delilah, Daliah.

Damaris   griech., „Gattin, Geliebte".

Dana   1. slaw. KF zu → Daniela; 2. russ. KF zu Daria; weitere Formen: Danja, Nila.

Dania   slaw. KF zu → Daniela.

Daniela   WF zu → Daniel; um 1900 Modename, auch heute oft gewählt.

Daniella   ital. → Daniela; weitere Form: Danilla.

Danielle   franz. → Daniela; bekannte Namensträgerin: Danielle Darrieux, franz. Filmschauspielerin (geb. 1917).

Danuta   poln./litau., Bedeutung unklar.

Dany   franz. KF zu → Daniela.

Daphne   griech., „Lorbeerbaum"; in der griech. Mythologie entzieht sich Daphne der Verfolgung Apollos, indem sie sich von den Göttern in einen Lorbeerbaum verwandeln lässt. Weitere Formen: Daphna, Daphnis; bekannte Namensträgerin: Daphne du Maurier, engl. Schriftstellerin (1907–1989).

Daria   WF zu → Darius; weitere Formen: Dana, Darja (russ.).

Davida   WF zu → David; weitere Formen: Davina, Davide, Davita.

Dawn   engl., „Tagesanbruch, Morgendämmerung".

Deborah   hebr. „Biene, die Fleißige"; nach der Bibel war Deborah eine Richterin und Prophetin Israels; weitere Form:

Debora; bekannte Namensträgerin: Deborah Kerr, am. Filmschauspielerin (geb. 1921).

Deike   fries. KF zu Vorn. mit Diet-.

Dele   KF zu → Adele; weitere Form: Dela.

Delia   griech., „die auf der Insel Delos Geborene"; Beiname der Göttin → Artemis.

Denise   WF zu → Denis; weitere Formen: Dénise, Denny; bekannte Namensträgerin: Denise Bielmann, schweiz. Eiskunstläuferin (geb. 1962).

Desidera   WF zu → Desiderius; weitere Form: Desideria.

Désirée   franz. → Desidera; bekannte Namensträgerin: Désirée Nosbusch, luxemb. Fernsehmoderatorin und Schauspielerin (geb. 1965).

Diana   lat., auf die röm. Jagdgöttin zurückgehend; seit der Renaissance in Deutschland verbreitet, in neuerer Zeit durch die engl. Kronprinzessin Diana (1961–1997); andere Formen: Diane, Dianne (franz.).

Didda   fries. KF zu Vorn. mit Diet-; weitere Form: Ditte.

Dietberga   Zus. aus ahd. diot, „Volk", und bergan, „Schutz, Zuflucht"; weitere Formen: Dietburga, Dieta, Dietha.

Dietgard   Zus. aus ahd. diot, „Volk", und gard, „Schutz".

Diethild   Zus. aus ahd. diot, „Volk", und hiltja, „Kampf".

Dietlind   Zus. aus ahd. diot, „Volk", und linta „Schild aus Lindenholz"; weitere Formen: Dietlinde, Dietlindis.

Dietmut   Zus. aus ahd. diot, „Volk", und muot, „Sinn, Geist"; weitere Formen: Dietmute, Diemut, Demeke (niederl.).

Dietrun   Zus. aus ahd. diot, „Volk", und runa, „Geheimnis".

Dilia   KF zu → Odilia.

Dina   1. hebr., „die Richterin"; nach der Bibel ist Dina eine Tochter von Jakob; 2. KF zu Vorn. mit -dina, -tina, -dine oder -tine.

Diotima   griech., „Gott (Zeus) zur Ehre"; bekannt geworden durch die Gestalt der Diotima in Platons „Symposion"; ferner als Figur in Hölderlins „Hyperion", heute selten.

Djamila   arab., „die Schöne, Hübsche"; in der kirgis. Form durch eine Erzählung Aitmatows („Dshamilja") besonders bekannt geworden; weitere Form: Dschamila.

Dodo   KoF zu → Dorothea.

Dolly   engl. KoF zu →Dorothea; weitere Formen: Doll; bekannte Namensträgerin: Dolly Parton, am. Sängerin und Schauspielerin (geb. 1946).

Dolores   span., von Maria de los Dolores, „Maria der Schmerzen"; aus religiöser Ehrfurcht wurde Dolores stellvertretend für Maria als Taufname vergeben; KoF: Lola.

Doma   slaw. KF zu → Dominika.

Domenica   ital. → Dominika.

Dominika   WF zu → Dominikus.

Dominique   franz. → Dominika.

Donata   WF zu → Donatus; KF: Dota, Donka (bulgar.).

Donatella   ital. → Donata.

Donatienne   franz. → Donata.

Dora   KF zu → Dorothea und → Theodora; weitere Formen: Doro, Dorel, Dorika.

Doreen   engl. KF zu → Dorothea.

Dorette   franz. KoF zu → Dorothea.

Dorina   NF zu → Dorothea.

Dorinda   NF zu → Dorothea.

Doris   1. griech. „Gabe (des Meeres)", in der griech. Mythologie Tochter des Okeanos und der Thetys, Gemahlin des Nereus. Seit dem 17. Jh. in der Schäferpoesie in Mode, heute wieder gern gewählt; 2. Kurzform zu → Dorothea; weitere Formen: Doriet, Dorit; bekannte Namensträgerinnen: Doris Day, am. Schauspielerin (geb. 1924), Doris Lessing, engl. Schriftstellerin (geb. 1919), Doris Dorrie, deutsche Filmregisseurin (geb. 1955).

Dorota   poln. und tschech. → Dorothea.

Dorotea   span. und italien. → Dorothea.

Dorothea   griech., „Gottesgeschenk"; (→ Theodora); seit dem MA verbreitet; weitere Formen: Doro, Thea; bekannte Namensträgerin: Dorothea Erxleben (1715–1762), erste promovierte Ärztin

Deutschlands, Dorothea Schlegel, Tochter Moses Mendelssohns und Ehegattin Friedrich Schlegels (1763–1839).

Dorothée   franz. → Dorothea.

Dorothy   engl. → Dorothea.

Dörte   niederdt. KoF zu → Dorothea; weitere Form: Dorthe.

Dortje   fries. KoF zu → Dorothea.

Dragana   WF zu → Dragan.

Dragomira   slaw. → Dagmar.

Dubravka   tschech., auf die Tochter eines böhmischen Herrschers im 10. Jh. zurückgehend.

Dunja   slaw., aber griech. Ursprungs, „die hoch Geschätzte"; wurde durch die kroat. Schlagersängerin Dunja Rajter (geb. 1941) bei uns bekannt.

Dusja   russ. KoF zu Idusja.

Dutje   fries. KF zu Namen mit Diet-.

Ebba   KF zu Vorn. mit Eber-.

Ebergard   Zus. aus ahd. ebur, „Eber", und gard, „Hort, Schutz".

Ebergund   Zus. aus ahd ebur, „Eber", und gund, „Kampf"; weitere Form: Ebergunde.

Eberharde   WF zu → Eberhard; weitere Formen: Eberharda, Dina, Dine, Eberta.

Eberhardine   NF zu → Eberharde.

Edda   KF zu Vorn., die mit Ed- zusammengesetzt sind; durch die gleichnamige altnord. Liedersammlung populär geworden; weitere Formen: Etta, Eda (schwed.); bekannte Namensträgerin: Edda Moser, dt. Sopranistin (geb. 1941).

Edelberga   NF zu → Adelberga.

Edel   KF zu Vorn. mit Edel-, vor allem zu → Edeltraud und → Edelgard.

Edelgard   NF zu → Adalgard; weitere Formen: Edelgart, Ethelgard (engl.).

Edeltraud   NF zu → Adeltraud.

Edith   aus dem Engl., zu altengl. ead, „Besitz", und gyth, „Kampf"; durch die Gemahlin Ottos des Großen nach Deutschland gebracht; andere Formen: Editha, Edithe, Edda, Ada, Edyth (engl.); bekannte Namensträgerin: Edith Piaf, franz. Chansonsängerin (1915–1963).

Editha   NF zu → Edith.

Edna   aus dem Hebr., eigentlich „Lust, Entzücken".

Eero   finn., „die Herrscherin".

Effi   KF zu → Elfriede; bekannt geworden durch Fontanes Roman „Effi Briest" (1895).

Egberta   WF zu → Eckbert; weitere Formen: Egbertine, Egbertina.

Eike   niederdt. KF zu Vorn. mit Adel-, Edel- oder Ecke-; auch MF, eindeutiger Zweitname erforderlich.

Eikki   finn., „die Mächtige".

Eileen   engl., ir. Herkunft, zu → Helene; weitere Form: Eilene.

Eleanor　engl. Form zu → Eleonore; bekannte Namensträgerin: Eleanor Roosevelt, Frau des am. Präsidenten Franklin D. Roosevelt (1884–1962).

Elena　KF zu → Helene; weitere Formen: Elene, Eleni.

Eleonora　NF zu → Eleonore.

Eleonore　aus dem Arab., eigentlich „Gott ist mein Licht"; mit den Mauren nach Spanien und und von dort über Frankreich nach England gewandert; andere Formen: Ella, Elli, Leonore, Lora, Ellen (engl.), Nora, Norina (ital.); bekannte Namensträgerinnen: Eleonore von Aquitanien, franz. Fürstin (1122–1204), Eleonora Duse, ital. Schauspielerin (1858–1924).

Elfgard　im 20. Jh. neu gebildeter Vorn. aus Elfe und dem ahd. gard, „Schutz".

Elfi　KF zu → Elfriede.

Elfriede　WF zu → Alfred; um 1900 Modename, heute selten; weitere Formen: Elfe, Frieda, Elfreda (engl.).

Elga　nord. KF zu → Helga.

Eliane　WF zu → Elias.

Elida　von isländ. Ellighi, „das schnell segelnde Schiff"; Figur aus Ibsens Bühnenstück „Die Frau vom Meer".

Elisa　KF zu → Elisabeth.

Elisabeth　bibl., eigentlich „Gottesverehrerin"; besonders durch die Verehrung der hl. Elisabeth von Thüringen (13. Jh.) in Deutschland verbreitet; zahlr. KF, NF und KoF; bekannte Namens-

trägerinnen: Elisabeth Langgässer, dt. Schriftstellerin (1899–1950); Elisabeth Bergner, österr. Schauspielerin (1897–1986).

Elizabeth　engl. → Elisabeth; bekannte Namensträgerinnen: Elizabeth I., Königin von England (1533–1603), Elizabeth Taylor, engl.-am. Schauspielerin (geb. 1932).

Elke　fries. KF zu → Adelheid; auch heute noch häufig gewählt; weitere Formen: Elka, Elleke, Eltje; bekannte Namensträgerinnen: Elke Sommer, dt. Schauspielerin (geb. 1940), Elke Heidenreich, dt. Journalistin und Fernsehmoderatorin (geb. 1943).

Ella　KF zu → Eleonore und → Elisabeth; bekannte Namensträgerin: Ella Fitzgerald, am. Jazz-Sängerin (1917–1996).

Ellen　engl./skand. KF zu → Eleonore oder → Helene; bekannte Namenträgerin: Ellen Barkin, am. Schauspielerin (geb. 1954).

Elli　KF zu → Eleonore und → Elisabeth; weitere Form: Nelli.

Elinor　engl. → Eleonore.

Elly　engl. KoF zu → Eleonore und → Elisabeth; bekannte Namensträgerin: Elly Ney, dt. Pianistin, (1882–1968).

Elma　1. KF zu → Wilhelmine; 2. KF zu → Elmira.

Elmira　aus dem Span., aber arab. Ursprungs, eigentlich „die Fürstin" oder

„erhaben, edel, schön"; bekannt durch Goethes Singspiel „Erwin und Elmira".

Elsa KF zu → Elisabeth; populär geworden durch die Gestalt der Elsa von Brabant in Wagners Oper „Lohengrin"; heute noch üblich, aber selten gewählt.

Elsabe KF zu → Elisabeth.

Elsbeth KF zu → Elisabeth.

Else KF zu → Elisabeth; um 1900 Modename; weitere Formen: Elseke, Elsk, Elska, Elsike, Telse (niederl.); bekannte Namensträgerin: Else Lasker-Schüler, dt. Schriftstellerin (1869–1945).

Elsy engl. KoF zu → Elizabeth.

Elvira aus dem Span., WF von →Alvaro; „allmächige Hüterin"; weitere Formen: Elvire, Alwara, Alwera.

Emanuela WF zu → Emanuel; weitere Formen: Manuela, Mana.

Emerentia aus dem Lat., eigentlich „die Würdige"; weitere Formen: Emerenz, Emerentiana, Meret, Renzi.

Emilia lat., vom Geschlechternamen der Aemilier abgeleitet.

Emily engl. → Emilia.

Emma selbständige KF zu Vorn. mit Erm- oder Irm-; um 1900 Modename; heute noch gebraucht, aber in Deutschland selten, häufiger im anglo-amerikanischen Raum; weitere Formen: Emmeline, Emmi, Emmy, Imma, Imme, Emme, Ema (span.); bekannte Namensträgerin: Emma Thompson, brit. Schauspielerin (geb. 1959).

Ena KF zu → Helena.

Engel NF zu → Angela.

Engelberga zus aus dem Stammesnamen der Angeln und ahd. bergan, „bergen, schützen"; weitere Form: Engelburga.

Engelberta WF zu → Engelbert.

Engelgard Zus. aus Stammesname der Angeln und ahd. beraht, „glänzend".

Enid engl., urspr. „Reinheit", bekannte Namensträgerin: Enid Blyton, engl. Kinderbuchautorin (1897–1968).

Enrica WF zu → Enrico.

Enya kelt., „Wasser des Lebens"; bekannte Namensträgerin: Enya, ir. Popsängerin (geb. 1961).

Erika WF zu → Erik; oft fälschlich mit dem Heidekraut Erika in Verbindung gebracht; um 1900 Modename, durch Unterhaltungsromane populär geworden; weitere Form: Erica; bekannte Namensträgerinnen: Erika Pluhar, österr. Schauspielerin (geb. 1939), Erica Jong, am. Schriftstellerin (geb. 1942).

Erkengard Zus. aus ahd. erkan, „ausgezeichnet", und gard, „Hort, Schutz".

Erkenhild Zus. aus ahd. erkan, „ausgezeichnet", und hiltja, „Kampf".

Erla KF zu Vorn. mit Erl-.

Erlwine WF zu → Erlwin.

Erma NF zu → Irma.

Ermelina EF zu Erma, NF zu → Irmela.

Ermengard NF zu → Irmgard.

Ermentraud NF zu → Irmtraud.

Ermina russ. → Hermanna.

Erminia ital. → Hermine.

Erna KF zu → Ernestine; um 1900 Modename, heute selten.

Ernestine WF zu → Ernst; weitere Formen: Ernestina, Ernesta, Erna, Stine (fries.).

Ernfriede NF zu → Arnfriede.

Erwine WF zu → Erwin.

Esmeralda aus dem Span., eigentlich „Smaragd, Edelstein".

Esta KF zu → Estella.

Estella aus dem Span., eigentlich „Stern"; bekannter ist die KF → Stella.

Estelle franz. → Estella.

Esther bibl., hebr. Ursprungs, eigentlich „Myrte", in der Bibel verhindert Esther als Gattin von Xerxes I. die Ausrottung der Juden in Persien; weitere Formen: Ester, Hester (engl., niederl.).

Etelka ungar. → Ottilie.

Ethel engl. KF zu Vorn. mit Edel-.

Etta KF zu → Henriette oder NF zu → Edda.

Eugenie WF zu → Eugen; wurde durch die Gattin von Napoleon III. populär, aber heute selten gewählt.

Eusebia WF zu → Eusebius.

Eva bibl., eigentlich „die Leben Spendende"; als Name der Urmutter der Menschen seit dem MA weit verbreitet, seit der Reformation volkstümlich; bis heute häufig gewählt; andere Formen: Evamaria, Ev, Evi, Ewa, Evita (span.),

Eve (franz.); bekannte Namensträgerinnen: Eva Lind, österr. Opernsängerin (geb. 1966); Eva Mattes, dt. Schauspielerin (geb. 1954).

Evamaria DF aus → Eva und → Maria.

Evelyn aus dem Engl., wahrscheinlich EF zu Eva; weitere Formen: Evelin, Evelina, Eveline, Eweline, Evelyne (franz.).

Fabia WF zu Fabius; vom altrömischen Geschlechternamen der Fabier; weitere Form: Fabienne (franz.).

Fabiane EF zu → Fabia.

Fabiola wahrscheinlich span. EF zu → Fabia; durch die Königin von Belgien (geb. 1928) bekannt geworden.

Faith engl. „die Gläubige".

Fannie engl. Form zu → Stephanie.

Fanny engl. Form zu → Stephanie oder KoF zu → Franziska; in Deutschland durch Fieldings Roman „Joseph Andrews" (1742) bekannt geworden; weitere Formen: Fanchette, Fanchon (franz.), Fanni; bekannte Namensträgerinnen: Fanny Lewald, dt. Schriftstellerin (1811–1889), Fanny Ardant, franz. Schauspielerin (geb. 1951).

Farah aus dem Arab., eigentlich „Freude"; bekannt geworden durch Farah

Diba, die Gemahlin des Ex-Schahs von Persien, und durch die am. Filmschauspielerin Farrah Fawcett (geb. 1947).

Faralda   WF zu → Farald; weitere Form: Fara.

Farhild   Zus. aus ahd. faran, „fahren, reisen", und hiltja, „Kampf".

Fatima   aus dem Arab., Fatima (606-632) war die jüngste Tochter des Propheten Mohammed.

Fausta   WF zu → Faustus; weitere Formen: Faustine, Faustina.

Faye   engl. „Fee", bekannte Namensträgerin: Faye Dunaway, am. Schauspielerin (geb. 1941).

Federica   WF zu → Federico; weitere Form: Federiga.

Fee   KF zu → Felizitas.

Fei   KF zu → Sophia.

Feli   KF zu → Felizitas.

Felicitas   NF zu → Felizitas.

Felizitas   aus dem Lat., eigentlich „die Glückselige"; durch die Verehrung der hl. Felizitas von Karthago verbreitet; wird auch heute noch gern gewählt; andere Formen: Felicitas, Feli, Fee, Feta.

Feodora   russ. → Theodora.

Ferdinande   WF zu → Ferdinand; weitere Formen: Fernande, Ferdinanda, Ferdinandine, Nanda, Nande, Nanna.

Ferike   ungar. → Franziska.

Feta   KF zu → Felizitas.

Fey   KF zu → Sophia.

Fi   KF zu → Sophia.

Fia   KF zu → Sophia.

Fidelia   WF zu → Fidelius.

Fieke   fries. KF zu → Sophia.

Fiene   fries. KF zu → Josephine.

Fila   ahd. KF zu Vorn. mit filu, „viel".

Filiberta   WF zu → Filibert.

Finetta   KoF für → Josefine.

Finja   nord., wahrscheinlich „Finnin"; weitere Form: Finnja.

Finn   KF zu → Josephine; weitere Formen: Finne, Fina, Finni.

Fiona   aus dem Engl., „hell, blond".

Fioretta   ital. EF zu → Flora.

Fita   wahrscheinlich fries. KF zu → Friederike; bekannte Namensträgerin: Fita Benkhoff; dt. Schauspielerin (1901–1967).

Fjodora   russ. → Theodora.

Flavia   WF → zu Flavius.

Fleur   franz. → Flora; weitere Form: Fleurette.

Flora   aus dem Lat., eigentlich Name der altröm. Frühlingsgöttin; im 19. Jh. weit verbreitet; weitere Formen: Flore, Floria, Florina, Florentine, Florence, Fleur (franz.), Fioretta (ital.), Floretta (span.).

Florance   franz. EF zu → Flora.

Florentine   EF zu → Flora; weitere Form: Florentina.

Floretta   span. → Flora.

Floriane   WF zu → Florian.

Folke   KF zu Vorn. mit Volk-; eindeutiger Zweitname erforderlich.

Fortuna aus dem Lat., „Glück, Schicksal"; bekannt geworden als Name der röm. Schicksalsgöttin.

Franca NF zu → Franka; bekannte Namensträgerin: Franca Magnani, ital. Publizistin und Fernsehmoderatorin (geb. 1925).

Frances engl. NF zu → Franziska.

Francesca ital. → Franziska; weitere Form: Francisca.

Franciska slaw. → Franziska; weitere Form: Frantiska.

Françoise franz. → Franziska; weitere Form: Françette, Françine; bekannte Namensträgerin: Françoise Sagan, franz. Schriftstellerin (geb. 1935).

Franeka slaw. NF zu → Franziska; weitere Formen: Franica, Franika.

Franja slaw. KF zu → Franziska.

Franka WF zu → Frank; weitere Form: Franca; bekannte Namensträgerin: Franka Potente; dt. Schauspielerin (geb. 1974).

Fränze KF zu → Franziska.

Franzi KF zu → Franziska.

Franziska WF zu → Franziskus; durch die Verehrung der hl. Franziska im 13/14. Jh. bekannt geworden, aber erst im 18. Jh. durch die Gestalt der Franziska in Lessings „Minna von Barnhelm" verbreitet; heute noch oft gewählt; weitere Formen: Franzi, Franze, Ziska, Fanny, Frances (engl.), Francesca (ital.), Fanni, Ferike (ungar.), Françoise (franz.), Franciska, Franeka, Franja (slaw.); bekannte Namensträgerin: Franziska van Almsick, dt. Schwimmerin (geb. 1978).

Frauke fries. KoF zu „Frau", eigentlich „kleine Frau, Frauchen"; weitere Formen: Fraukea, Frawa, Frawe, Frauwe.

Freda niederdt./schwed. KF zu → Winifred; weitere Form: Fredda.

Fredegund NF zu → Friedegund; weitere Form: Fredegunde; bekannte Namensträgerin: Fredegunde, fränk. Königin (6. Jh.).

Frieda KF zu → Elfriede; weitere Form: Frida; bekannte Namensträgerin: Frida Leider, dt. Sopranistin (1888–1975).

Friedegund Zus. aus ahd. fridu, „Frieden", und gund, „Kampf"; weitere Form: Fredegunde.

Friedel KoF zu → Friedrich; weibl. NF zu → Frieda; eindeutiger Zweitname erforderlich.

Friedelind Zus. aus ahd. fridu, „Frieden", und linta, „Schutzschild aus Lindenholz".

Friederike WF zu → Friedrich: weitere Formen: Frederike, Rika, Frika, Frigge (fries.); bekannnte Namensträgerin: Friederike Brion (1752–1813), die Jugendliebe Goethes.

Friedhild Zus. aus ahd. fridu, „Frieden", und hiltja, „Kampf"; weitere Form: Friedhilde.

Friedrun Zus. aus ahd. fridu, „Frieden", und runa, „Geheimnis".

Fritzi KF zu → Friederike; weitere Form: Frizzi; WF zu → Fritz.

Frodegard Zus. aus ahd. fruot, „klug", und gard, „Schutz"; weitere Form: Frogard.

Fulberta NF zu → Volkberta.

Gabi KF zu → Gabriele; weitere Formen: Gaby.

Gabriela NF zu → Gabriele; bekannte Namensträgerin: Gabriela Sabatini, argentin. Tennisspielerin (geb. 1970).

Gabriele WF zu → Gabriel; seit dem MA bekannter Vorn., aber erst seit Mitte des 19. Jh. stärker verbreitet; weitere Formen: Gabi, Gabriella, Gabrielle, Gabriela, Jella (fries.); bekannte Namensträgerinnen: Gabriele Wohmann, dt. Schriftstellerin (geb. 1932); Gabriele Seyfert, dt. Eiskunstläuferin (geb. 1948); in Italien gilt Gabriele auch als männl. Vorn.

Gabriella ital. → Gabriele.

Gabrielle franz. → Gabriele.

Galatea griech., „Milch"; andere Form: Galateia.

Galina russ., griech. Ursprungs, „Ruhe, Stille, Frieden"; andere Formen: Galja, Gulja.

Gebharde WF zu → Gebhard; weitere Form: Geba.

Geeske fries. KoF zu → Gesa.

Gela KF zu → Angela; weitere Formen: Geli, Geelke (fries.).

Gemma aus dem Lat., eigentlich „Edelstein".

Geneviève franz. → Genoveva.

Genoveva wahrscheinlich Zus. aus germ. ginu, „weit, geräumig, ausgedehnt", und waifo, „die sich Bewegende"; bekannt geworden durch die Sagengestalt der Genoveva von Brabant, andere Formen: Genovefa, Veva.

Georgia WF zu → Georg; weitere Formen: Georgina, Georgine; Georgette.

Geralde WF zu → Gerald; weitere Form: Gerolde.

Geraldine EF zu → Geralde; in Deutschland selten, im franz. und anglo-am. Sprachraum weit verbreitet.

Gerburg Zus. aus ahd. ger, „Speer", und bergan, „bergen, schützen".

Gerda KF zu → Gertrud oder aus dem Skand. übernommener Vorn., zu altisländ. „Einhegung, Schutzzaun"; im 19. Jh. in Deutschland populär geworden, galt um 1900 als modern, heute seltener gewählt; andere Formen: Gerdi, Gerte.

Gerde NF zu → Gerda.

Gerharde WF zu → Gerhard; weitere Form: Gerrit (fries.).

Gerhild Zus. aus ahd. ger, „Speer", und hiltja, „Kampf".

Gerke fries. Form zu → Gertrud; weitere Formen: Geertje.

Gerlinde Zus. aus ahd. ger, „Speer", und linta, „Schutzschild aus Lindenholz"; weitere Formen: Gerlind, Gerlindis.

Gerta fries. → Gerda.

Gertraud NF zu → Gertrud.

Gertrud Zus. aus ahd. ger, „Speer", und trud, „Kraft"; bekannte Namensträgerinnen: Gertrud von Le Fort, dt. Schriftstellerin (1876–1973), Gertrud Fussenegger, österr. Schriftstellerin (geb. 1912).

Gertrude NF zu → Gertrud.

Gerty engl. KF zu → Gertrud.

Gerwine WF zu → Gerwin.

Gesa fries. KF zu → Gertrud; weitere Formen: Gese, Geseke.

Gesche niederdt. KF zu → Gertrud.

Gesine EF zu → Gesa; weitere Formen: Gesina, Sina.

Gianina KoF zu → Gianna.

Gianna ital. → Johanna; bekannte Namensträgerin: Gianna Nannini, ital. Popsängerin (geb. 1956).

Gifion aus dem Nord. übernommener Vorn., ursprünglich Name einer altnord. Meeresgöttin.

Gila KF zu → Gisela; bekannte Namensträgerin: Gila v. Weitershausen, dt. Schauspielerin (geb. 1944).

Gilda WF zu → Gildo.

Gilla schwed. KF zu → Gisela.

Gillian engl. → Juliana; bekannte Namensträgerin: Gillian Anderson, am. Schauspielerin (geb. 1965).

Gina KF zu → Regina; weitere Form: Gine.

Ginette franz. KoF zu → Genoveva.

Giovanna ital. → Johanna.

Gisa KF zu Vorn. mit Gis-, vor allem zu → Gisela.

Gisberta WF zu → Gisbert.

Gisela aus ahd. gisal, „Geisel, Bürge", entstanden; schon im MA sehr beliebt; andere Form: Silke.

Giselberga Zus. aus ahd. gisal, „Geisel" und bergan, „bergen, schützen".

Giselberta WF zu → Giselbert.

Giselle franz. → Gisela; weitere Formen: Gisèle.

Gislind Zus. aus ahd. gisal, „Geisel", und linta, „Schutzschild aus Lindenholz".

Gitta KF zu → Brigitte.

Gitte KF zu → Brigitte; bekannte Namensträgerin: Gitte Haenning, dän. Schlagersängerin (geb. 1946).

Gilli KF zu → Brigitte.

Giulia ital. → Julia; andere Formen: Giuletta.

Giuliana ital. → Juliana.

Glenda aus dem Engl., walis. Ursprungs, Neuprägung aus gäl. glen, „sauber" und da, „gut"; bekannte Namensträgerin: Glenda Jackson, engl. Schauspielerin (geb. 1936).

Gloria aus dem Lat., eigentlich „Ruhm, Ehre"; bekannte Namensträgerin: Gloria von Thurn und Taxis, dt. Fürstin (geb. 1960).

Goda KF zu Vorn. mit God-, vor allem zu → Godolewa; weitere Formen: Godela, Godola.

Godelinde Zus. aus ahd. got, „Gott" und linta, „Schutzschild aus Lindenholz".

Godolewa niederdt. WF zu → Gottlieb; andere Form: Godelewa.

Grace engl. → Gratia; bekannte Namensträgerin: Grace Kelly, am. Schauspielerin, spätere Fürstin Gracia Patricia von Monaco (1929–1982).

Gracia span. → Gratia.

Gratia lat., eigentlich „die Anmutige".

Grazia dt./ital. → Gratia.

Greet niederdt. KF zu → Margarete.

Greta KF zu → Margarete; bekannte Namensträgerin: Greta Garbo; schwed.-am. Schauspielerin (1905–1990).

Gretchen KoF zu → Margarete.

Grete KF zu → Margarete; weitere Form: Grethe; bekannte Namensträgerin: Grethe Weiser, dt. Schauspielerin (1903–1970).

Gretel KoF zu → Margarete.

Griselda aus dem Ital., germ. Ursprungs, Zus. aus germ. grae, „grau", und ahd. hiltja, „Kampf", auf eine Sagengestalt zurückgehend; weitere Formen: Griseldis, Zelda (engl.).

Grit KF zu → Margrit (→ Margarete); weitere Formen: Gritt, Gritta, Grite, Grita.

Guda KF zu Vorn. mit Gud-.

Gudrun Zus. aus ahd. gund, „Kampf", und runa, „Geheimnis"; durch die Gestalt der Gudrun der Kudrunsage (13. Jh.) bekannt geworden; im MA als Adelsname verbreitet und im 19. Jh. neu belebt; weitere Formen: Gudrune, Gutrune.

Gudula NF zu → Gudrun, EF zu → Guda.

Guglielmina ital. → Wilhelmine.

Guiletta ital. KoF zu → Julia.

Guillerma span. → Wilhelmine.

Gunda KF zu Vorn. mit Gund; bekannte Namensträgerin: Gunda Niemann-Stirnemann, dt. Eisschnellläuferin (geb. 1966).

Gundel KoF zu Vorn. mit Gund- oder -gund.

Gundula EF zu → Gunda; bekannte Namensträgerin: Gundula Janowitz, dt. Sopranistin (geb. 1937).

Gunhild NF zu → Gunthild.

Gunthild Zus. aus ahd. gund, „Kampf", und hiltja, „Kampf".

Guntrada Zus. aus ahd. gund, Kampf", und rat, „Ratgeber".

Guste NF zu → Auguste.

Gustel KoF zu → Gustav und weibl. KoF zu → Auguste; eindeutiger Zweitname erforderlich.

Gwenda   engl. KF zu → Gwendolin.

Gwendolin   engl., walisischen Ursprungs, wahrscheinlich Zus. aus gäl. gwen, „weiß", und dolen, „Bogen, Ring"; weitere Formen: Gwen, Gwendolyn, Gwendoline, Gwendolina.

Habiba   arab., „Geliebte, Liebevolle".

Hadelind   Zus. aus ahd. hadu, „Kampf", und lind, „sanft, weich, mild", oder linta, „Schild aus Lindenholz".

Hakima   arab., „die Weise".

Hala   arab, „Hof des Mondes".

Halina   poln. → Helena.

Halka   poln. KoF zu → Halina; bekannt geworden durch die Oper „Halka"(1848/58) von Moniuszko.

Hanan   arab., „Liebe, Zärtlichkeit, Mitleid".

Hanka   slaw. → Hanna.

Hanna   KF zu → Johanna.

Hannah   hebr., „Gott war gnädig".

Hanne   NF zu → Hanna.

Hannelore   DF aus → Hanne und → Eleonore; bekannte Namensträgerinnen: Hannelore Elsner, dt. Schauspielerin (geb. 1944).

Hannerose   DF aus → Hanne und → Rose.

Hansi   KoF zu → Hanna; auch KoF zu → Hans; eindeutiger Zweitname erforderlich.

Harriet   engl. KF zu → Henriette.

Hawwa   1. arab. → Eva; 2. arab., „schwarze Wurzel".

Hazel   engl., „Haselnuss".

Hedda   skand. KF zu → Hedwig; bekannt geworden durch Ibsens Schauspiel „Hedda Gabler".

Heddy   KoF zu → Hedwig.

Hede   KF zu → Hedwig.

Hedvig   skand. → Hedwig.

Hedwig   Zus. aus ahd. hadu, „Kampf, Streit", und wig, „Kampf, Krieg"; andere Formen: Hadwig, Hadewig (niederl.), Hese, Jadwiga (poln.); bekannte Namensträgerin: Hedwig Courths-Mahler, dt. Schriftstellerin (1867–1950).

Heide   KF zu → Adelheid.

Heidelinde   DF aus → Heide und → Linda.

Heidelore   DF aus → Heide und KF zu → Eleonore.

Heidemaria   DF aus → Heide und → Maria; weitere Form: Heidemarie.

Heiderose   DF aus → Heide und → Rose.

Heidi   KoF zu → Adelheid.

Heidrun   Zus. aus ahd. heid, „Wesen, Gestalt", und runa, „Geheimnis, Zauber".

Heike   niederdt. KoF zu → Heinrike; bekannte Namensträgerinnen: Heike

Drechsler, dt. Leichtathletin und Olympiasiegerin (geb. 1964), Heike Makatsch; dt. Schauspielerin (geb. 1971).

Heila   KF zu Vorn. mit Heil-.

Heilgard   Zus. aus ahd. heil, „gesund", und gard, „Schutz".

Heilke   fries. KoF zu Vorn. mit Heil-.

Heilwig   Zus, aus ahd. heil, „gesund", und wig, „Kampf, Krieg"; eindeutiger Zweitname erforderlich.

Heima   KF zu Vorn. mit Heim-.

Heinrike   NF zu → Henrike.

Helen   dt./engl. KF zu → Helene; bekannte Namensträgerin: Helen Keller, am. Schriftstellerin (1880–1968).

Helena   NF zu → Helene.

Helene   aus dem Griech., eigentlich „die Sonnenbeglänzte"; weitere Formen: Elena, Elina, Ella, Ilka, Lene, Nelli, Ellen, Ilona, Jelja (ungar.), Lenka (slaw.), Ela (slowak.), Hélène (franz.), Ileana (rumän.), Elin (schwed.), Ellen, Helen (engl.), Alena (russ.); bekannte Namensträgerinnen: Helene Lange, dt. Frauenrechtlerin (1848–1930), Helene Weigel, dt. Schauspielerin, Regisseurin (1900–1971).

Helga   aus dem Nord., eigentlich „die Geweihte, die Heilige", seit 1900 in Deutschland populär, seit 1950 zurückgehend; bekannte Namensträgerin: Helga Hahnemann, dt. Schauspielerin und Entertainerin (1937–1991).

Hella   KF zu → Helene oder → Helga.

Helma   KF zu Vorn. mit Helm- oder -helma; weitere Form: Hilma.

Helmburg   Zus. aus ahd. helm, „Helm", und bergan, „bergen, schützen".

Helmke   KF zu Vorn. mit Helm- oder -helma, (etwa → Helmtraud und → Wilhelma); eindeutiger Zweitname erforderlich.

Helmtraud   Zus. aus ahd. helm, „Helm", und trud, „Kraft, Starke".

Henriette   franz. WF von → Henri (→ Heinrich).

Henrike   WF zu → Henrik; weitere Formen: Henni, Henny, Rika, Rieka (niederl.).

Henrike   eine WF von → Heinrich; weitere Form: Henrika.

Hera   aus dem Griech., Name der griech. Göttin.

Herdi   fries. KF zu Vorn. mit -her oder -hart; weitere Form: Herdis.

Herlinde   Zus. aus ahd. heri, „Heer", und linta, „Schutzschild aus Lindenholz"; weitere Form: Heralind.

Herma   KF zu → Hermine.

Hermanna   WF zu → Hermann; selten, fast nur noch in NF anzutreffen.

Hermine   WF zu → Hermann (um 1800 entstanden); bekannte Namensträgerin: Hermine Körner, dt. Schauspielerin (1882–1960).

Hermione   griech., vom Götternamen Hermes (geflügelter Götterbote; Handel und Verkehr) abgeleitet.

Herta auf einen Lesefehler zurückgehend: die bei Tacitus erwähnte germ. Fruchtbarkeitsgöttin Nerthus war von Schreibern falsch kopiert worden; um 1900 weit verbreitet, heute selten; weitere Form: Hertha.

Hese KF zu → Hedwig; weitere Formen: Heseke.

Hester NF zu → Esther.

Hidda KF zu → Hildegard.

Hilaria lat., zu hilarus, „immer fröhlich, heiter".

Hilda KF zu → Hildegard.

Hilde KF zu Vorn. mit Hild- oder -hilde, (etwa → Hildegard und → Hildrun); weitere Form: Hilja; bekannte Namensträgerin: Hilde Domin, dt. Lyrikerin (geb. 1912).

Hildegard Zus. aus ahd. hiltja, „Kampf", und gard, „Schutz"; durch die Verehrung der hl. Hildegard von Bingen (11./12. Jh.) seit dem MA verbreitet; heute selten gewählt; bekannte Namensträgerin: Hildegard Knef, dt. Schauspielerin (1925–2002).

Hildegunde Zus. aus ahd. hiltja, „Kampf", und gund, „Kampf"; weitere Form: Hildegunde.

Hildrun Zus. aus ahd. hiltja „Kampf", und runa, „Geheimnis".

Hilke fries. KF zu Vorn. mit Hilde-.

Hilla KF zu Vorn. mit Hilde-.

Hillary engl. → Hilaria; bekannte Namensträgerin: Hillary Clinton, US-Senatorin, Ehefrau von Bill Clinton, 42. Präsident der USA (geb. 1947).

Hiltraud Zus. aus ahd. hiltja, „Kampf", und trud, „Stärke"; weitere Form: Hiltrud.

Hiska fries KF zu Namen mit Hild-; weitere Form: Hissa.

Holda NF zu → Hulda; weitere Form: Holde.

Holle NF zu → Hulda.

Holly engl., von Pflanzennamen abgeleitet („glücksbringender immergrüner Strauch"); bekannte Namensträgerin: Holly Valance, austral. Popsängerin (geb. 1983).

Hortensia aus dem Lat., auf altröm. Geschlechternamen zurückgehend, lat. „den Garten betreffend"; häufig auch mit der gleichnamigen Pflanze Hortensie in Zusammenhang gebracht; weitere Form: Hortense (franz.).

Hroswitha NF zu → Roswitha.

Hulda zu ahd. holda, „guter weiblicher Geist".

Humaira arab., „die kleine Rötliche".

Ida weibl. KF zu Vorn. mit Ida- und Idu- (etwa des ahd Vorn. Iduberga); schon im MA sehr beliebt, zu Beginn des

19. Jh. wieder entdeckt, heute selten; andere Formen: Idda, Idis, Ita, Itha, Ead, Eed (engl.), Ide (franz.); bekannte Namensträgerin: Ida Ehre, österr. Schauspielerin (1900–1989).

Idita   NF zu → Jutta.

Iduna   nord., Name der altnord. Göttin der Jugend und Unsterblichkeit.

Ignatia   WF zu → Ignatius.

Ignes   NF zu → Agnes.

Iken   niederl. KoF zu → Ida.

Ilga   alter dt. Vorn., wahrscheinlich NF zu → Helga oder Hilga; eine hl. Ilga wurde im MA im Bodenseegebiet verehrt (um 1000).

Iliane   fläm./schwed. → Juliane.

Ilka   ungar. KF zu → Ilona.

Ilona   ungar. → Helene; seit 1900 zunächst in Adelskreisen später im ganzen dt. Sprachgebiet verbreitet; weitere Formen: Ilu, Iluska.

Ilonka   ungar. KoF zu → Ilona.

Ilsa   NF zu → Ilse und → Elisabeth.

Ilse   KF zu → Elisabeth und Zus. mit Ilse-; weitere Formen: Ilsedore, Ilsegret, Ilselore, Ilselotte, Ilsemarie, Ilsetraut; bekannte Namensträgerinnen: Ilse Werner, dt. Filmschauspielerin (geb. 1921), Ilse Aichinger, österr. Schriftstellerin (geb. 1921).

Ilsebil   NF zu → DF aus → Ilse und → Sibylle.

Imke   fries. KF und KoF von Vorn. mit Irm-, besonders → Irmgard.

Imma   KF von Vorn. mit Irm-, besonders → Irmgard und → Irmtraud; weitere Form: Imme.

Ina   KF von Vorn., die auf -ina oder -ine enden, vor allem → Katharina, → Karolina und → Regina; um 1900 in Mode kommend, noch heute stark verbreitet und gern gewählt; bekannte Namensträgerin: Ina Seidel, dt. Erzählerin (1885–1974).

Indira   sanskrit, „Schönheit, Glanz"; ursprünglich Beiname der Göttin Lakschmi.

Indra   aus dem Ital., WF zu → Indro; Neubildung aus altind. indh, „flammen, funkeln"; da auch als ind. männl. Göttername, eindeutiger Zweitname erforderlich.

Ines   aus dem Span. übernommener Vorn., der auf Agnes zurückgeht.

Inga   dän./schwed. KF von Vorn. mit Ing-, besonders Ingeborg; bekannte Namensträgerin: Inga Rumpf, dt. Rocksängerin (geb. 1948).

Inge   KF von → Ingeborg; Verbreitung: seit etwa 1930 verbreitet, aber gegenwärtig selten gewählt.

Ingeborg   nord., Zus. aus Ingvio (germ. Stammesgott) und ahd. bergan, „schützen"; in der ersten Hälfte des 20. Jh. weit verbreitet; bekannte Namensträgerin: Ingeborg Bachmann, österr. Schriftstellerin (1926–1973), Ingeborg Hallstein; dt. Sopranistin (geb. 1937).

Ingeburg dt. NF zu → Ingeborg.

Ingela NF zu → Ingeborg.

Ingelore DF aus → Inge und → Lore.

Ingelotte DF aus → Inge und Lotte.

Ingemaren DF aus → Inge und Maren.

Ingemarie DF aus → Inge und Marie.

Ingerid schwed. NF zu → Ingrid.

Inghild Zus. aus altisländ. Yngvi (Göttername) und ahd. hiltja, „Kampf".

Ingrid aus dem Nord., zu altisländ. Yngvi (Göttername) und fridhr, „schön"; kam um 1890 mit der skand. Literatur nach Deutschland, seit den 60-er Jahren rückläufig; bekannte Namensträgerinnen: Ingrid Bergman, schwed. Schauspielerin (1915–1982), Ingrid Noll, dt. Schriftstellerin (geb. 1935).

Inka ungar. NF zu → Ilona.

Inken nordfries. KF und KoF von Vorn. mit Inge-, besonders → Ingeborg; weitere Formen: Inke, Inka.

Innozentia WF zu → Innozenz; weitere Formen: Zenta, Zenzi.

Inse fries. KF von Vorn. mit Ing-; weitere Formen: Insa, Inska, Inske.

Ira KF zu → Irene.

Ireen NF zu → Irene.

Irena slaw. → Irene.

Irene griech., von eiréne (Name der Friedensgöttin) abgeleitet; in Deutschland durch die byzantinische Prinzessin Irene bekannt, die König Philipp 1197 heiratete; bekannte Namensträgerin: Irene Dische, am. Schriftstellerin (geb. 1952).

Irina slaw. → Irene.

Iris griech., Name der giech. Götterbotin, in der griech. Mythologie mit dem Regenbogen gleichgesetzt; später Zeit mit dem Pflanzennamen in Verbindung gebracht; bekannte Namensträgerin: Iris Berben, dt. Schauspielerin (geb. 1950).

Irka poln. KF zu → Irene.

Irma KF von Vorn. mit Irm-; weitere Formen: Imela, Irmela, Irmelin.

Irmengard alte NF zu → Irmgard.

Irmentraud NF zu → Irmtraud.

Irmgard Zus. aus germ. irmin, „groß", und gardaz, „Schutz, Einhegung"; im MA weit verbreitet; im 19. Jh. neu belebt, heute zurückgehend; weitere Form: Irmigard; bekannte Namensträgerinnen: Irmgard Keun, dt. Schriftstellerin (1910–1982), Irmgard Seefried, österr. Sängerin (1919–1988).

Irmtraud Zus. aus germ. irmin, „groß", und trudi, „wehrhaft, stark"; andere Formen: Irmintraud, Irmtrud.

Isa KF zu → Isabel oder → Isolde; weitere Form: Ise.

Isabel span. → Elisabeth; im MA in Deutschland durch span. und franz. Fürstinnen bekannt geworden, gilt noch heute als modern; bekannte Namensträgerin: Isabel Allende, chilen. Schriftstellerin (geb. 1942).

Isabella ital. → Isabel; bekannte Namensträgerin: Isabella Rosselini, ital. Schauspielerin (geb. 1952).

Isabelle franz. → Isabel; bekannte Namensträgerinnen: Isabelle Adjani, franz. Schauspielerin (geb. 1955), Isabelle Huppert, franz. Schauspielerin (geb. 1955).

Isadora NF zu → Isidora; bekannte Namensträgerin: Isadora Duncan, am. Tänzerin (1878–1927).

Isolde Herkunft und Bedeutung unklar, wahrscheinlich auf ahd. isan, „Eisen", bezogen; bekannte Namensträgerinnen: Isolde Kurz, dt. Dichterin (1853–1944), Isolde Ohlbaum; dt. Fotografin.

Isotta NF zu → Isolde.

Ita NF zu → Ida oder KF zu → Jutta; weitere Formen: Itta, Itte.

Itha NF zu → Ida oder KF zu → Jutta.

Ivanka slaw. WF zu → Iwan oder Ivan.

Ivy engl., „Efeu", im 19. Jh. aufgekommen.

Iwana WF zu → Iwan; weitere Formen: Ivana, Iwanka.

Jackie KoF zu → Jacqueline; auch männl. KoF zu → Jack, daher eindeutiger Zweitname erforderlich.

Jacky KoF zu → Jacqueline; auch männl. KoF zu → Jack, daher eindeutiger Zweitname erforderlich.

Jacqueline WF zu → Jacques; bekannte Namensträgerin: Jacqueline Kennedy-Onassis (1929–1994).

Jadwiga poln. → Hedwig.

Jakoba WF zu → Jakob; weitere Formen: Jakobea, Jakobina, Jakobine.

Jana tschech. KF zu → Johanna, WF zu → Jan.

Jane engl. → Johanna; bekannte Namensträgerin: Jane Fonda, am. Schauspielerin (geb. 1937).

Janet engl. KoF zu → Jane; bekannte Namensträgerin: Janet Jackson, am. Popsängerin (geb. 1966).

Janice engl KoF zu → Jane.

Janika bulg. EF zu → Jana.

Janina 1. poln. EF zu → Jana; 2. eingedeutschte Schreibweise zu → Gianina; weitere Formen: Janine, Jannina.

Janis NF zu → Janice; bekannte Namensträgerin: Janis Joplin, am. Rocksängerin, prägte den Musikstil einer ganze Epoche (1943–1970); auch lett./litau. → Johannes.

Janita NF zu → Jana.

Janna niederdt. KF zu → Johanna.

Janne NF zu → Janna.

Janka russ./bulg./ungar. → Jana.

Jarmila tschech., Neuprägung aus jary, „heftig stark", und mily, „lieb", bekannte Namensträgerin: Jarmila Kratochvilova, tschech. Mittelstreckenläuferin, Weltrekordlerin (geb. 1951).

Jasira arab., „leicht, mild, sanft".

Jasmin pers., vom Pflanzennamen des Blütenstrauchs abgeleitet; weitere Formen: Jasmina, Jasmine, Yasmin, Yasmina, Yasmine.

Jean engl. KF zu → Johanna; auch franz. MF; daher eindeutiger Zweitname erforderlich; bekannte Namensträgerin: Jean Seberg (1938–1979).

Jeanne franz. → Johanna; weitere Formen: Jeannine; bekannte Namensträgerin: Jeanne Moreau, franz. Schauspielerin (geb. 1928).

Jeannette KoF zu → Jeanne.

Jekaterina russ. → Katharina.

Jelena russ. → Helene; weitere Formen: Jelenka, Jelika.

Jella KF zu → Gabriela und → Gabriella.

Jennifer kelt./engl., auf Guenevere, Gemahlin des Königs Artus, zurückgehend; heute sehr beliebt.

Jenny engl. KoF zu → Johanna; weitere Form: Jenni; bekannte Namensträgerin: Jenny Lind, schwed. Sängerin (1820–1887).

Jessica bibl.,. hebr. Ursprungs, eigentlich „Gott schaut (dich an)"; bekannt geworden durch die Gestalt aus Shakespeares „Der Kaufmann von Venedig"; in jüngster Zeit im anglo-am. und dt. Sprachraum immer beliebter; weitere Form: Jessika (schwed.); bekannte Namensträgerin: Jessica Lange, am. Schauspielerin (geb. 1949).

Jessy engl. KF zu → Johanna; weitere Formen: Jessi.

Jette KF zu → Henriette; weitere Formen: Jetta, Jetty.

Jill engl. KF zu → Jillian.

Jillian engl NF zu → Gillian.

Jin chin., „Gold, reines Metall, Geld"; weitere Form: Jing.

Jindra tschech. WF zu → Jindrich (tschech. → Heinrich).

Jo KF zu → Johanna; auch männl. KF zu → Johannes, → Joachim und → Joseph; eindeutiger Zweitname erforderlich.

Joan engl. → Johanna; bekannte Namensträgerinnen: Joan Baez, am. Folkrocksängerin (geb. 1941), Joan Collins, engl. Schauspielerin, (geb. 1933).

Joanna poln. → Johanna.

Jocelyn aus dem Engl., normann. Ursprungs, Verkleinerungsform aus dem Stammesnamen der Goten; andere Form: Joceline.

Jodie engl NF zu → Judy; andere Form: Jody; bekannte Namensträgerin: Jodie Foster, am. Schauspielerin, Regisseurin (geb. 1962).

Joelle franz. WF zu → Joel.

Johanna WF zu → Johannes; andere Formen: → Hanna, Jopie, Nanne, Jensine, Jonna (dän.), Ivana, Ivanka (russ.), Jovanka (serbokroat.), Giovanna, Gianna (ital.), Juana, Juanita (span.); bekannte Namensträgerinnen: Johanna Schopenhauer, dt. Schriftstellerin (1766–1838), Johanna v. Bismarck, Ehefrau des „eisernen Kanzlers" (1824–1894).

Jolanthe griech., „Veilchenblüte", in Deutschland seit dem späten MA; andere Formen: Iolantha, Iolanthe, Jolantha, Jolanta, Jolanda, Jolande, Yolanda, Jola, Yola.

Jonna dän. → Johanna.

Josefa WF → zu → Joseph; weitere Formen: Josepha, Beppa, Fita, Netta, Josette (franz.), Pepita (span.).

Josefine EF zu → Josefa; weitere Formen: Josefina, Josephina, Josephine, Fina, Fine, Josi, Finette, Josette, Josianne (franz.), Josina (fries., niederl.), bekannte Namensträgerinnen: Josephine Beauharnais, erste Gemahlin Napoleons (1763–1814), Josephine Baker, am. Sängerin und Tänzerin (1906–1975).

Josita KoF zu → Josefa.

Jovanka serbokroat. → Johanna.

Jovita serbokroat. KoF zu → Johanna.

Joy aus dem Engl., eigentlich „Freude"; als dt. Vorn. seit 1968 beurkundet.

Joyce engl., auf Joske (engl. Form von → Jodokus) zurückgehend, seit dem 14. Jh. ausschließlich als WF gebraucht.

Juana span. → Johanna.

Juanita span. KoF zu → Johanna.

Judith bibl., zu hebr. jehudith, „Frau aus Jehud, Jüdin"; die bibl. Judith tötet den assyrischen Feldherrn Holofernes – dieses Thema wurde vielfach in Kunst und Literatur dargestellt; andere Formen: Judenta, Judintha; bekannte Namensträgerin: Kaiserin Judith, Gemahlin Ludwigs des Frommen (819–843), Judith Lennox, engl. Schriftstellerin.

Juditha NF zu Judith; im frühen MA vermischte man → Judith und → Jutta zu Juditha; weitere Form: Judita.

Judy engl. → Judith.

Jula KF zu → Julia.

Jule KF zu → Julia; bekannte Namensträgerin: Jule Neigel, dt. Rocksängerin (geb. 1966).

Julia WF zu → Julius von altröm. Geschlechternamen, von Iovilius, „dem Jupiter geweiht", abgeleitet; bekannt geworden durch Shakespeares „Romeo und Julia", bis heute häufig gewählt; weitere Formen: Jula, Iliane, Julischka, Julka (ungar.); bekannte Namensträgerin: Julia Roberts, am. Schauspielerin (geb. 1967).

Julie franz. → Julia.

Juliane EF zu → Julia; seit dem MA durch die Verehrung der hl. Juliane von Lüttich (12./13. Jh.) verbreitet; im 20. Jh. durch die ehem. Königin der Niederlande (geb. 1909) neu belebt und öfter gewählt.

Julienne franz. → Juliane.

Juliet engl. → Julia.

Juliette franz. KoF zu → Julia; bekannte Namensträgerin: Juliette Gréco, franz. Chansonsängerin (geb. 1927).

Julischka ungar. KoF zu → Julia.

Julka ungar. → Julia.

Julika NF zu → Julka.

June engl., zum Monatsnamen.

Justina WF zu → Justus; weitere Form: Justine.

Juta NF zu → Jutta.

Juthe NF zu → Jutta.

Jutta altnord., ursprünglich zu Jute, Jut, Jot „die Jütin, aus dem Volk der Jüten"; im MA mit Judith und Judita vermengt und zur KoF zu → Judith mutiert, seit 1940 wieder häufiger vergeben; andere Formen: Idita, Ita, Itha; bekannte Namensträgerinnen: Jutta Ditfurth, dt. Journalistin, Politikerin (geb. 1951), Jutta Speidel, dt. Schauspielerin (geb. 1954), Jutta Limbach, dt. Juristin (geb. 1934).

Jutte NF zu → Jutta.

Jytte dän. → Jutta.

Kagiso afrik., „Frieden".

Kai nord., Herkunft und Bedeutung unklar; eventuell KF zu → Katharina oder aus ahd. „kamph", „Kampf, Streit", abgeleitet; weitere Formen: Kaie, Kay, Key, Kaj (dän.); auch männl. Vorn., daher eindeutiger Zweitname erforderlich.

Kaja fries. KF zu → Katharina.

Kajetane WF zu → Kajetan.

Kamar arab., „Mond".

Kamelia auf Pflanzennamen bezogen; weitere Form: Kamelya.

Kamila arab., „die Vollkommene".

Kamilla WF zu → Kamill; weitere Form: Camilla.

Kandida NF zu → Candida.

Kara engl. → Cara.

Karaca türk.; „Reh".

Kareen ir. → Karin.

Karen schwed./dän. NF zu → Karin.

Kari norweg. → Karin.

Karianne niederl. DF aus → Katharina und → Johanna; weitere Formen: Carianne.

Karin nord. KF zu → Katharina; durch die skand. Literatur seit der Jahrhundertwende im deutschsprachigen Raum bekannt, seit etwa 1940 sehr oft gewählt; andere Formen: Carina.

Karina NF zu → Karin.

Karla WF zu → Karl; weitere Form: Carla.

Karline NF zu → Karoline; weitere Form: Carline.

Karola dt. → Carola.

Karolin dt. Weiterbildung von → Carola oder → Karola; weitere Formen: Karolina, Karoline.

Karsta niederl. → Krista; weitere Form: Carsta.

Kassandra griech., Sagengestalt, Tochter des trojanischen Königs Priamos, Prophetin, deren Warnungen nicht gehört wurden; weitere Form: Cassandra.

Kata   ungar. KF → Katharina.

Katalin   ungar. → Katharina, weitere Form: Katalyn.

Katalina   ungar. EF zu → Katharina.

Katarzyna   poln. → Katharina.

Kate   engl. NF zu → Katharina; bekannte Namensträgerin: Kate Bush, engl. Popsängerin (geb. 1958).

Kateline   engl. → Kathleen.

Katharina   aus dem Griech., zum griech. Frauennamen Aikaterine, aus katharós, „rein"; im MA durch mehrere Heilige verbreitet, im 19. Jh. zeitweilig rückläufig, heute wieder sehr oft gewählt; zahlr. KoF, KF und NF, zum Teil selbstständig geworden, u. a.: Ina, Katrina, Katharine, Netti, Tinka, Jekaterina, Katinka, Katina, Katja, Katjuscha, Nina, (russ.), Katty, Katka, Kaarina, Catherine (franz.), Caterina, Rina (ital.), Catalina (span.); bekannte Namensträgerinnen: Katharina von Bora, Ehefrau Martin Luthers (1499–1552), Katharina von Medici, Königin von Frankreich (1519–1589), Katharina die Große, russ. Zarin (1729–1796), Katarina Witt, dt. Eiskunstläuferin (geb. 1965), Katharine Hepburn, am. Schauspielerin (1907–2003).

Käthe   KF von → Katharina; bekannte Namensträgerinnen: Käthe Kollwitz, dt. Grafikerin und Malerin (1867–1945),

Käthe Kruse, dt. Kunsthandwerkerin, Puppengestalterin (1887–1968).

Kathleen   ir. → Katharina; bekannte Namensträgerin: Kathleen Turner, am. Schauspielerin (geb. 1954).

Kathrein   oberdt. → Katharina.

Kathrin   oberdt. KF zu → Katharina; weitere Formen: Katrin, Cathrin, Catrin.

Kati   KF zu → Katharina; weitere Formen: Katy, Katya.

Katinka   russ. KoF zu → Katharina.

Katja   russ. KF zu → Katharina; weitere Form: Katia; bekannte Namensträgerinnen: Katja Ebstein, dt. Schlagersängerin (geb. 1945), Katja Riemann, dt. Schauspielerin (geb. 1963).

Katka   ungar. KoF zu → Katharina.

Katrijn   niederl. KF zu → Katharina.

Katrina   NF zu → Katharina.

Katrischa   bulg. KoF zu → Katharina.

Kaynak   türk., „Quelle".

Kea   ostfries. KF zu Vorn., die auf -ke oder -kea enden.

Keiko   jap., „das Kind".

Kersta   schwed. → Kerstin.

Kersten   niederl. KF zu → Christina, → Kristina; weitere Formen: Kersti; auch niederdt. → Christian, daher eindeutiger Zweitname erforderlich.

Kerstin   aus dem Schwed. übernommener Vorn., NF zu → Kristina; weitere Formen: Kerstina, Kerstine.

Kezban   türk., „treue Frau, gute Haushälterin".

Khadidja   arab., „früh Geborene", erste Frau Mohammeds.

Kim   engl., KF zu → Kimberley, seit 1950 aus den USA kommend verbreitet; bekannte Namensträgerinnen: Kim Nowak, am. Schauspielerin (geb. 1933), Kim Basinger, am. Schauspielerin (geb. 1953), Kim Wilde engl. Rocksängerin (geb. 1960); eindeutiger Zweitname erforderlich.

Kimberley   engl., auf Orts- und Familiennamen bezogen, hauptsächlich auf die gleichnamige südafrikanische Stadt; auch MF, daher eindeutiger Zweitname erforderlich.

Kiraz   türk., „Kirsche".

Kirsten   dän./schwed. NF zu → Christine (früher auch männl. NF zu → Christian; seit 1973 nur noch als WF zugelassen); weitere Form: Kirstin.

Kirsti   schwed. Form zu → Kirstin; weitere Form: Kirsty (schott.).

Kitty   aus dem Engl., KoF zu → Katharina.

Klara   lat. von clarus, „lauter, hell, leuchtend"; seit dem MA bekannt, um 1900 sehr verbreitet, heute seltener; weitere Formen: Klarina, Klarinda, Clara, Klare, Clare, Claire (franz.), Clare (engl.), Chiara (ital.), Clartje (niederl.).

Kläre   NF zu → Klara.

Klarina   EF zu → Klara.

Klarissa   EF zu → Klara; weitere Formen: Clarissa, Clarisse.

Klaudia   NF zu → Claudia.

Klementina   WF zu → Klemens und NF zu → Clementia; weitere Form: Klementine.

Kleopatra   griech., WF zu Kleopatros „vom Vater her berühmt"; weitere Formen: Klenja, Klepa, Klera, Kleotra (russ.).

Kleopha   griech., WF zu → Kleophas, „durch Ruhm glänzend"; weitere Form: Kleophea.

Klivia   NF zu → Clivia.

Klorinde   aus dem Griech., „grün, frisch, jugendlich".

Klothilde   Zus. aus ahd. hlut, „laut, berühmt", und hiltja, „Kampf"; erst im 18. Jh. wieder als Adelsname gebräuchlich; gilt heute als altmodisch; weitere Formen: Klothild, Chlothilde; bekannte Namensträgerin: hl. Klothilde, Gemahlin Chlodwigs I. (5. Jh.).

Konny   weibl. KF zu → Konstanze oder → Kornelia; auch männl. KF zu → Konrad, → Kornelius, daher eindeutiger Zweitname erforderlich.

Konstantine   WF zu → Konstantin; weitere Form: Constantina (lat.).

Konstanze   lat., von constantia, „Beständigkeit, Standhaftigkeit"; seit dem MA im dt. Sprachraum bekannt, im 18. Jh. erneut in Mode gekommen, noch heute sehr beliebt; weitere Formen: Konstantia, Konstanza, Constanze, Constance (franz./engl.); bekannte Namensträgerinnen, Konstanze, Kaiserin, Mutter Kaiser Friedrichs II. (1154–1198), Konstanze Mozart, Gemahlin des Komponisten W. A. Mozart (1763–1842), Constanze Engelbrecht, dt. Schauspielerin (1955–2000).

Kora   1. griech., von koré, „Mädchen, Tochter"; 2. KF zu → Cornelia, → Cordula, → Cordelia.

Kordelia   NF zu → Cordelia.

Kordula   NF zu → Cordula.

Korinna   NF zu → Corinna.

Kornelia   NF zu → Cornelia.

Korona   NF zu → Corona.

Kreszentia   lat., von crescentia, „Wachstum, Aufblühen"; weitere Form: Creszentia.

Kriemhild   aus ahd. grim, „Maske, Helm", und hiltja, „Kampf"; besonders bekannt durch die Nibelungensage; weitere Formen: Kriemhilde, Krimhild.

Krishna   aus altind. Sanskrit, „die Schwarze".

Krista   NF zu → Christa.

Kristina   nord. → Christina.

Kristine   nord. → Christine.

Kumral   türk., „Hellbraune, Kastanienbraune".

Kunigunde   Zus. aus ahd. kunni, „Sippe, Geschlecht", und gund, „Kampf"; im MA in Adelskreisen beliebt, gilt heute als veraltet; weitere Formen: Kunigunda, Kunissa, Gunda, Gunde, Gundel, Kuni, Kunza, Konne.

Kyra   griech., von Kyrene, „Frau aus der Kyrenaika", oder auf pers. Königsnamen Kyros bezogen.

Kyrilla   WF zu → Kyrill.

Lada   süd- und westslaw. KF zu → Ladislava.

Ladina   südslaw. KoF zu → Ladislava.

Ladinka   südslaw. KoF zu → Ladislava.

Ladislava   WF zu → Ladislaus.

Laila   arab., „die Nacht, die Nächtliche".

Lala   slaw. Form zu → Ladislava.

Lale   skand. KF zu → Laura, → Eulalie; bekannte Namensträgerin: Lale Andersen, Sängerin, eigentlich: Elisabeth-Charlotte Helene Eulalia Bunterberg (1911–1972).

Lalehan   türk., „Königin der Tulpen", „die Blumige".

Lamberta   WF zu → Lambert; weitere Form: Lambertine.

Lana   slaw. KF von Vorn., die auf -lana enden, vor allem → Swetlana.

Landeline   WF zu → Landelin.

Lara   russ. Form zu → Laura.

Larissa   russ., aus dem Griech., „Frau aus Larissa"; besonders im slawischen Sprachraum verbreitet.

Latifa   arab., „anmutig, schön, gütig".

Lätizia   lat., „Freude"; weiter Formen: Laetitia, Tizia.

Laura   ital. KF zu → Laurentia; seit dem 14. Jh. im deutschsprachigen Raum bekannt; in Dichtung und Literatur immer wieder als verklärendes Pseudonym für die unerreichbare oder ungenannte Geliebte (z. B. bei Petrarca); heute wieder modern; in Schweden Spottname für eine schlechte Autofahrerin.

Laure   franz. NF zu → Laura; auch KF zu → Laurentius; eindeutiger Zweitname erforderlich.

Laurentia   WF zu → Laurentius; weitere Formen: Laureen, Lauren, Laurena (engl.), Laurence (franz.), Lorenza (ital.), Laureina (niederl.), Larsina, Laurense, Laurine (norweg.), Laurencia (ungar.).

Lauretta   ital. KoF zu → Laura.

Laurette   franz. KoF zu → Laura.

Lavina   aus dem Griech.; in der Mythologie ist Lavina die Tochter des Königs von Latium und Gattin des Äneas; weitere Form: Lavinia.

Lea   aus bibl., hebr. Ursprungs, le'ah, „die sich vergeblich bemüht"; die erste Frau Jacobs; heute wieder modern; weitere Formen: Leah, Lia; bekannte Namensträgerin: Lea Grundig; dt. Malerin, Grafikerin (1906–1977).

Leandra   WF zu → Leander.

Leda   aus dem Griech.; der Sage nach war Leda die Mutter des → Kastor, Polydeukes und der Klytemnestra; Zeus verführte in Gestalt eines Schwans.

Leila   pers., „Dunkelheit, Nacht"; weitere Form: Leilah (engl.).

Lelia   1. niederl., zu lelie, „Lilie"; 2. zu griech. lálos, „gesprächig".

Lena   1. KF zu → Helene und → Magdalene; 2. slaw KF → Jelena; bekannte Namensträgerin: Lena Stolze, dt. Schauspielerin (geb. 1956).

Lene   KF zu → Helene und → Magdalene; andere Form: Leni; bekannte Namensträgerin: Leni Riefenstahl; dt. Filmemacherin (1902–2003).

Lenka   slowak. KoF zu → Magdalene.

Leokadia   aus dem Griech., auf leukos, „weiß", zurückgehend, wahrscheinlich aus spätröm. Personennamen gebildet.

Leona   WF zu → Leo oder → Leon.

Leonharda   WF zu → Leonhard.

Leoni   WF zu → Leo oder → Leon; weitere Formen: Leonia, Leonie; bekannte Namensträgerin: Leonie Ossowski, dt. Schriftstellerin (geb. 1925).

Leonilda   Zus. aus lat. leo, „Löwe", und ahd. hiltja, „Kampf".

Leonore   KF zu → Eleonore; im 18. Jh. durch eine gleichnamige Operngestalt in Beethovens „Fidelio" bekannt geworden; weitere Form: Lenore.

Leontine   aus dem Lat., leontinus, „löwenhaft"; weitere Form: Leontyne; bekannte Namensträgerin: Leontyne Price, am. Opernsängerin (geb. 1927).

Lesley   NF zu → Leslie; eindeutiger Zweitname erforderlich.

Lesedi   afrikanisch, „Licht".

Leska   poln. KF zu → Valeska.

Leslie   engl. Vorn. schott. Ursprungs (aus einem Ortsnamen in Aberdeenshire entstanden); seit Ende des 19. Jh. bekannt, eindeutiger Zweitname erforderlich; bekannte Namensträgerin: Leslie Caron, franz.-am. Schauspielerin (geb. 1931).

Letje   dän. KF zu → Adelheid.

Letta   KF zu → Adelheid oder → Violetta.

Letteke   fries. → Adelheid.

Lettie   KF zu → Adelheid; weitere Form: Letty.

Lexa   KF zu → Alexandra.

Leyla   türk., „dunkle Nacht".

Li   KF von Vorn. mit -li-, vor allem Elisabeth; 2. chin., „Stärke" oder „Schwarzes".

Lia   1. KF zu → Julia, anderen weibl. Vorn., die auf -lia enden; 2. NF zu Lea.

Liane   KF zu → Juliane.

Libusa   aus dem Slaw., „Liebling"; Name der sagenhaften böhmischen Königin und legendären Gründerin Prags und Titelgestalt der Oper von Smetana; weitere Form: Libussa (tschech.).

Lida   KF zu → Adelheid, → Ludmilla; bekannte Namensträgerin: Lida Baarova; tschech. Schauspielerin (1914–2000).

Liddi   KF zu → Lydia.

Liddy   engl. KF zu → Lydia.

Lidia   ital. → Lydia.

Lidwina   Zus. aus ahd. liut, „Volk", und wini, „Freund"; weitere Formen: Litvina, Lidewei (niederl.).

Lies   KF zu → Elisabeth.

Liesbeth   KF zu → Elisabeth; weitere Form: Lisbeth.

Liese   KF zu → Elisabeth; weitere Form: Lise.

Lilian   engl., vermutlich EF zu → Lilly; weitere Form: Lillian; bekannte Namensträgerin: Lillian Harvey, dt. Filmschauspielerin engl. Herkunft (1907–1968).

Liliane   engl., vermutlich EF zu → Lilly; weitere Formen: Liliana, Lilliane, Lilliana.

Lilly   engl. KF zu → Elisabeth; weitere Formen: Lill, Lili, Lilli; bekannte Namensträgerin: Lil Kim, am. Popsängerin (geb. 1975).

Lilo   KF zu → Liselotte.

Lin   chin., „Wald".

Lina   KF zu Vorn., die auf -lina enden, vor allem → Karolina, → Paulina.

Linda   KF zu Vorn., die mit -lind, -linda gebildet werden; bekannte Namensträgerinnen: Linda Evangelista, Model (geb. 1966), Linda Evans, am. Schauspielerin, (geb. 1942).

Linde   1. KF zu Vorn., die mit -linde gebildet werden; 2. auf Baumnamen Linde bezogen.

Line KF zu Vorn., die auf -line enden, vor allem → Karoline und → Pauline.

Linette franz. KoF zu → Lina.

Lingard Zus. aus dem ahd. lind, „weich, lind, zart", und gard, „Hort, Schutz".

Lioba latinisierte Form von Leobgid, ursprünglich zus. aus ahd. liob, „lieb", und altengl. gyth, „Kampf"; weitere Form: Leoba.

Lionne ältere franz. Form zu → Léon; WF zu → Lion.

Lis KF zu → Elisabeth.

Lisa italienisch KF für → Elisabeth.

Lisanne DF aus → Lise und → Anne; weitere Form: Lizanne (engl.).

Lisel KF zu → Elisabeth; weitere Form: Lisl (oberdt.).

Liselotte DF aus → Lise und → Lotte; weitere Form: Lieselotte; bekannte Namensträgerinnen: Liselotte von der Pfalz (1652–1722), Liselotte Pulver, schweizer. Schauspielerin (geb. 1929).

Lisenka slaw. KoF zu → Elisabeth.

Lisette aus dem Franz., KoF zu → Elisabeth.

Lissy engl. und KoF zu → Elisabeth.

Liv vom altisländ. hlif, „Wehr, Schutz"; bekannte Namensträgerin: Liv Tyler, am. Schauspielerin (geb. 1977).

Livia WF zu → Livius; bekannte Namensträgerin: Livia Drusilla, Gattin des Kaisers Augustus (1. Jh. v. Chr.).

Liz engl. KF zu → Elisabeth.

Liza engl. KF zu → Elisabeth; bekannte Namensträgerin: Liza Minnelli, am. Schauspielerin, Sängerin (geb. 1946).

Lizzy engl. KoF zu → Elisabeth.

Ljuba russ., „die Liebende"; weitere Form: Ljubow.

Loki niederdt. KoF für → Hannelore.

Lola aus dem Span., KoF zu → Dolores, → Carlota und → Karola; bei uns durch Lola Montez, die Geliebte des Bayernkönigs Ludwig I., bekannt geworden; seit etwa 1900 verbreitet.

Lolika NF zu → Lola.

Lolita EF zu → Lola; durch Vladimir Nabokovs vielgelesenen Roman „Lolita" bekannt geworden; auch als Oberbegriff für „frühreife Kindfrau" verwendet.

Lolitte franz. EF zu → Lola.

Lolo NF zu → Lola.

Loni Kurz- und KoF zu → Apollonia und → Leonie; weitere Formen: Lonni, Lony, Lonny; bekannte Namensträgerin: Loni von Friedl, dt. Schauspielerin (geb. 1943).

Lora 1. südslaw. NF zu → Laura; 2. russ. KF zu → Larissa.

Lore NF zu → Laura und KF zu → Eleonore; weitere Formen: Loretta, Lorella, Loredana (ital.); bekannte Namensträgerin: Lore Lorentz, dt. Kabarettistin (1920–1994).

Loremarie DF aus → Lore und → Marie.

Lorena engl. → Laurentia.

Lorenza   WF zu → Lorenz (→ Laurentia).

Loretta   ital. NF zu → Lauretta.

Lorina   NF zu → Laurentia.

Lotte   KF zu → Charlotte; durch Goethes „Die Leiden des jungen Werthers" beliebt; andere Formen: Lottelies, Lotti, Lotty; bekannte Namensträgerinnen: Lotte Lehmann, dt. Sängerin (1888– 1976), Lotte Lenya, österr.-am. Sängerin, Schauspielerin (1900–1981).

Lou   KF zu → Louise; bekannte Namensträgerin: Lou Andreas-Salomé, dt. Schriftstellerin und Psychoanalytikerin (1861–1937).

Lowisa   niederdt. → Louise; weitere Form: Lowise.

Lu   KF zu Vorn., die mit Lud- gebildet werden; auch MF, eindeutiger Zweitname erforderlich.

Luca   NF zu → Lucia.

Lucette   franz. KoF zu → Lucia.

Lucia   WF zu → Lucius; weitere Formen: Lucie, Luca, Luce, Lucy.

Lucienne   WF zu → Lucien.

Lucilla   KoF zu → Lucia; weitere Form: Lucille.

Lucy   engl. → Lucia.

Ludmilla   aus dem Slaw., Zus. aus ljud, „Volk", und mily, „lieb, angenehm"; durch die hl. Ludmilla, Landespatronin Böhmens (9/10. Jh.) und durch Glinkas russ. Nationaloper „Ruslan und Ludmilla" (1842) bekannt geworden; bekannte Namensträgerin: Ludmilla Assing, dt. Schriftstellerin, Pückler-Biografin (1821–1880).

Ludolfa   WF zu → Ludolf.

Ludwiga   WF zu → Ludwig; weitere Formen: Ludviga, Ludwika.

Ludowika   slaw. → Ludwiga.

Luisa   ital./span./rätoroman. → Louisa; weitere Formen: Luisella, Luiselle.

Luise   dt. → Louise; weitere Formen: Luisa, Isa; bekannte Namensträgerinnen: Königin Luise von Preußen (1776–1810), Luise Rinser, dt. Schriftstellerin (1911– 2002).

Luitberga   Zus. aus ahd. liut, „Volk", und berga, „Schutz, Zuflucht"; weitere Form: Luitburga.

Luna   aus dem Lat., röm. Mondgöttin.

Lydia   aus dem Griech., „die aus Lydien Stammende"; weitere Formen: Lidi, Liddy, Lidda, Lida, Lyda.

Lynn   KF zu → Linda und → Carolyn.

Lyse   griech. WF zu → Lysander.

Maarike   niederl. KoF zu → Maria.

Maartje   niederdt. KoF zu → Martha und → Martina.

Mabel   engl. KF zu → Amabel; weitere Form: Mabella.

Mada   ir. → Maud.

Maddy   engl. KF zu → Magdalena.

Madeleine   franz. → Magdalena.

Madge   engl. KF zu → Margaret.

Madita   schwed. KoF zu → Magdalena.

Madlen   1. KF zu → Magdalena; 2. dt. zu → Madeleine (franz.).

Mae   engl. KF zu → Mary.

Mafalda   ital. → Mathilde.

Mag   engl. KF zu → Margarete.

Magda   KF zu → Magdalena.

Magdalena   bibl., hebr. Ursprungs, „die aus dem Ort Magdala Stammende": früher vor allem als Doppelname Maria Magdalena verbreitet; weitere Formen: Lena, Lene, Leni, Magda, Madina, Madlen, Magdali, Magdalene, Malen, Magdalen, Madeline, Mady, Maddy, Maudlin, Maudin (engl.), Madlon, Magalonne (franz.), Maddalena, Madelena (ital.), Magdelone, Malene (norweg.), Madelena (span.), Malin (schwed.), Madlenka, Lenka (slaw.), Magdelina, Madelina (russ.), Alena (ungar.).

Maggie   engl. KF zu → Margarete; weitere Formen: Maggy.

Magna   1. WF zu → Magnus; 2. NF zu → Magnhild.

Magnhilde   nord. → Mathilde.

Magnolia   auf die gleichnamige Pfanzen bezogen.

Mahfer   türk., „das Mondlicht".

Mai   1. KF zu Maria; Taufzeitname, „die im Mai Geborene".

Maibe   ir. → Mabel.

Maidie   engl. KF zu → Margarethe; vor allem in Nordamerika verbreitet.

Maika   russ. oder fries. KoF zu → Maria.

Maike   fries. → Maria; weitere Formen: Maiken, Meika, Meike.

Maire   ir. → Maria.

Maja   1. aus dem Lat., „maja, majesta", Name einer römischen Göttin des Wachstums (daher auch der Monatsname Mai); 2. aus dem ind. maya, „Täuschung"; weitere Form: Majella; bekannte Namensträgerin: Maja Maranow; dt. Schauspielerin (geb. 1961).

Majbritt   schwed. DF aus → Maria und → Britta, → Brigitte.

Male   KF zu → Amalberga, → Amalie und → Malwine; weitere Formen: Mala, Mali.

Malen   bask. und nord. KF zu → Magdalena; weitere Formen: Malena, Malene.

Malenka   slaw. KF zu → Melanie; weitere Form: Malanka.

Malika   aus dem Arab., malai'ka, „Engel"; weitere Formen: Maleika.

Malinda   engl., „die Vornehme, Edle"; weitere Form: Lindy.

Malve   1. KF zu → Malwine; auf den Pflanzennamen bezogen; weitere Form: Malwe.

Malwida   NF zu → Malwine; weitere Form: Malvida; bekannte Namensträ-

gerin: Malwida von Meysenbug, dt.
Schriftstellerin (1816–1903).

Malwine Bedeutung unklar, aus der
Ossian-Dichtung Macpherson übernommen; andere Formen: Malvine, Mal.

Mami am. KoF zu → Maria.

Manda KF zu → Amanda; weitere
Form: Mandi.

Mandy engl. KF zu → Amanda.

Manja slaw. KoF zu → Maria; weitere
Form: Manjana.

Manon franz. KoF zu → Maria.

Manuela WF zu → Manuel; weitere
Form: Manuella.

Mara 1. wahrscheinlich zu hebr., „bitter"; 2. KF zu → Maralda.

Maralda WF zu → Marald.

Marcella WF zu → Marcel; weitere
Formen: Marcelle, Marcellina, Marcelline, Marzella, Marzellina, Cella, Zella.

Marcia WF zu → Marcius; bekannte
Namensträgerin: Marcia Haydée, Tänzerin (geb. 1937).

Marei oberdt. KoF zu → Maria und NF
zu → Marie; weitere Formen: Mareile,
Mareili, Mareike.

Mareike niederdt. KoF zu → Maria.

Maren dän./fries. → Marina; weitere
Form: Marena; bekannte Namensträgerin: Maren Schumacher, dt. Schauspielerin (geb. 1963).

Maret estn./lett. KF zu → Margarete;
weitere Formen: Mareta, Marete.

Marfa russ. → Martha.

Marga KF zu → Margarete.

Margaret engl./niederl. → Margarete;
weitere Formen: Margery, Magdy, Matge, Maggie, Maidie, Mae, May, Meg,
Marget, Mer, Meta, Peg, Peggy; bekannte
Namensträgerin: Princess Margaret Rose
(1930–2002).

Margareta NF zu → Margarete.

Margarete aus dem Lat., griech.
Ursprungs, margarita (Perle); seit dem
Mittelalter durch die Verehrung der hl.
Margareta von Antiochia verbreitet, die
zu den 14 Nothelfern (Geburt und Wetternot) gehört; um 1900 Modename,
heute selten; weitere Formen: Grete,
Gesche, Gitta, Gritt, Griet, Gritta, Margret, Marga, Margarethe, Meta, Metta,
Gretel, Gredel, Greten, Gretchen, Gretli,
Reda, Reta, Rita, Margaret, Marjorie,
Maggie, Meg (engl.), Marguerite (franz.),
Margherita (ital.), Margarita (span./russ.),
Margita (ungar.); bekannte Namensträgerinnen: Margarete II., Königin von
Dänemark (geb. 1940), Margarethe von
Trotta, dt. Filmregisseurin (geb. 1942),
Margarete Mitscherlich, dt. Psychoanalytikerin (geb. 1917).

Margit KF zu → Margarete; weitere
Formen: Margita.

Margot aus dem Franz., KF zu → Margarete und der franz. Form → Marguerite; seit 1900 beliebt; weitere Formen:
Margone, Margo (russ.), bekannte Namensträgerinnen: Margot Hielscher, dt.

Filmschauspielerin (geb. 1919); Margot Fonteyn, engl. Tänzerin (1919–1991).

Margriet   niederl. → Margarete.

Maria   bibl., griech./lat. Form zu hebr./aram. Mirjam; aus Ehrfurcht vor dem Namen der Mutter Christi wurde der Name erst relativ spät volksläufig; sehr zahlr. NF und KF; auch in DF und DN; als männl. Zweitname zugelassen; weitere Formen: Marei, Marie, Marieli, Marike, Mariechen, Maja, Meieli, Mia, Mieke, Mieze, Mimi, Mirl, Mitzi, Ria, Mary (engl.), Marion, Manon (franz.), Mariella, Maritta, Marietta (ital.), Marita (span.), Maire, Maureen (ir.), Maaike, Marieke, Maryse (niederl.), Marilyn (am.), Marika, Mari (ungar.), Marija, Marja, Maika, Mascha (russ.), Marya (poln.); bekannte Namensträgerinnen: Maria Stuart, Königin von Schottland (1542–1587), Maria Montessori, ital. Pädagogin (1870–1852), Maria Callas, griech.-am. Sängerin (1923–1977).

Mariana   1. EF zu → Maria; 2. WF zu → Marianus; weitere Form: Mariane.

Marianne   DF aus → Maria und → Anne; andere Formen: Nanne, Nanna, Marianna; bekannte Namensträgerinnen: Marianne Hoppe, dt. Schauspielerin (1911–2002); Marianne Sägebrecht, dt. Schauspielerin (geb. 1945).

Marie   NF zu → Maria; die ursprünglich protestantische Form wurde im 16. Jh.

volkstümlich und ist seither stark verbreitet.

Marieluise   DF aus → Marie und → Luise; weitere Formen: Marie-Luise; bekannte Namensträgerin: Marie-Luise Marjan, dt. Schauspielerin (geb. 1940).

Marierose   DF aus → Marie und → Rose.

Marietheres   DF aus → Marie und → Therese; weitere Formen: Marietherese, Maria Theresia.

Marilis   DF aus → Maria und → Lisa; weitere Form: Marilisa.

Marilyn   am. NF zu → Maria; bekannte Namensträgerin: Marilyn Monroe, am. Filmschauspielerin (1926–1962).

Marina   1. WF zu → Marinus; 2. EF zu → Maria; weitere Formen: Marine, Marinette.

Marinella   EF zu → Marina.

Mariola   WF zu → Mario; weitere Form: Mariolina.

Marion   aus dem Franz., KoF zu → Maria; weitere Formen: Mariona, Marionna, Marionne.

Marit   skand. → Margit.

Marjorie   engl. NF zu → Margaret; weitere Form: Marjory.

Marleen   NF zu → Marlene; weitere Form: Marlen; bekannt durch das Lied „Lilly Marleen".

Marlene   DF aus → Maria und → Lene; bekannte Namensträgerin: Marlene Dietrich, dt. Schauspielerin (1901–1992).

Marlis DF aus → Maria und → Lise; weitere Formen: Marlies, Marlise, Marliese.

Marlit DF aus → Marlene und → Melitta; weitere Form: Marlitt.

Martha bibl., hebr. Ursprungs, von marah, „bitter, betrübt"; seit dem MA bekannt, aber erst nach der Reformation allgemein verbreitet; im 19. Jh. volkstümlich, heute selten; andere Formen: Marta, Marthe, Martje (fries.).

Martina WF zu → Martin; weitere Form: Martine (franz.); bekannte Namensträgerin: Martina Gedeck, dt. Schauspielerin (geb. 1961).

Maruschka russ. KoF zu → Maria.

Marwine WF zu → Marwin.

Marylou engl. DF aus Mary (→ Maria) und → Louise.

Maryvonne schweizer. DF aus Mary (→ Maria) und → Yvonne.

Masuda arab., „die Glückliche".

Mathilde Zus. aus ahd, maht, „Macht, Kraft", und hiltja, „Kampf"; im MA verbreitet, heute selten; weitere Formen: Matilda, Matilde, Mafalda (ital.), Meta, Matty, Patty, Patsy (engl.); bekannte Namensträgerin: Mathilde Wesendonck, dt. Schriftstellerin und Freundin von R. Wagner (1828–1902).

Maud engl. KF zu → Magdalena oder → Mathilde; weitere Form: Maude.

Maura WF zu → Mauro.

Maureen ir. KoF zu → Maria.

Mauricette WF zu → Maurice; weitere Formen: Maurilia, Maurina (ital.).

Maurizia WF zu → Maurizio.

Maxi WF zu → Max; KF zu → Maximiliane; weitere Formen: Maxe, Maxie.

Maxima WF zu → Maximus.

Maximiliane WF zu → Maximilian; weitere Form: Maximilienne.

Mechthild NF zu → Mathilde; im MA sehr weit verbreitet, um 1900 von → Mathilde verdrängt, erst heute wieder zunehmend und häufiger als die UF; weitere Formen: Mechtild, Mechthilde; bekannte Namensträgerin: Mechthild von Magdeburg; dt. Mystikerin (um 1210–um 1290).

Meg engl. KF zu → Margarete; bekannte Namensträgerin: Meg Ryan, am. Schauspielerin (geb. 1961).

Meinhild Zus. aus ahd. magan, megin, „Kraft, Macht", und hiltja, „Kampf"; weitere Form: Meinhilde.

Meinrade WF zu → Meinrad.

Mela slaw. KoF zu → Melanie; weitere Formen: Melana, Melanka, Menka.

Melahat türk., „schönes Gesicht".

Melanie aus dem Franz., zu griech. melas, „schwarz"; bekannte Namensträgerin: Melanie Griffith, am. Schauspielerin (geb. 1957).

Melek türk., „Engel".

Melia span. KF zu → Amelia.

Melina griech., melina, „Frau der Insel Melos"; bekannte Namensträgerin: Melina Mercouri, griech. Schauspielerin und Politikerin (1925–1994).

Melissa NF zu → Melitta.

Melitta griech., „die Biene"; bekannte Namensträgerin: Melitta Bentz, dt. Hausfrau und Erfinderin des Kaffeefilters (1873–1950).

Melli KF und KoF zu Namen mit -mel- und -mela (z. B. Amelie); bekannte Namensträgerin: Melli Beese, erste dt. Fliegerin (1886–1925).

Melody engl., „Melodie".

Mercedes span., entstanden aus dem Namen des Marienfestes „Maria de Mercede redemptionis captivorum", Stellvertretername für → Maria, da aus religiöser Ehrfurcht Maria als Taufname oft gemieden wurde.

Meret schweizer. KF zu → Emerantia; weitere Form: Merita.

Merit altägypt., „Geliebte".

Merle aus dem Engl., eigentlich „Amsel".

Merlind Zus. aus dem ahd. mari, „bekannt, berühmt", und linta, „Schutzschild aus Lindenholz"; weitere Form: Merlinde.

Meryl NF zu → Muriel: bekannte Namensträgerin: Meryl Streep, am. Schauspielerin (geb. 1949).

Mesude türk., „erfolgreich, glücklich".

Mia KF zu → Maria; weitere Formen: Mi, My; bekannte Namensträgerin: Mia Farrow, am. Schauspielerin (geb. 1945).

Michaela WF zu → Michael; seit dem Mittelalter verbreitet, noch heute modern; andere Formen: Michaele; Michelle, Michèle, Micheline (franz.), Michelle (engl.), Micaela (ital.), Mikala (dän.), Mihala, Mihaela, Michalina (slaw.), Miguela (span./portug.); Mihaéla (ungar.).

Michèle franz. → Michaela; bekannte Namensträgerin: Michèle Morgan, franz. Filmschauspielerin (geb. 1920).

Micheline franz. NF zu → Michaela.

Michelle engl./franz. → Michaela; bekannte Namensträgerin: Michelle Pfeiffer, am. Schauspielerin (geb. 1957).

Michiko jap., „schönes Kind".

Mila KF zu → Ludmilla; weitere Form: Milla.

Mildred engl. → Wiltraud; bekannte Namensträgerin: Mildred Scheel, Ärztin, Initiatorin der Dt. Krebshilfe (1932–1985).

Milena EF zu → Mila.

Milka slaw. KoF zu → Ludmilla.

Milli KF zu → Emilie.

Milva ital. DF aus → Maria und Ilva; bekannte Namensträgerin: Milva, ital. Sängerin (geb. 1939).

Mimi kindersprachliche KoF zu → Maria und → Wilhelmine.

Minerva griech./lat., „die Kluge"; röm. Göttin der Weisheit.

Minka poln. KoF zu → Wilhemine.

Minna selbständige KF zu → Wilhelmine, im 18. und 19. Jh. durch Lessings

„Minna von Barnhelm" volkstümlich geworden; heute selten.

Minou   pers., franz., „Paradies, Himmel".

Mira   KF zu → Mirabella.

Mirabella   ital., Zus. aus mirabile, „bewundernswert", und bella, „schön"; weitere Formen: Mirabell, Mireta, Miretta, Mirabel (engl.).

Miranda   engl., lat. Ursprungs, zu mirandus, „wunderbar"; bekannt durch die Figur der Miranda aus Shakespeares „Sturm"; weitere Formen: Mirande, Mirandolina.

Mireille   franz. → Mirella, bekannte Namensträgerin: Mireille Mathieu, franz. Sängerin (geb. 1946).

Mirella   ital. KF zu → Mirabella.

Mirjam   bibl., hebr./aram. → Maria; weitere Formen: Miriam, Myriam, Myrjam.

Mirka   WF zu → Mirko.

Moana   polynes., „Ozean, Unendlichkeit".

Modesta   WF zu → Modest; weitere Form: Modeste.

Molly   engl. KoF zu Mary (→ Maria).

Mona   1. KF zu → Monika; 2. KF zu Madonna („Mona Lisa" von Leonardo da Vinci); 3. aus dem irischen muadh, „edel".

Monika   wohl phönik. Herkunft, oder aus dem griech. monachós, „Mönch, Einsiedler"; seit dem MA verbreitet, erst seit dem 20. Jh. in Deutschland volkstümlich; weitere Formen: Mona, Moni, Monica, Monique (franz.).

Morena   WF zu → Moreno.

Moriko   jap., „Waldkind".

Mufida   arab., „wohltätig, nützlich".

Muriel   engl.-ir. Zus. aus muir, „Meer", und geal, „glänzend"; bekannte Namensträgerin: Muriel Spark, engl. Schriftstellerin (geb. 1918).

Myrta   griech., myrtós, „die Myrte"; weitere Formen: Myrthe.

Nada   NF zu → Nadja.

Nadia   NF zu → Nadja.

Nadine   franz. EF zu → Nadja.

Nadinka   KoF zu → Nadja.

Nadja   aus dem Russ.; KF zu → Nadjeschda; bekannte Namensträgerinnen: Nadja Tiller, österr. Schauspielerin (geb. 1929), Nadja Comaneci, rumän. Turnerin (geb. 1961).

Nadya   arab. „Morgentau" oder „großzügig, weitherzig"; weitere Form: Nadja.

Nadjeschda   russ., „die Hoffnung".

Naja   grönländ., „kleine Schwester".

Nana   KoF zu → Anna; weitere Form: Nane; bekannte Namensträgerin: Nana Mouskouri, griech. Sängerin (geb. 1936).

Nanashi jap., „Namenlose".

Nancy engl. KoF zu → Anna.

Nannette franz. KoF zu → Anna; weitere Formen: Nannetta, Nanette, Nanetta.

Nanon franz. KoF zu → Anna.

Naomi NF zu → Noemi.

Narin türk., „zierliche Frau".

Nastasja russ. KF zu → Anastasia; weitere Formen: Nastjenka, Nastassja, Naschda, Nanja; bekannte Namensträgerin: Nastassja Kinski, dt. Schauspielerin (geb. 1961).

Nata KF zu → Renata, → Renate und → Natalija.

Natalia NF zu → Natalie; weitere Form: Natalina.

Natalie aus dem Lat., „die zu Weihnachten Geborene"; im roman. und slaw. Sprachraum verbreiteter als in Deutschland; weitere Formen: Natalia, Nathalie, Noelle (franz.), Natalija, Natascha (russ.), bekannte Namensträgerin: Natalia Ginzburg, ital. Schriftstellerin (1916–1991), Natalie Wood, am. Filmschauspielerin (1938–1981).

Natalija russ. → Natalie.

Natascha russ. KoF zu → Natalija, durch die Figur der Natascha in Tolstois „Krieg und Frieden" bekannt geworden und öfter gewählt.

Natsuko jap., „Sommerkind".

Neele fries./niederl. KF zu → Cornelia; weitere Formen: Neela, Neelke, Neeltje, Nele.

Nelda KF zu Thusnelda.

Nelli der Kindersprache entlehnt zu → Elli, → Helene und → Eleonore.

Nelly engl. → Nelli; bekannte Namensträgerin: Nelly Sachs, dt. Dichterin (1891–1970).

Nesrin türk., „Wildrose".

Neta schwed./dän. KF zu → Agneta.

Nette KF zu → Jeannette, → Annette und → Antoinette; weitere Formen: Netta, Netti, Netty.

Nicola WF zu → Nikolaus, aber auch ital. MF → Nikolaus, eindeutiger Zweitname erforderlich.

Nicole franz. WF zu → Nikolaus; weitere Formen: Nicoletta, Nicolette, Nikoletta, Nikoline, Nicolle, Nicoline; bekannte Namensträgerinnen: Nicole Kidman, am. Schauspielerin (geb. 1967), Nicole Uphoff, dt. Dressurreiterin (geb. 1967).

Nicoletta EF zu → Nicola.

Nihan türk., „Geheimnis".

Nina KF zu Vorn., die auf -ina auslauten; weitere Formen: Nine, Ninja (portug.); bekannte Namensträgerin: Nina Hagen, dt. Popsängerin (geb. 1955).

Ninette franz. KoF zu → Nina.

Noemi hebr. Ursprungs, zu no'am, „die Freude"; weitere Formen: Noeme, Noomi (engl.), Naima, Naimi (schwed.).

Noelle alte franz. Form zu → Natalie.

Nona aus dem Schwed., lat. Ursprungs; römische Geburtsgöttin.

Nonna   schwed. KF zu → Eleonora und → Yvonne.

Nora   KF zu → Eleonora, bekannt durch Ibsens Schauspiel „Nora".

Norina   EF zu → Nora.

Norma   ital./engl., eine Neuprägung des Librettisten zu Bellinis Oper „Norma" (1831).

Nunzia   KF zu → Annunziata.

Nuria   aus dem Span., abgeleitet von Nuestra Señora de Nuria, „Unsere Frau von Nuria", Muttergottesstätte in der Provinz Gerona; bekannte Namensträgerin: Nuria Quevedo; span. Malerin (geb. 1938).

Nursen   türk., „Licht, leuchtend, glücklich".

Octavia   WF zu → Octavius; bekannte Namensträgerin: Octavia, röm. Kaiserin und Gattin dem Nero (1. Jh. v. Chr.).

Oda   KF von Zusammensetzungen mit Ot-; vor allem im MA verbreitet, → Ute; bekannte Namensträgerin: Oda Schottmüller; dt. Tänzerin, Widerstandskämpferin (1905–1943).

Odalinde   aus ahd. ot, „Besitz", und linta, „Schutzschild aus Lindenholz".

Odette   franz. KoF zu → Oda.

Odil   türk., „süße Zunge".

Odilberga   Zus. aus ahd. ot, „Besitz", und bergan, „bergen, schützen".

Odilgard   Zus. aus ahd. ot, „Besitz", und gard, „Hort, Schutz".

Odilia   EF zu → Oda; durch die Verehrung der h. Odilia (Kloster Odilienberg), Schutzheiligen des Elsass (7./8. Jh.) verbreitet; weitere Formen: Odilie, Odile (franz.), Ottilie, Ottilia.

Odine   NF zu → Oda; weitere Form: Odina.

Olga   russ. → Helga; der nord. Vorn. Helga wurde durch die Waräger im 9. Jh. nach Russland getragen und dort zu Olga umgebildet; bekannte Namensträgerinnen: Olga, russ. Großfürstin (um 890–969), Olga Tschechowa, dt. Filmschauspielerin (1897–1980).

Olympia   aus dem Griech., „die vom Berge Olymp Stammende".

Olive   franz./engl. → Olivia.

Olivia   aus dem lat., oliva, „Ölbaum, Olive"; bekannte Namensträgerin: Olivia Newton-John, engl. Schauspielerin, Popsängerin (geb. 1948).

Olla   KoF zu → Olga und → Olivia.

Ona   aus dem Bask., zu on, „gut, wohl, glücklich"; weitere Formen: Oneka, Onna, Onne.

Oneka   bask., „glücklich, vermögend".

Onus   türk., „Stolz, Würde".

Oona   engl., von kelt. Oonagh (Bedeutung ungeklärt).

Ophelia aus dem Griech., von ophéleia, „Hilfe, Nutzen, Vorteil"; durch die Gestalt in Shakespeares „Hamlet" bekannt, aber sehr selten gewählt.

Orania griech., „die Himmlische"; in der Mythologie ist Orania eine der neun Musen; weitere Formen: Ornella, Urania, Oriane (engl.) Orane (franz.).

Orella bask. Form zu → Aurelia.

Örge türk., „Schmuck".

Orla KF zu → Orsola.

Ornella ital. KoF zu → Orania; bekannte Namensträgerin: Ornella Muti, ital. Schauspielerin (geb. 1955).

Orschel schweiz. KF zu → Ursula.

Orsola alte ital. Form zu → Ursula; weitere Formen: Orsina, Orsine, Orsolya.

Ortensia rätoroman. Form zu → Hortensia.

Orthia KF zu → Dorothea.

Orthild Zus. aus ahd. ort, „Spitze", und hiltja, „Kampf"; weitere Form: Orthilde.

Ortlind Zus. aus ahd. ort, „Spitze", und linta, „Schutzschild aus Lindenholz"; weitere Form: Ortlinde.

Ortrud Zus. aus ahd. ort, „Spitze", und trud, „Kraft"; bekannt durch Wagners „Lohengrin" (1847), heute selten gewählt; weitere Form: Ortraud.

Ortrun Zus. aus ahd. ort, „Spitze", und runa, „Zauber, Geheimnis".

Osane bask. osa, „gesund, heil"; etwa „die Hilfebringende".

Osberta WF zu → Osbert.

Osmunde WF zu → Osmund.

Ostara Taufzeitname für Mädchen, die in der Osterzeit geboren wurden; weitere Form: Easter (engl.).

Otberga NF zu → Odilberga.

Othild Zus. aus ahd. ot, „Besitz", und hiltja, „Kampf"; weitere Form: Othilde.

Otlinde Zus. aus ahd. ot, „Besitz", und linta; „Schutzschild aus Lindenholz".

Otti KF zu → Ottilie.

Ottilie NF zu → Odilia; bekannt ist die Gestalt der Ottilie in Goethes Roman „Die Wahlverwandtschaften".

Oxana russ. NF zu → Xenia.

Palmira aus dem Ital., lat. Ursprungs, zu palma, „Palme".

Paloma span., „die Taube".

Pamela engl., literar. Neuprägung aus dem 16. Jh.

Pamina aus Mozarts Oper „Zauberflöte" (1791) übernommen.

Pandora Zus. aus griech. pan, „ganz", und doron, „Gabe, Geschenk".

Panja russ. KF zu Vorn., die auf -nja enden.

Pankrazia WF zu → Pankraz.

Paola ital. → Paula.

Pat KoF zu → Patricia; auch MF, KoF zu → Patrick; eindeutiger Zweitname erforderlich.

Patricia WF zu → Patricius; weitere Formen: Patrizia, Patsy; bekannte Namensträgerin: Gracia Patricia, Fürstin von Monaco (1929–1982), Patricia Highsmith, am. Schriftstellerin (1921–1995)

Patty KoF zu → Patricia; auch MF, KoF zu → Patrick; eindeutiger Zweitname erforderlich.

Paula WF zu → Paul; seit dem Mittelalter im deutschsprachigen Raum verbreitet; in der zweiten Hälfte des 19. Jh. sehr beliebter Vorn., dann zurückgehend, heute wenig gewählt; weitere Formen: Paola (ital.), Pola (slaw.); bekannte Namensträgerin: Paula Modersohn-Becker, dt. Malerin (1876–1907).

Paule franz. → Paula.

Paulette franz. KoF zu → Paula.

Pauline EF zu → Paula.

Pavla slaw. → Paula.

Pearl engl., „die Perle".

Pekay türk., „kräftiger Mond".

Penelope Zus. aus griech. pene, „Gewebe", und lepein, „auflösen", aus der Sage bekannt als Gemahlin des Odysseus; weitere Form: Penny.

Pepita span. KoF zu → Josepha.

Perdita lat. Ursprungs, zu lat. perditus, „verloren".

Perette franz. KoF zu → Petra.

Petra WF zu → Peter; weitere Formen: Peekje, Pietje, Pierke, Pierkje, Piertje, Peterke, Petje, Petke, Pieterke (fries.); bekannte Namensträgerinnen: Petra Schürmann, dt. TV-Moderatorin, Miss World 1956 (geb. 1935), Petra Kelly, dt. Politikerin (1947–1992), Petra Gerster, dt. TV-Moderatorin (geb. 1955).

Petrissa WF zu → Petrus; weitere Form: Petrisse.

Petronella ital. KoF zu → Petronia; weitere Form: Petronilla.

Petronelle franz. KoF zu → Petronia; weitere Form: Petronille.

Petronia aus dem Griech., von pétros, „Fels, Stein".

Petula aus dem Lat., von petulans, „mutwillig, ausgelassen"; bekannte Namensträgerin: Petula Clark, engl. Schlagersängerin (geb. 1932).

Phila KF zu → Philomele.

Philine aus dem Griech., von philai, „lieben, liebkosen".

Philippa WF zu → Philipp; weitere Formen: Philippe, Philippina, Philippine (franz.), Filippa (ital.), Felipa (span.), Filipa (slaw.).

Philomele aus dem Griech., Zus. aus philos, „Freund, Liebhaber", und mélos, „Gesang"; weitere Form: Philomela.

Philomene aus dem Griech., Zus. aus philéon, „liebkosen", und oumós, „mir bestimmt"; weitere Form: Philomena.

Phöbe WF zu → Phöbus; Beiname der Artemis als Mondgöttin.

Phyllis aus dem Griech., von phyllás, „Blätter, Laub".

Pia WF zu → Pius; bekannte Namensträgerin: Pia Kaiser; dt. Pianistin (geb. 1956).

Piera WF zu → Piero.

Pierangela ital. DF aus → Piera und → Angela.

Pierina ital. → Petra.

Pierrette franz. → Petra.

Pierrine franz. → Petra.

Pikka lappländ. KF zu → Brigitta.

Pilar aus dem Span.; von span. pilar, „Pfeiler": Maria del Pilar, ein wundertätiges Marienbild am Pfeiler einer span. Kirche; aus religiöser Ehrfurcht als Taufname anstelle von → Maria gewählt.

Pina KF zu Vorn., die auf -pina enden; bekannte Namensträgerin: Pina Bausch, dt. Choreographin (geb. 1940).

Pinar türk., „Quelle".

Pippa ital. KF zu → Philippa.

Pippi KF zu → Philippa; bekannt geworden durch Pippi Langstrumpf, beliebte Kinderbuchfigur bei Astrid Lindgren.

Pirkko finn. → Brigitta.

Piroschka ungar. → Prisca.

Placida WF zu → Placidus, → Placido; bekannte Namensträgerin Galla Placida, röm. Kaisertochter (5. Jh.).

Polly engl. KoF zu → Mary.

Polyxenia aus dem Griech., von polyxenos, „gastfrei, gastlich"; weitere Form: Xenia.

Pretiosa aus dem Lat., „kostbar, von hohem Wert".

Prisca lat., WF zu → Priscus, „nach alter Art, streng, ernsthaft"; weitere Formen: Priska, Priscilla.

Priscilla EF zu Prisca; weitere Formen: Priszilla, Cilla, Cilli, Piri, Pirka; bekannte Namensträgerin: Priscilla Presley, am. Schauspielerin (geb. 1945).

Prudentia lat., „Klugheit, Umsicht".

Pulcheria lat., von pulchra, „schön, von schöner Gestalt".

Quirina lat., WF zu → Quirinus.

Qumaira arab., „kleiner Mond".

Rabea arab., der Frühling".

Rachel NF zu → Rahel.

Rachele ital. → Rahel; weitere Form: Rachelle.

Rada KF zu Vorn. mit Rade- und -rade.

Radegunde Zus. aus ahd. rat, „Ratgeber", und gund, „Kampf"; weitere Formen: Radegund, Radegonde.

Radja arab., „die Zufriedene"; weitere Formen: Radiya, Radiyya.

Radka WF zu → Radek.

Radomila WF zu → Radomil; weitere Formen: Radomilla, Radmila, Radmilla

Ragna nord. KF zu → Reinhild.

Ragnhild nord. → Reinhild; bekannte Namensträgerin: Ragnhild, Prinzessin von Norwegen (geb. 1930).

Rahel hebr., „das Mutterschaf"; andere Formen: Recha, Rachil, Raquel (span./ engl.), bekannte Namensträgerinnen: Rahel Levin, dt. Literatin der Romantik (1771–1833), Raquel Welch, am. Schauspielerin (geb. 1940).

Rahil arab. → Rahel.

Raika bulgar. KoF zu → Raja; weitere Form: Rajka.

Raja russ., „die aus dem Paradies".

Randi nord. KF zu → Reinhild.

Ranka slaw., WF zu → Ranko.

Raphaela WF zu → Raphael; weitere Formen: Raffaela (ital.), Raphaele.

Raunhild NF zu → Runhild.

Raya WF zu → Ray.

Rebecca engl. → Rebekka.

Rebekka bibl., hebr. Ursprungs, „die Bestrickende, Fesselnde"; weitere Form: Becky.

Recha bibl., hebr. Ursprungs, „weich, zart"; bekannt geworden durch die Figur (Nathans Tochter) aus Lessings Drama „Nathan der Weise"; weitere Form: Reka.

Regelinde Zus. aus ahd. regin, „Rat", und lindi, „nachgiebig, empfänglich"; weitere Formen: Reglinde, Reglindis, Reela, Rela, Rele.

Regina lat., „Königin"; nach christlicher Überlieferung Maria als „Himmelskönigin" gedeutet; weitere Formen: Gina, Ina, Ine, Rega.

Regine NF zu → Regina; bekannte Namensträgerin: Regine Hildebrandt, dt. Politikerin (1941–2001).

Regula aus dem Lat., „Regel, Richtschnur".

Reimara WF zu → Reimar.

Reimute WF zu) → Reimut.

Reina ostfries. KF zu Vorn. mit Rein-; weitere Form: Raina.

Reinberta WF zu → Reinbert.

Reinburg Zus. aus ahd. regin, „Rat, Beschluss", und burg, „Schutz"; weitere Form: Reinburga.

Reinfriede WF zu → Reinfried.

Reingard Zus. aus ahd. regin, „Rat, Beschluss", und gard, „Hort, Schutz".

Reinhild Zus. aus ahd. regin, „Rat, Beschluss", und hiltja, „Kampf"; weitere Formen: Reinhilde, Rendel, Ragna, Randi, Ragnhild (nord.); bekannte Namensträgerin: Reinhild Hoffmann, dt. Choreographin (geb. 1943).

Reinhilde NF zu → Reinhild.

Reintraud Zus. aus ahd. regin, „Rat, Beschluss", und trud, „Kraft, Stärke"; weitere Form: Reintrud.

Reja aus dem Russ., lat. Ursprungs, von aurea, „golden".

Rella ungar. KF zu → Aurelia.

Rena 1. fries. KF zu Vorn. mit Rein-; 2. und KF zu → Irene, → Renate und → Verena.

Renata ital. → Renate; bekannte Namensträgerin: Renata Tebaldi, ital. Sopranistin (geb. 1922).

Renate aus dem Lat., „die Wiedergeborene"; seit 1900 populär geworden, seit etwa 1920 verstärkt gewählt, nach 1945 sehr beliebt; weitere Formen: Rena, Reni, Rene, Nate, Nata, Nati; Rentje, Renette, Rena (fries.).

Renée franz. → Renate; bekannte Namensträgerin: Renée Sintenis, dt. Bildhauerin (1888–1965).

Reni KF zu → Irene und → Renate.

Renza KF zu → Lorenza.

Resi KF zu → Therese.

Rhea aus dem Griech.; in der Mythologie die Gemahlin des Kronos und Mutter des Zeus; weitere Form: Rea.

Rhonda engl., griech. Ursprungs, von rhódon, „Rose"; auch walis. Bildung aus rhon, „Speer", denkbar.

Ria KF zu → Maria.

Riana EF zu → Ria.

Rica 1. span. KF zu → Richarda; 2. KF zu Vorn., die auf -rike enden.

Ricarda span. → Richarda; bekannte Namensträgerin: Ricarda Huch, dt. Schriftstellerin (1864–1947).

Ricca ital. KF zu → Riccarda.

Riccarda ital. → Richarda.

Richarda WF zu → Richard; anstelle der ungebräuchlichen dt. Form werden heute die ital. und span. Formen gewählt.

Richhild Zus. aus ahd. rihhi, „reich, mächtig", und hiltja, „Kampf"; weitere Form: Richhilde.

Richlind Zus. aus ahd. rihhi, „reich, mächtig", und linta, „Schutzschild aus Lindenholz"; weitere Form: Richlinde.

Ricka fries. KF zu Vorn. mit Rich-; weitere Formen: Ricke, Rickele, Rickeltje.

Rieka niederl. KF zu → Friederike und → Henrike; weitere Form: Rieke.

Rika KF zu → Richarda, → Friederike und → Henrike; weitere Formen: Rike, Rikea.

Rina KF zu → Katharina oder anderen Vorn., die auf -rina enden.

Rita KF zu → Margareta; bekannte Namensträgerinnen: Rita Hayworth, am. Filmschauspielerin (1918–1987), Rita Süssmuth, dt. Politikerin (geb. 1937).

Roberta WF zu → Robert; weitere Formen: Roberte, Robertine, Robertina, Robina, Robine; bekannte Namensträgerin: Roberta Flack, am. Soul-Sängerin (geb. 1939).

Robine WF zu → Robin; weitere Form: Robina.

Rodegard Zus. aus dem germ. hroth, „Ruhm", und ahd. gard, „Hort, Schutz".

Rodehild Zus. aus dem germ. hroth, „Ruhm", und ahd. hiltja, „Kampf"; weitere Form: Rodehilde.

Rodelind Zus. aus dem germ. hroth, „Ruhm", und ahd. linta, „Schutzschild aus Lindenholz".

Romana WF zu → Romanus; weitere Formen: Romaine (franz.), Romika (ungar.).

Romilda Zus. aus ahd. hruom, „Ruhm, Ehre", und hiltja, „Kampf"; weitere Formen: Romilde, Rumilde.

Romina Bedeutung unklar; bekannte Namensträgerin: Romina Power, ital.-am. Popsängerin (geb. 1951).

Romy KF zu → Rosemarie; bekannte Namensträgerin: Romy Schneider, dt. Schauspielerin (1938–1982).

Rona KF zu → Corona, → Rowena.

Ronja russ. KF zu → Veronika, → Roxana; bekannt durch die gleichnamige Figur in Astrid Lindgrens Buch „Ronja Räubertochter".

Ros KF zu → Rosa.

Rosa ital., lat. Ursprungs, „die Rose"; zahlr. NF und KoF; bekannte Namensträgerin: Rosa Luxemburg, dt. Sozialistin (1871–1919).

Rosabella ital., lat. Ursprungs, „schöne Rose".

Rosalia ital. EF zu → Rosa.

Rosalie EF zu → Rosa.

Rosalind NF zu → Rodelind; weitere Formen: Rosalinde, Roselinde, Roslinde.

Rosalita span. EF zu → Rosa.

Rosamunde Zus. aus ahd. hruom, „Ruhm, Ehre", und munt, „Schutz, Vormundschaft".

Rosana ital. DF aus → Rosa und → Anna; weitere Form: Rosanna.

Rosaria DF aus → Rosa und → Maria

Rose NF zu → Rosa.

Rosel KoF zu → Rosa.

Rosella ital. EF zu → Rosa; weitere Form: Roselina.

Rosemarie DF aus → Rose und → Maria; weitere Formen: Rosmarie, Rosemaria, Rosemary (engl.).

Rosi KoF zu → Rosa; bekannte Namensträgerin: Rosi Mittermaier, dt. Skiläuferin (geb. 1950).

Rosika ungar. KoF zu → Rosa.

Rosina NF zu → Rosa; weitere Form: Rosine.

Rosita span. EF zu → Rosa; weitere Formen: Sita, Roselita.

Rossana ital. → Roxana.

Roswitha Zus. aus germ. hroth, „Ruhm" und ahd. swinths, „stark"; bekannt durch Roswitha von Gandersheim (10. Jh.), die als erste dt. Dichterin angesehen wird; andere Formen: Hroswitha, Hrosewith, Roswita.

Rowena literar. Neuprägung von W. Scott, in seinem histor. Roman „Ivanhoe" zum ersten Mal benutzt.

Roxana   pers., „licht, hell, glänzend"; weitere Formen: Roxane, Roxanne.

Rudolfa   WF zu → Rudolf.

Rufina   WF zu → Rufus.

Rumena   slaw., WF → Rumen.

Runa   KF zu Vom. mit Run- oder -run.

Runhild   Zus. aus ahd. runa. „Geheimnis, Zauber", und hiltja, „Kampf"; weitere Form: Runhilde.

Ruperta   WF zu → Rupert.

Rutgard   Zus. aus ahd. hruom, „Ruhm, Ehre", und „gard", Hort, Schutz".

Ruth   bibl., hebr. Ursprungs; seit 1900 verstärkt gewählt, heute seltener; weitere Form: Rut.

Sabina   NF zu → Sabine.

Sabiha   türk., „schön, ansehnlich".

Sabine   aus dem Lat., eigentlich „die Sabinerin"; seit dem MA verbreitet, aber selten gewählt; um 1900 wieder belebt, größte Verbreitung in den 1960-er Jahren; andere Formen: Bina, Bine; bekannte Namensträgerinnen: Sabine Sinjen, dt. Schauspielerin (1942–1995), Sabine Christiansen, dt. Nachrichtenredakteurin (geb. 1957).

Sabrina   aus dem Engl., eigentlich Name einer Nymphe des Flusses Severn; um 1950 durch den Film „Sabrina" mit Audrey Hepburn in Deutschland populär geworden.

Sadie   am. KoF zu → Sarah.

Safija   arab., ursprünglich „Jüdin, Auserwählte".

Saida   arab., „glücklich".

Sakura   jap., „Kirschblüte".

Salka   russ. KF zu → Salwija.

Sally   KF zu Sarah; auch männl. KF zu → Salomon und → Samuel; eindeutiger Zweitname erforderlich; weitere Formen: Salli; bekannte Namensträgerin: Sally Field, am. Schauspielerin (geb. 1946).

Salome   griech. Form des aus hebr. schalom, „Glück, Wohlergehen, Frieden" gebildeten Vorn.; weitere Formen: Salomea, Salomé, Suleima.

Salwija   aus dem Slaw., lat. Ursprungs, aus salvus, „wohlbehalten, unversehrt"; weitere Formen: Salwa, Salvina.

Sam   KF zu → Samantha; auch männl. KF zu → Samuel, eindeutiger Zweitname erforderlich.

Samantha   aus dem Am., hebr. Ursprungs, eigentlich „die Zuhörerin"; seit etwa 1960 häufiger gewählt.

Samira   arab., „die Unterhalterin".

Sandra   KF zu → Alexandra; weitere Formen: Sandrina, Sandrine, Sandria, Sandrie.

Sanja   russ. KF zu → Alexandra; auch männl. KF zu → Alexander; eindeutiger Zweitname erforderlich.

Sanna KF zu Susanne; weitere Formen: Sanne, Sanni.

Saphira bibl., aram. Ursprungs, eigentlich „Saphir, Edelstein".

Sara NF zu → Sarah; weitere Form: Zara.

Sarah bibl., hebr. Ursprungs, eigentlich „die Fürstin"; im Dritten Reich als Schimpfname und amtlich verordneten Beinamen für Frauen jüdischer Herkunft stigmatisiert, daher nach 1945 zunächst selten, später aus dem anglo-am. Raum wieder in Mode gebracht; bekannte Namensträgerinnen: Sarah Bernhard, franz. Schauspielerin (1844–1923); Sarah Kirsch, dt. Lyrikerin (geb. 1935).

Sarigül türk., „gelbe Rose".

Sarina EF zu → Sara.

Sasha russ. KoF zu → Alexandra; auch männl. KoF zu → Alexander; eindeutiger Zweitname erforderlich.

Saskia aus dem Niederl., WF zu → Sachso.

Scarlett aus dem Engl., eigentlich „scharlachrot, die Rothaarige"; bekannte Namensträgerin: Scarlett Seeboldt; dt. Songwriterin, Sängerin (geb. 1954).

Schakira arab., „die Dankbare".

Schirin altpers., „die Angenehme".

Schöntraut Neuprägung aus schön und dem ahd. Namensteil traud.

Schura russ. KoF zu → Alexandra; auch männl. KoF zu → Alexander; eindeutiger Zweitname erforderlich.

Schwanhild Zus. aus ahd. swan, „Schwan", und hiltja, „Kampf".

Sebalde WF zu → Sebald.

Selene griech., Vorn. der griech. Mondgöttin; weitere Formen: Seline, Selena, Selinda (engl.).

Selina engl., Umformung von → Selene, → Celine oder oder KF zu Marcelline (→ Marcella).

Selma 1. KF zu → Anselma; 2. aus dem Engl., durch die „Ossian"-Dichtung im Deutschen eingebürgert; bekannte Namensträgerin: Selma Lagerlöf, schwed. Schriftstellerin (1858–1940).

Semra türk., „dunkelhäutige Frau".

Sengil türk., „die Fröhliche, Heitere".

Senta KF zu → Crescentia oder → Vincenta; bekannt als Figur aus Wagners Oper „Der fliegende Holländer"; bekannte Namensträgerin: Senta Berger, österr. Schauspielerin (geb. 1941).

Seraphia WF zu → Seraph; weitere Formen: Seraphine, Seraphina.

Serena WF zu → Serenus.

Sergia WF zu → Sergius.

Serpil türk., „Werde groß!".

Severa WF zu → Severus.

Severina WF zu → Severin.

Sharon aus dem Engl., ursprünglich aus bibl. Landschaftsnamen entstanden; bekannte Namensträgerinnen: Sharon Tate, am. Schauspielerin (1943–1969), Sharon Stone, am. Schauspielerin (geb. 1958).

Sheyla engl. Schreibweise zu ir. → Sile; weitere Form: Sheila.

Shirley engl., ursprünglich Orts- und Familienname; bekannte Namensträgerin: Shirley MacLaine, am. Schauspielerin, Autorin (geb. 1934).

Shui chin., „das Wasser".

Sib engl. KF zu → Sibylle.

Sibylla NF zu → Sibylle; bekannte Namensträgerin: Maria Sibylla Merian, Botanikerin und Kupferstecherin (1647–1717).

Sibylle lat./griech., auf den Namen einer griech. Seherin zurückgehend; im MA stark verbreitet, um 1900 Modename, auch heute noch häufig gewählt; weitere Formen: Bella, Billa, Sybil.

Sida KF zu → Sidonia.

Sidonia WF zu → Sidonius; weitere Formen: Sidonie, Sitta, Sida, Zdenka (slaw.).

Siegburg Zus. aus ahd. sigu, „Sieg", und burg, „Schutz".

Sieghild Zus. aus ahd. sigu, „Sieg", und hiltja, „Kampf".

Sieglinde Zus. aus ahd. sigu, „Sieg", und linta, „Schutzschild aus Lindenholz"; weitere Form: Sieglind.

Siegmunde WF zu → Siegmund; weitere Formen: Sigesmunde, Siegmunda, Sigismonda, Siegmona, Gismonda (ital.).

Siegrid NF zu → Sigrid.

Sieke fries. KF zu Vorn. mit Sieg-; weitere Form: Sierkje.

Sigga schwed. KF zu → Sigrid.

Sigi KF zu Vorn. mit Sieg-, vor allem Sieglinde; auch männl. KF zu → Siegfried, eindeutiger Zweitname erforderlich.

Sigrid aus dem Nord., zu altisländ. sigr, „Sieg", und frighr, „schön"; weitere Formen: Sigrit, Sigri, Siri; bekannte Namensträgerin: Sigrid Undset, norweg. Schriftstellerin (1882–1949).

Sigrun Zus. aus ahd. sigu, „Sieg", und runa, „Geheimnis"; weitere Form: Sigrun.

Sile ir. KF zu → Cäcilie.

Silja skand. KF zu → Cäcilie.

Silje fries. KF zu Cäcilie.

Silke niederdt./fries. KoF zu → Cäcilie; weitere Formen: Silka, Sylke.

Silva schwed./tschech. → Silvia.

Silvana WF zu → Silvanus; weitere Formen: Silvanna, Sylvana.

Silvetta franz. → Silvia; weitere Form: Sylvetta.

Silvia WF zu → Silvius, → Silvio; im 18. Jh. in der Schäferpoesie beliebt; seit 1950 wieder modern; weitere Formen: Silvie, Sylvie, Silvetta, Silvina (ital.), Sylvi; bekannte Namensträgerin: Silvia, Königin von Schweden (geb. 1943).

Simone WF zu → Simon; weitere Formen: Simona, Simonette, Simonetta (franz./ital.); bekannte Namensträgerin: Simone de Beauvoir, franz. Schriftstellerin (1908–1986).

Sina   KF zu → Gesine und → Rosina; weitere Formen: Sini, Sinja, Sinje.

Sirena   aus dem Griech.; in der Mythologie eine singende Meerjungfrau; weitere Form: Sira.

Sirkka   finn., „Sprössling".

Sisika   schwed. KF zu → Franziska.

Sissa   schwed. KF zu → Cäcilie.

Sissy   1. österr. KoF zu Elisabeth; 2. engl. KoF zu Cäcilie.

Sista   aus dem Schwed., eigentlich „das letzte Kind".

Sitta   KF zu → Sidonia.

Sixta   WF zu → Sixtus; weitere Form: Sixtina.

Slavka   slaw. KF zu Vorn. mit -slava.

Soffi   NF zu → Sophia; weitere Formen: Soffia, Soffie.

Solveig   Zus. aus skand. sal, „Saal", und vig, „Kampf"; durch Ibsens „Peer Gynt" im deutschsprachigen Raum bekannt geworden; galt um 1960 als modern, heute zurückgehend.

Sonja   russ. KoF zu → Sophia; weitere Form: Sonia.

Sonnhild   Neuprägung aus Sonne und ahd. hiltja, „Kampf"; weitere Form: Sunhild.

Sophia   griech., „die Weisheit"; um 1900 weit verbreitet; weitere Formen: Fei, Fey, Fi, Fieke, Fia, Sofia, Sofia, Sofie, Sophy (engl.), Zofia (poln.); bekannte Namensträgerin: Sophia Loren, ital. Schauspielerin (geb. 1934).

Sophie   NF zu Sophia; bekannte Namensträgerin: Sophie Scholl, Widerstandskämpferin gegen das Hitlerregime (1921–1943).

Sora   jap., „der Himmel".

Soraya   aus dem Pers., eigentlich „guter Fürst"; wurde durch die zweite Frau des ehemaligen pers. Schahs bekannt.

Stanislawa   WF zu → Stanislaw; weitere Formen: Stanislava, Stana, Stanka, Stase, Stasja.

Stanze   KF zu → Konstanze.

Stasi   KF zu → Anastasia.

Stefanie   NF zu → Stephanie.

Steffi   KF zu → Stephanie; bekannte Namensträgerin: Steffi Graf, dt. Tennisspielerin (geb. 1969).

Stella   aus dem Lat., eigentlich „Stern"; weitere Formen: Estelle (franz.), Estella, Estrelle (span., ital.).

Stephanie   WF zu → Stephan; gilt heute als modern und wird oft gewählt; andere Formen: Fannie, Stefanie, Stefana, Stefania, Stephana, Stéphanie, Stephine, Etiennette, Tienette (franz.), Fanny (engl.), Stefanida (russ.).

Stina   fries. KF zu → Christine, → Ernestine und → Augustine; weitere Formen: Stine, Stintje.

Su   KF zu → Susanne.

Subaia   arab., „kleine Löwin".

Sue   engl. KF zu → Susanne.

Sulamith   hebr., „die Braut"; bekannt aus Paul Celans Gedicht „Todesfuge".

Suleika aus dem Arab., eigentlich „die Verführerin"; bekannt durch Goethes „West-östlichen Diwan", wo er seine Freundin Marianne von Willemer (1784–1860) als Suleika andichtete; weitere Form: Zuleika (engl.).

Sülün türk., „Fasan", „von schönem Wuchs".

Susa ital. KF zu → Susanne.

Susan engl. → Susanne; weitere Form: Susann; bekannte Namensträgerin: Susan Sarandon, am. Schauspielerin (geb. 1946).

Susanka slaw. → Susanne.

Susanna ital. → Susanne.

Susanne bibl., hebr. Ursprungs, eigentlich „die Lilie"; gehört heute zu den häufig gewählten Vorn.; zahlr. KF und KoF; bekannte Namensträgerinnen: Susanne Uhlen, dt. Schauspielerin (geb. 1955).

Suse KF zu → Susanne.

Susen schwed. → Susanne.

Susetta franz. KoF zu → Susanne; weitere Form: Susette.

Susi KF zu → Susanne; weitere Formen: Susy, Suzy.

Suzanne franz. → Susanne.

Suzette franz. KoF zu → Susanne.

Svane KF zu Vorn. mit Svan-, „Schwan".

Svea aus dem Schwed., aus svea-rike, „Schwedenreich".

Svenja WF zu → Sven.

Swana NF zu → Swanhild.

Swanhild Zus. aus ahd. swan, „Schwan", und hiltja, „Kampf"; weitere Form: Swanhilde.

Swantje fries. → Swanhild; weitere Formen: Swaantje, Swaneke.

Swetlana russ., „hell"; weitere Form: Svetlana.

Swidgard Zus. aus altengl. swid, „stark, geschwind", und ahd. gard, „Hort, Schutz".

Swinda verselbstständigte KF zu Namen mit Swind- oder -swind (z. B. Amalaswintha, Tochter Theoderichs des Großen); abgeleitet von got. „stark, ungestüm".

Sybil engl. Form zu Sibylle.

Sylvia sprachl. falsche NF zu → Silvia.

Tabea NF zu → Tabitha.

Tabitha bibl., hebr. Ursprungs, „Gazelle".

Tahire türk., „frische Morgenluft".

Takako jap., „erhabenes Kind".

Tale fries. KF zu → Adelheid; weitere Formen: Taletta, Taleja.

Talea niederdt. KoF zu → Adelheid.

Talesia bask. NF zu → Adelheid.

Talida fries. NF → Adelheid; weitere Form: Talika.

Tamara russ., hebr. Ursprungs, eigentlich „Dattelpalme"; bekannte Namensträgerin: Tamara Danz, dt. Rocksängerin (1953– 1996).

Tamina WF zu → Tamino.

Tangül türk., „die Rose der Morgendämmerung".

Tanja KF zu → Tatjana; weitere Form: Tania; bekannte Namensträgerin: Tania Blixen; dän. Schriftstellerin (1885– 1962).

Tassia russ. KoF zu → Anastasia; weitere Form: Tasia.

Tatjana russ., wahrscheinlich lat. Ursprungs; weitere Form: Tatiana; bekannte Namensträgerin: Tatjana Gsovsky; russ. Choreographin (1901–1993).

Telsa fries. KF zu → Elisabeth; weitere Formen: Telse, Telseke.

Teodora ital. → Theodora.

Teresa span./engl. → Therese.

Térèse franz. → Therese.

Terka ungar. KF zu → Therese.

Terzia aus dem Lat., „die Dritte".

Teska niederdt. KoF für Namen mit Diet-.

Tess engl. KF zu → Therese; weitere Formen: Tessa, Tessy.

Teudelinde NF zu → Theodelinde.

Thea KF zu → Dorothea, → Theodora oder → Therese; bekannte Namensträgerin: Thea von Harbou, dt. Schriftstellerin (1888–1954).

Theda NF zu → Theodora.

Thekla Zus. aus griech. theós, „Gott", und kléos, „guter Ruf, Ruhm"; seit dem MA verbreitet; im 19. Jh. neu belebt, heute selten; bekannte Namensträgerin: Thekla Carola Wied, dt. Schauspielerin (geb. 1945).

Theoda KF zu Vorn. mit Theo-.

Theodelinde lat. Form zu → Dietlinde.

Theodora WF zu → Theodor; weitere Formen: Dora, Theda, Thea, Theodore, Fjodora, Feodora (russ.).

Theodore NF zu Theodora; auch engl. MF zu → Theodor, eindeutiger Zweitname erforderlich.

Theodosia WF zu → Theodosius; weitere Form: Feodosia (russ.).

Theophania Zus. aus griech. theós, „Gott", und phainein, „erscheinen".

Theophora Zus. aus griech. theós, „Gott", und phorá „tragen".

Theresa NF zu → Therese; weitere Form: Theresina.

Therese aus dem Griech., eigentlich „Bewohnerin der Insel Thera"; seit dem 18. Jh. volkstümlich und besonders in Süddeutschland bis heute gern gewählt; weitere Formen: Theresia, Thesi, Thery, Thesy, Resi, Teresa, Terezie (tschech.), Terka, Terézie (ungar.); bekannte Namensträgerin: Maria Theresia, österr. Kaiserin (1717–1780), Therese Giehse, dt. Schauspielerin (1898–1975).

Thilde KF zu → Mathilde; weitere Form: Tilde.

Thona NF zu → Antonia.

Thora 1. nord., zu Thor (Name des altgerm. Donnergottes); 2. KF zu Namen, die mit Thor- gebildet werden; weitere Form: Tora.

Thordis aus dem Nord., Zus. aus germ. thor, (Name des altgerm. Donnergottes) und altschwed. dis, „Göttin"; weitere Form: Tordis.

Thorgard aus dem Schwed., Zus. aus germ. thor (Name des altgerm. Donnergottes) und gardaz, „Zaun, Einfriedung"; weitere Formen: Torgard, Torgerd.

Thorgund aus dem Schwed., Zus. aus germ. thor (Name des altgerm. Donnergottes) und ahd. gund, „Kampf"; weitere Formen: Torgund, Torgun.

Thorhild aus dem Schwed., Zus. aus germ. thor (Name des altgerm. Donnergottes) und ahd. hiltja, „Kampf"; weitere Formen: Torhild, Torhilda.

Tiada fries. KF zu Vorn. mit Diet-; weitere Form: Tjada.

Tiana NF zu → Christiane.

Tida fries. KF zu → Adelheid.

Tiffany aus dem Engl., auf → Theophania zurückgehend.

Tilla KF zu → Ottilie und → Mathilde; weitere Formen: Tilli, Tilly.

Tilse fries. KF zu → Elisabeth.

Tina KF zu Vorn., die auf -tina enden, vor allem → Christina und → Martina; bekannte Namensträgerin: Tina Turner, am. Popsängerin (geb. 1939).

Tinka KoF zu → Katharina.

Tirza bibl., hebr. Ursprungs, eigentlich „die Anmutige"; weitere Formen: Thirza, Thyrza, Thirsa.

Tiziana WF zu → Tiziano; weitere Form: Titia.

Tjarde WF zu → Tjard.

Tobsy KoF zu → Tove.

Tona KF zu → Antonia; weitere Formen: Tonia, Tonja.

Toni KF zu Antonia; eindeutiger Zweitname erforderlich; weitere Form: Tony; bekannte Namensträger: Toni Morrison, am. Schriftstellerin, (geb. 1931).

Topay türk., „Vollmond".

Tosja russ. KoF zu → Antonia.

Toska aus dem Ital., eigentlich „die Toskanerin"; weitere Form: Tosca. Bekannt durch die gleichnamige Oper von Puccini.

Tove WF zu → Tobias.

Traude KF zu → Gertraud; weitere Formen: Traudel, Traute, Traudl.

Traudhild Zus. aus ahd. trud, „Kraft, Stärke", und hiltja, „Kampf"; weitere Formen: Traudhilde, Trudhild, Trudhilde.

Traudlinde Zus. aus ahd. trud, „Kraft, Stärke", und linta, „Schutzschild aus Lindenholz"; weitere Formen: Trudlinde, Trudelinde.

Trina KF zu → Katharina; weitere Formen: Trine, Trinette.

Trixi KoF zu → Beatrix.

Trude KF zu → Gertrud.

Trudeliese   DF aus → Trude und →
Liese.
Tulla   AF zu Ursula; weitere Form:
Tulle.
Tunja   KoF zu → Natalija.

Ubba   fries., WF zu → Ubbo.
Uda   NF zu → Oda; weitere Form: Ude.
Udele   NF zu → Adele.
Uletta   roman. Form zu → Ulla.
Ulfhild   nord. → Wolfhild; weitere Form:
Ulvhild (schwed.).
Uliana   russ. → Juliana.
Ulita   russ. → Julia und → Juliet.
Ulla   KF zu → Ursula oder → Ulrike;
weitere Formen: Ula; bekannte Namens-
trägerin: Ulla Hahn, dt. Dichterin (geb.
1946).
Ulrika   dän./schwed. Form zu → Ulrike.
Ulrike   WF zu → Ulrich; um 1900 po-
pulär geworden; weitere Formen: Rika,
Rike, Riken; bekannte Namensträgerin:
Ulrike Meyfarth, dt. Hochspringerin
(geb. 1956).
Ultima   WF zu → Ultimus.
Umay   türk., „Paradiesvogel".
Umma   WF zu → Ummo.
Una   aus dem Engl., auf → Oona
zurückgehend.

Undine   aus dem lat. unda, „Welle";
eigentlich ist damit eine im Wasser hau-
sende Nixe gemeint; das Märchen von
der Nixe Undine, die die Frau eines
Menschen wird, um sterblich zu sein
und eine unsterbliche Seele zu bekom-
men, wurde mehrfach künstlerisch be-
arbeitet.
Unica   EF zu → Una; bekannte Namensträgerin: Unica Zürn; dt. Dichterin
(1916–1970).
Ünsal   türk., „bekannt, berühmt".
Urania   aus dem Griech., „Himmel";
weitere Formen: Orania, Orane.
Urdina   WF zu → Urdin.
Ursa   KF zu → Ursula.
Urschla   rätoroman. → Ursula.
Ursel   KF zu → Ursula.
Ursina   NF zu → Ursula.
Ursula   WF zu → Ursus; seit dem MA
in Deutschland verbreitet; um 1900
Modename, auch nach 1950 stärker
verbreitet; zahlr. KF, NF und KoF;
bekannte Namensträgerinnen: Ursula
Andress, schweiz. Schauspielerin (geb.
1936), Ursula Karusseit, dt. Schauspie-
lerin (geb. 1939), Ursula Karven, dt.
Schauspielerin (geb. 1964).
Ursuline   NF zu → Ursula; ursprünglich
Name einer Novizin, die sich den Ursu-
linen geweiht hat; weitere Formen: Ursu-
lina, Ursulane, Ursina, Ursine.
Urte   1. bask. Form zu → Ruth; 2. balt.
→ Dorothea.

Uschi   KoF zu → Ursula; bekannte Namensträgerin: Uschi Glas, dt. Schauspielerin (geb. 1944).

Uslu   türk., „brav, artig, lieb".

Ute   NF zu → Oda; im MA verbreitet, dann seltener, erst im 20. Jh. wieder stärker verbreitet; weitere Formen: Uta, Utta; bekannte Namensträgerin: Ute Lemper, dt. Sängerin und Tänzerin (geb. 1963).

Utlinde   NF zu → Otlinde.

Valentina   WF zu → Valentin; weitere Formen: Valentine, Valente, Valentia; bekannte Namensträgerin: Valentina Tereschkowa, russ. Kosmonautin und 1963 erste Frau im Weltraum (geb. 1937).

Valeria   WF zu → Valerius; weitere Formen: Valerie, Valeriane; bekannte Namensträgerin: Valerie Niehaus; dt. TV-Darstellerin (geb. 1974).

Valerie   NF zu Valeria.

Valeska   poln. KoF zu → Valeria; bekannte Namensträgerin: Valeska Gert, dt. Schauspielerin, Kabarettistin (1892–1978).

Vanda   ital./schwed. Form zu → Wanda.

Vanessa   aus dem Engl., eigentlich Bez. für eine Schmetterlingsgattung; bekannte Namensträgerinnen: Vanessa Redgrave, engl. Schauspielerin (geb. 1937), Vanessa Mae, am. Geigerin (geb. 1978).

Vanna   KF zu → Giovanna; weitere Form: Vannina.

Vera   1. aus dem Russ., „Glaube"; 2. KF zu → Verena und → Veronika; weitere Formen: Wera, Veruschka (russ.); bekannte Namensträgerin: Vera Tschechowa, dt. Schauspielerin (geb. 1940).

Verena   eventuell NF zu → Veronika; vor allem in der Schweiz verbreitet, auch in Deutschland in letzter Zeit öfter gewählt; weitere Formen: Rena, Vreni (schweiz.), Vérène (franz.).

Vergie   NF zu → Virginia.

Verita   WF zu → Veritas.

Verona   NF zu → Veronika; weitere Form: Veronia.

Veronika   aus dem Griech., eigentlich „die Siegbringende"; weitere Formen: Berenike, Frony, Frauke (fries.).

Véronique   franz. → Veronika.

Vesta   aus dem Lat., Name der Göttin des Herdfeuers.

Veva   KF zu → Genoveva.

Vicky   engl. KF zu → Viktoria; weitere Formen: Vicki, Viki; bekannte Namensträgerinnen: Vicki Baum, österr. Schriftstellerin (1888–1960), Vicky Leandros, griech.-dt. Sängerin (geb. 1952).

Victoria   NF zu → Viktoria.

Viktoria   WF zu → Viktor; Verbreitung: in Deutschland erst im 19. Jh. durch die engl. Königin Viktoria verbreitet, heute seltener; weitere Formen: Viktorina, Viktorine, Fieke (fries.), Victorien (franz.); bekannte Namensträgerinnen: Viktoria, Gattin („Kaiserin Friedrich") von Kaiser Friedrich III. (1840–1901), Victoria Principal, am. Schauspielerin, (geb. 1950), Victoria, Kronprinzessin von Schweden (geb. 1977).

Viktoriana   NF zu → Viktoria.

Vilja   aus dem Finn., eigentlich „Reichtum, Güte"

Vilma   ungar. → Wilma.

Vinzenta   WF zu → Vinzenz; weitere Formen: Senna, Zenzi, Zenta; Vinzentia, Vinzentina, Vincenta.

Viola   aus dem Lat., „Veilchen".

Violante   1. latinisiert → Viola; 2. NF zu Jolanthe.

Violetta   ital. EF zu → Viola.

Violet   engl. → Viola.

Violette   franz. EF zu → Viola.

Virgie   KF zu → Virginia.

Virgilia   NF zu → Virginia.

Virginia   aus dem Lat., eigentlich NF des altröm Geschlechternamens Verginia, „aus dem Geschlecht der Verginier"; weitere Formen: Vergie, Ginnie; bekannte Namensträgerin: Virginia Woolf, engl. Schriftstellerin (1882–1941).

Virginie   franz. → Virginia.

Virna   ital. KF zu → Virginia.

Viviane   WF zu → Vivian; weitere Formen: Vivien, Vivienne (franz.), Bibiana (port.); bekannte Namensträgerin: Vivien Leigh, engl. Filmschauspielerin (1913–1967).

Volkberta   Zus. aus ahd. folc, „Volk, Kriegsschar", und beraht, „glänzend".

Volkhild   Zus. aus ahd. folc, „Volk, Kriegsschar", und hiltja, „Kampf".

Volla   fries. NF zu Vorn. mit Volk-.

Volma   WF zu → Volkmar.

Vreni   schweiz. → Verena; weitere Form: Vreneli; bekannte Namensträgerin: Vreni Schneider, schweiz. Skiläuferin (geb. 1964).

Walberta   WF zu → Walbert.

Walborg   NF zu → Walburg.

Walburg   Zus. aus ahd. waltan, „walten, herrschen", und burg, „Schutz, Zuflucht"; im MA als Heiligenname in Deutschland weit verbreitet, vor allem in kath., erst seit 1900 auch in ev. Familien, heute selten gewählt; weitere Formen: Walburga, Walburge, Walpurga, Walpurgis, Walli, Burga, Valburg (schwed.), Vaubourg (franz.).

Walda   KF zu Vorn. mit Wald-.

Waldegund   Zus. aus ahd. waltan, „walten, herrschen", und gund, „Kampf"; weitere Form: Waldegunde.

Walfriede   WF zu → Walfried.

Walthild   Zus. aus ahd. waltan, „walten, herrschen", und hiltja, „Kampf"; weitere Form: Walthilde.

Waltraut   Zus. aus ahd. waltan, „walten, herrschen", und trut, „Kraft, Stärke"; um 1920 Modename; weitere Formen: Waldtraut, Waltraud, Waltrud, Waltrude, Waltrudis, Trude; bekannte Namensträgerin: Waldtraut Lewin, dt. Schriftstellerin (geb. 1937).

Waltrun   Zus. aus ahd. waltan, „walten, herrschen", und runa, „Geheimnis, Zauber".

Wanda   aus dem Slaw., eigentlich „die Wendin"; bekannte Namensträgerinnen: Wanda Landowska, poln. Cembalistin (1879–1959), Wanda Wilkomirska, poln. Geigerin (geb. 1929).

Warwara   russ. → Barbara.

Weda   fries. KF zu Vorn. mit Wede- oder Widu-; weitere Formen: Wedeke, Weeda.

Welda   KF zu Vorn. mit Wald-.

Wellemina   rheinländ. → Wilhelmine.

Wencke   nord. → Wenke; bekannte Namensträgerin: Wencke Myrhe, norweg. Schlagersängerin (geb. 1947).

Wendelburg   Zus. aus ahd. Stammesnamen der Wandalen und burg, „Schutz, Zuflucht".

Wendelgard   Zus. aus ahd. Stammesnamen der Wandalen und gard, „Hort, Schutz".

Wendeline   WF zu → Wendel.

Wendi   KF zu → Wendelburg oder → Wendelgard; weitere Form: Wendy.

Wendula   KF von Vorn., die mit Wendel- zusammengesetzt sind.

Wenke   niederdt. KoF zu Namen, die mit -win oder Win- gebildet werden.

Wera   NF zu → Vera.

Wergard   Zus. aus ahd. warjan, „wehren", und gard, „Hort, Schutz".

Wernburg   Zus. aus ahd. warjan, „wehren", und burg, „Schutz, Zuflucht".

Wernhild   Zus. aus ahd. warjan, „wehren", und hiltja, „Kampf"; weitere Form: Wernhilde.

Wibranda   WF zu → Wigbrand; weitere Form: Wibrande.

Wiebke   fries./niederl./niederdt. KF zu Vorn., die mit -wig- zusammengesetzt sind: weitere Formen: Wiba, Wibke, Wubke, Wobke, Wigberta, Wibeke.

Wieka   KF zu → Ludowika; weitere Form: Wieke.

Wigberta   WF zu → Wigbert; weitere Form: Wiberta.

Wigburg   Zus. aus ahd. wig, „Kampf", und burg, „Schutz, Zuflucht"; weitere Form: Wiburg.

Wilfriede   WF zu → Wilfried.

Wilgard   Zus. aus ahd. willo, „Wille", und gard, „Hort, Schutz".

Wilgund   Zus. aus ahd. willo, „Wille", und gund, „Kampf"; weitere Form: Wilgunde.

Wilhelma NF zu → Wilhelmine.

Wilhelmina NF zu → Wilhelmine; bekannte Namensträgerin: Wilhelmina, Königin der Niederlande (1880–1962).

Wilhelmine WF zu → Wilhelm; im 19. Jh. populär, heute in der Stammform kaum noch gewählt; weitere Formen: Elma, Minna, Mina, Mine, Miggi, Wellemina (rhein.), Wilma, Willa (engl.), Guillerma (span.), Vilema (tschech.), Vigelmina (russ.), Vilma (ungar.), Minka (poln.).

Willa 1. engl. → Wilhelma; 2. KF zu Vorn. mit Wil-; weitere Form: Wilja.

Wilma dt. und engl. KF zu → Wilhelmine; bekannt Namensträgerin: Wilma Rudolph, am. Leichtathletin (1940–1994).

Wilrun Zus. aus ahd. willo, „Wille", und runa, „Geheimnis".

Wiltraud Zus. aus ahd. willo, „Wille", und trud, „Kraft, Stärke"; weitere Form: Wiltrud.

Wina KF zu → Winfrieda.

Winfrieda WF zu → Winfried.

Winifred engl., Zus. aus walis. gwen, „weiß, gesegnet, heilig", und frewi, „Versöhnung, Freundschaft".

Winnie KF zu → Winifred.

Winona engl.-am., Herkunft unklar, bekannte Namensträgerin: Winona Ryder, am. Schauspielerin (geb. 1971).

Wintrud Zus. aus ahd. wini, „Freund", und trud, „Kraft, Stärke".

Wisgard Zus. aus ahd. wisi, „weise", und gard, „Hort, Schutz".

Wisgund Zus. aus ahd. wisi, „weise", und gund, „Kampf".

Wismut Zus. aus ahd. wisi, „weise", und muot, „Sinn, Geist".

Wolfrun Zus. aus ahd. wolf, „Wolf", und runa, „Geheimnis, Zauber".

Wunna aus ahd. wunna, „hohe Freude, Wonne"; selten.

Xandra rätoroman. KF zu → Alexandra.

Xaveria WF zu → Xaver.

Xenia KF zu → Polyxenia.

Xochil mexikan., „Blume".

Yael hebr., „weibliche Ziege".

Yasira arab., „weich, mild, sanft".

Yalaz türk., „Flamme", weitere Form: Yalaza.

Yasmin NF zu → Jasmin; weitere Form: Yasmine.

Yildiz türk., „Stern".

Yolande franz./engl. → Jolande; weitere Formen: Yolanda, Yola.

Yusra arab., „Glück und Erfolg".

Yvette franz. KoF zu → Yvonne; weitere Formen: Ivette, Ivetta.

Yvonne WF zu → Yvo; weitere Formen: Ivonne.

Zaida aus dem Arab., „Gebieterin".

Zala WF zu → Zalo; weitere Form: Zalona.

Zan chin., „Lob".

Zanab engl. → Zenobia.

Zanaida engl. NF zu → Zenobia.

Zarah NF zu → Sarah; weitere Form: Zara; bekannte Namensträgerin: Zarah Leander, schwed. Schauspielerin und Sängerin (1907–1981).

Zarina WF zu → Zarin.

Zäzilie NF zu → Cäcilie.

Zdenka tschech. → Sidonia.

Zelda engl. KF zu → Griselda.

Zella KF zu → Marcella.

Zelma engl./am. → Selma.

Zena KF zu → Zenobia.

Zenobia WF zu → Zenobio; Name einer antiken Königin in Palmyra (Syrien).

Zenta KF zu → Innozentia, → Kreszentia und → Vinzentia.

Zeren türk., „kluge Frau".

Zilla KF zu → Cäcilie; weitere Formen: Zilli, Zilly.

Zinnia neuer engl. Vorn., der an einen Pflanzennamen (mexikan. Gattung der Korbblütler) angelehnt ist.

Zippora hebr., eigentlich „Vögelchen".

Ziska KF zu → Franziska; weitere Formen: Zissi, Zissy.

Zita KF zu → Felizitas; bekannte Namensträgerinnen, Zita, österr. Kaiserin (1892–1989), Zita Funkenhauser, dt. Fechterin (geb. 1966).

Zoe aus dem Griech., eigentlich Leben; weitere Formen: Zoa, Zoi.

Zofia poln. → Sophia.

Zora südslaw. NF zu → Aurora.

Zwaantje fries. KoF zu Vorn. mit Swan- oder Schwan-; weitere Form: Zwanette.

Widder   21. März bis 20. April

Der vom Mars beherrschte Widder ist willensstark, durchsetzungsfähig und kämpfe-
risch. Daher passen Namen, die kriegerischen Ursprungs sind, wie Wilhelm, eine
Zusammensetzung aus „Wille" und „Helm". Aber das Widderzeichen steht auch für
Jugend, Originalität und Ideenreichtum. Schließlich erreicht die Sonne in der Widder-
Zeit den Frühlingspunkt. In diesem Zusammenhang stehen Namen, die auf Erstrah-
len, Dämmerung und Neuanfang anspielen, wie z. B. Roxana, „die Strahlende", oder
Anastasia, „die Auferstehung."

Alexandra, Alexis	Jocelyn	Adam	Klaus
Amalia, Amelie	Lara, Laura	Alexander	Lars
Athene	Louise, Luise	Andreas	Leander
Berenice, Berenike	Marcella, Marcia	Bernhard, Bernd	Louis
Bernadette	Marta, Martha	Boris	Mark
Brigitte, Birgit	Martina	Charles	Marlon
Carola, Caroline	Michaela,	Cornelius	Martin
Clara, Clair	Michelle	Collin	Niels
Diana	Natalie, Natalia	Dieter, Dietrich	Norbert
Doris	Nicola, Nikola	Dorian	Oskar, Oscar
Emilia, Emily	Olympia	Dustin	Philibert
Erna, Ernestine	Ornella	Engelbert	Ralf, Ralph
Eva	Patricia, Patrizia	Erich, Erik	Rainer
Frances	Priska, Priscilla	Ernst	Roy
Frauke	Renate, Renee	Falk, Falko	Siegfried
Friederike	Roberta, Robina	Gernot	Stefan, Steffen
Gabriele	Roxana	Gunnar	Torsten
Gloria	Sara, Sarah	Gunter, Günter	Tristan
Gudrun, Gunda	Scarlett	Harald, Harold	Victor, Viktor
Hedda	Tilda, Tilly	Hermann	Vincent
Helena, Helene	Ursula	Ignatius, Ignaz	Walter
Hildrun	Victoria, Viktoria	Igor	William
Isgard	Vivian	Kai	Wolfgang
Isolde	Zora	Karl, Carlo	Xavier

Stier   21. April bis 20. Mai

Der Planet Venus gibt dem Stier eine starke Emotionalität, Beziehungsfähigkeit und Zuverlässigkeit. Namen wie Hektor, „der Beständige" oder Spencer, „Versorger" stehen dafür. Der Stier liebt alles Natürliche, alles was mit Harmonie und Schönheit verbunden ist. Zum Element Erde besteht eine starke Bindung, daher passen Namen wie Georg, „Landmann", Peer/Peter, „Fels", oder Tara und Gaia (Erdgöttinnen der Antike). Auch Namen, die sich von Blühendem ableiten lassen, sind gut geeignet, wie Chloris, „blühend, frisch", oder Amaryllis, Floris und Chloe.

Amata	Irmgard	Achmed	Ibrahim
April	Jolande	Alexander	Jasper
Arabella	Konstanze	Alan, Allan, Alain	Jonathan
Astrid	Lea, Lee	Baldur	Juri
Bella	Leslie	Benedikt	Konstantin
Clivia	Lydia	Casper, Kasper	Lukas
Corinna	Mabel	Cornelius	Manfred
Cornelia	Miriam, Mirjam	Darius	Meinhard
Dagmar	Oda, Odette	David	Nathan
Daria, Darja	Olivia	Eberhard	Omar
Deborah	Petra	Emil	Odo
Desiree	Phyllis, Phillis	Erasmus	Patrick
Edith	Philine	Eugen	Peter
Estelle, Estrella	Rebecca, Rebekka	Fabian	Salomom
Esther	Ruth	Florian	Silvanus
Eveline, Evelyn	Sharon	Friedrich	Silvio
Gemma	Sulamith	Georg, George	Timon
Georgia, Georgina	Susanne	Glen, Glenn	Udo
Habiba	Ute	Göran	Veit
Harriet, Hatty	Vanessa	Gottfried	Vitus, Vito
Heidi	Viola, Violetta	Hamid	Waldemar
Inga, Inge	Vivian	Hektor	Wassili
Ingrid	Yusra	Heinrich, Henry	Yasir
Iris	Zita	Hugo	Zoltàn

Zwillinge   21. Mai bis 20. Juni

Der Zwilling ist kommunikativ und verfügt über hohe Intelligenz, Gedankenreichtum und Toleranz. Er steht unter dem Einfluss des Planeten Merkur, auch verehrt als geflügelter Götterbote und Schutzgott von Handel und Gewerbe. Die rhetorischen Fähigkeiten des Zwillings machen ihn zum Vermittler, zum Boten. Namen wie Amos, „Götterbote", oder Irene, „die den Frieden bringt", stehen dafür. Zum Zwilling passen auch Namen, die Freiheit, Licht und Intellekt assoziieren, etwa Eldora, „Geschenk der Weisheit", Frank und Franco, „freier Mensch", oder Abel, „der Hauch".

Anna	Iduna	Aaron	Jason
Apollonia	Iris	Alfred	Jona, Jonas
Anja	Ismena, Ismene	Arnold	Karl
Beatrix, Beatrice	Jennifer, Jenny	Baschir	Kenneth
Berenike	Karoline	Bodo, Botho	Konrad
Bianca, Bianka	Loni	Charles	Michael
Carola	Lucia, Lucy	Christoph	Mike, Micky
Claire, Klara	Manuela	Clark	Nathan
Clarissa	Marella	Donatus	Oliver
Consuela	Michaela	Emil	Ralf, Ralph
Dorothea	Paloma	Engelbert	Rochus
Emanuelle	Polly	Enoch	Rudolf
Eulalia	Polyxenia	Erasmus	Samuel
Faustina	Raphaela	Falk, Falko	Sebastian
Faye	Sally	Faust, Faustus	Serenus
Franka	Salome	Felix	Stig
Franziska	Sharleen	Franklin	Thomas
Frauke	Sibylle	Gottfried	Theodor
Gabriele, Gaby	Swetlana	Gregor	Timon
Gisela	Valentina	Guido	Ugo
Gracia, Grace	Veronika	Hagen	Uriel
Heidrun	Vivian, Vivienne	Hakim	Valentin
Hermine	Winnie, Winnifred	Hugo	Zacharias
Hilaria, Hillary	Xena, Xenia	Isaak	Zyriakus

Krebs   21. Juni bis 22. Juli

Der Krebs ist ein Empfindungs- und Erkenntnismensch. Sein fürsorgliches, familien-
orientiertes Wesen wird stark durch den Mond beeinflusst, daher eignen sich Namen
wie Lunetta, „kleiner Mond", oder Leila, „die Nacht". Krebse sind darauf bedacht,
das, was sie lieben, zu wahren, zu mehren und zu schützen. Daher passen Namen, die
für Jagd und Verteidigung stehen: Ivor, „Bogenträger", oder Diana (Göttin der Jagd)
sind Beispiele. Namen wie Alice, „von edler Art", Suzette, „Lilie", oder Thaddäus,
„Lobpreis", entsprechen der angenehmen Ausstrahlung des Krebses.

Agnes	Jenny	Achmed	Jonathan
Anke	Katharina	Anton, Antoine	Josef, Joschka
Annette	Käthe	Balthasar	Keith
Anuschka	Karin, Karen	Bernd	Lambert
Bernadette	Katja	Björn	Magnus
Berta, Bertha	Leila, Leyla	David	Matthias
Bionda	Lilian, Liliane	Dietrich	Marvin
Birla	Luna	Dominik	Nathan
Cynthia	Mabel	Edgar	Nobert
Delia, Della	Margarethe	Eduard, Edward	Orlando
Dunja	Merit	Erasmus	Oskar
Elfi, Elfriede	Mona	Eugen	Raimund
Emma	Nina	Guido	Rodger, Roger
Fiona	Peggy	Hannes, Hans	Roland
Greta, Grete	Phoebe	Harry	Rüdiger
Grit	Regina, Regine	Henrik	Samuel, Sam
Gwendolin	Rose, Rosa	Holger	Sebastian
Gwyneth	Sabrina	Horst	Silvester, Sylvester
Henrike, Henrika	Silvia, Sylvia	Humphrey	Silvio
Henriette	Sophie, Sophia	Ivan, Iwan	Thorben
Hertha, Herta	Susan, Susanne	Jan	Tobias
Ida	Undine	Jannik	Urs
Ina	Ulla	Jens	Witold
Ines	Ursula	Johannes	Zacharias

Löwe   23. Juli bis 22. August

Der Löwe ist robust, energisch und selbstbewusst. Er besitzt hervorragende Führungsqualitäten und Organisationstalent und nimmt die Herausforderung „Leben" an. Kein Wunder, denn die Sonne ist die Herrscherin des Zeichens. Namen, die Wärme, Pracht, Herrschaft und Lebenskraft assoziieren, bieten sich hier geradezu an. Beispiele sind: Aaron, „der von Gott Erleuchtete", Adalbert, „edel und glänzend", oder Leroy, „König". Da der Löwe als König der Tiere gilt, eignen sich auch Namen, die sich von „Löwe" ableiten lassen, wie Leonora, Leona oder Leonid.

Adelheid	Jana	Aaron	Johannes
Albertine	Jeanette	André	John
Alida	Johanna, Joanne	Andreas	Jonathan
Astrid	Klara, Clara	Arthur, Artur	Josef, Joseph
Aurelia, Aurelie	Lara	Austin, Austen	Kai
Bertha, Berte	Larissa	Basil, Basilius	Leo
Claire	Lea	Berthold, Bertold	Leon
Clarissa, Clarisse	Leonora, Leonore	Boris	Leopold
Cordelia, Cordula	Lucia, Lucie, Lucy	Darius	Magnus
Daniela	Michaela	Denis, Dennis	Marvin
Dorle, Dörthe	Nelly	Elmar	Matthias
Dorothea	Oda	Erich, Erik	Max, Maximillian
Elke	Regine, Regina	Eugen, Eugene	Melchior
Eleonore	Rike, Rika	Gabriel	Otfried
Ellen	Roswitha	Gildo	Otmar
Ethel	Roxana	Gisbert	Rex
Eugenie, Eugenia	Sara, Sarah	Hannes, Hans	Robert
Frauke	Seraphina	Heinrich, Hinrich	Robin
Gilda	Stephanie, Steffie	Herbert	Samson, Sam
Gloria	Tabea	Hubert	Sebastian
Hanna	Thea	Ian	Stefan, Stephan
Helene, Helena	Ute, Uta	Ivan	Victor, Viktor
Ilka	Ulrike, Ulrika	Jan	Vinzenz
Inga, Inge, Ingrid	Zara, Zarah	Jannik	Zacharias

Jungfrau 23. August bis 22. September

Die Jungfrau besitzt über einen klaren analytischen Verstand, ist realistisch, pflichtbewusst und hilfsbereit. Sie verfügt auch über Tugenden wie Mäßigung, Aufrichtigkeit und Loyalität. Daher passen alle Namen, die mit positivem Wirken oder mit erhabener Abstammung in Zusammenhang stehen. Beispiele für weibliche Jungfrauen sind: Agatha, „die Gute", Gleda, „die Freude Bringende", oder Imelda, „maßvoll, bescheiden". Zu männlichen Jungfrauen passen: Jason, „der Heilkundige", Elvis, „edler Freund", oder Trevor, „der Besonnene, Weise".

Agnes	Ina	Alfred	Hugo
Alisa	Ines	Alwin	Hubert
Beata, Beate	Ira	Barnabas	Ibrahim
Beatrice, Beatrix	Irene	Beat, Beatus	Jason
Birgit, Birgitta	Iris	Benedict, Benedikt	Johannes
Brigitte, Brigitta	Isa	Benjamin	Kenneth
Brit, Britta	Isabel, Isabella	Benno, Benny	Konrad
Cora, Corinna	Katharina	Chris	Lambert
Cosima	Karin, Karen	Christoph	Levin, Lewin
Debora, Deborah	Kathleen	Clark	Manfred
Despina	Liese, Lisa	Clemens, Klemens	Matthias
Doris	Lilli, Lilly	Dimitri, Dmitri	Meinhard
Eleonora	Melissa, Melitta	Eduard	Malchus
Elise, Elisa	Mercedes	Emil	Rafael, Raphael
Elisabeth	Nora, Noreen	Erasmus	Sebastian
Enid	Norina	Erwin	Severin
Farah	Olga	Felix	Simon
Fay, Fee	Pia	Fidel	Sven
Felicia, Felizia	Raffaela	Gabriel	Theophil
Felicitas	Samantha	Gottfried	Timon
Gila	Swetlana	Gregor	Titus
Gwendolin	Terese, Teresa	Hartwig	Tizian
Gwyneth	Valeria, Valerie	Hauke	Valentin
Helga	Zita	Helmar	Valerius

Waage   23. September bis 23. Oktober

Die Waage ist optimistisch und harmoniebedürftig, ständig sucht sie den Ausgleich. Sie ist intelligent und verfügt über eine hoch entwickelte Beziehungsfähigkeit. Eingedenk ihres friedlichen Wesens kommen Namen in Betracht, die für Frieden und Schönheit stehen. Annabella, „schöne Anna", Karim, „der Gütige"; Olivia und Oliver oder Paloma oder Jonas – Namen, die vom Ölzweig oder der Friedenstaube abgeleitet sind. Auch Namen, die auf die Natur oder friedliche Plätze verweisen, sind geeignet, wie Jolanthe, „Veilchen", Florian, „der Blühende", Lee, „vom Weideland stammend."

Ada	Inga, Inge, Ingrid	Alan, Allan, Allen	Ken, Kenny
Amanda, Mandy	Irina, Irena	Alex	Kenneth
Amina	Julia, Julie	Alfred	Kevin
Anna	Juliane, Juliana	Axel	Klaus
Arlene	Linda	Castor, Kastor	Konrad, Conrad
Astrid	Mabel	Clark, Clarke	Malchus
Aurelia	Magdalena	Clemens	Manfred
Belinda	Malwine	Dan	Miklós
Crescentia	Miranda	Daniel	Nick
Dagmar	Nancy	Dave	Niels
Daniela	Naomi	David	Niklas
Désirée	Philine	Ewald	Nikolaus, Nikolas
Dina, Dinah	Philomena	Ferdinand	Neal, Neil
Djamila	Rebecca, Rebekka	Florens	Otis
Edna	Rika	Fred, Fredy	Otfried
Esther	Ruth	Frederik	Patrick
Floriane	Sandra	Friedrich	Raimund
Friederike	Serena	Gilbert	Ramon
Freia, Freja	Shirley	Humphrey	Reinhold
Galina	Sigrid	Irenäus	Romeo
Grace	Sophia, Sophie	Jona	Salomon
Gratia, Grazia	Stella	Jost	Siegfried
Hanna	Vanessa	Justus	Valentin
Ida	Winifred, Winnie	Kasimir	Winfried

Skorpion   24. Oktober bis 22. November

Der Skorpion ist von sehr kämpferischer, energischer Natur und zeichnet sich durch Beharrlichkeit und Geduld aus. Kein Wunder, denn der Skorpion wird von Mars und Pluto beherrscht. Der Name eines Skorpions sollte also Kraft, Leidenschaft und Kampfeslust assoziieren. Klassische Beispiele sind Alexander/Alexandra, „Männer abwehrend", Andreas/Andrea, „der/die Mannhafte", oder Hildegard, „Kriegerin"; Brianna, „Stärke, Tapferkeit", und Geraldine, „die mit dem Speer herrscht". Auch Mars-Namen wie Martin, Markus oder Marcella sind gut geeignet.

Alexa, Alexis	Kim, Kimberley	Andreas, André	Konstantin
Andrea	Lara	Arno, Arne	Leopold
Arlette	Laura	Arnold	Louis
Astrid	Lorena	Bernd	Ludwig
Bernice, Berenike	Lotta	Bernhard, Bernard	Mark, Marlon
Bernadette	Louise, Luise	Boris	Marten
Brenda	Marcia	Calvin	Martin
Brunhilde	Martina	Colin	Nico
Camilla	Mathilde	Damian	Niels
Claire	Maud	Dietbold	Niklas
Charlotte	Nicola, Nicole	Dietrich	Nikolaus
Carola, Caroline	Ricarda	Dorian	Ortwin
Edith, Editha	Rixa	Eberhard	Rainer, Reiner
Ernestina	Rowena	Eckhard	Rochus
Eva, Eve, Evi	Sandra	Egmont, Egmund	Roland
Gabriela, Gabriele	Seraphina	Elmar	Sebald
Gerda	Sieglind	Erich, Erik	Siegfried
Gertrud, Gertrude	Sigrid	Gerald	Sven
Gudrun	Tilda, Tilla, Tilly	Günther	Tristan
Hedda, Hedwig	Trude	Harald	Victor, Viktor
Hilda, Hilde	Valentine	Hartwig	Vincent, Vinzenz
Hildegard	Victoria, Viktoria	Heiko	Walter
Isolde	Wilhelmina, Wilma	Heinrich	Wieland
Karla	Zoe	Klaus	Wolfgang

Schütze   23. November bis 21. Dezember

Der Schütze ist ein toleranter Freigeist mit klarem Verstand und Instinktsicherheit. Jupiter schenkt ihm Optimismus und Erfolg, er ist der Schlüssel zu den passenden Namen. Alle Namen, die Schönes, Positives assoziieren, eignen sich. Beispiele sind: Almut, „die edel Gesinnte", Elvira, „lebendig und zuverlässig", Vitalis, „der Lebenstüchtige", oder Thaddäus, „weise". Aber auch das Piktogramm des Schützen – Pferd, Pfeil und Bogen, die Kampf und Jagd assoziieren – bietet Möglichkeiten zur Namengebung, wie etwa Philipp, „Pferdefreund", oder Edmund, „Beschützer des Eigentums".

Abigail	Isabella	Alwin	Ingvar
Agatha, Agathe	Jacqueline	Ansgar	Isaac, Isaak
Anita	Jana, Janna	Asmund	Ivo
Anna	Janet	Barry	Jeremias, Jeremy
Ariadne, Ariane	Jasmin	Boie, Boje	Johannes
Beate	Jessica	Calvin	Jordan
Beatrice, Beatrix	Joanna, Johanna	Charles, Charlie	Karl, Carlo
Blandine	Joy	Damian, Damon	Lambert
Carola, Caroline	Kelley, Kelly	Darius	Leopold
Carlotta	Lätizia	Donatus	Marbert
Daria, Darja	Mirabell	Edgar	Marhold
Darleen	Nadine	Eliot, Elliot	Meinhard
Dora	Nadja	Emmerich	Olaf
Edna	Olympia	Eugen	Oscar, Oskar
Eduarde	Philippa, Pippa	Ewald	Raimund
Esmeralda	Ronja	Farold	Roger
Eva	Rosa	Ferdinand	Roswin
Felipa	Rosalinde	Florian	Rupert
Felizitas	Saphira	Friedemund	Servatius
Flora	Susanne	Gavin	Thaddäus
Gearldine	Thea, Theodora	Gernot	Theodor
Helga	Vera	Hartmut	Waldemar
Hilaria, Hillary	Verena	Hubert	Wilmut
Iris	Veronika	Hugo	Wladimir

Steinbock   22. Dezember bis 20. Januar

Der Steinbock besitzt gesunden Menschenverstand und ein ausgeprägtes Pflichtbewusst-sein. Zielstrebig, mit Beharrlichkeit, aber auch mit Vorsicht verfolgt er alle seine Pläne. Namen wie Norma, „Regel, Richtschnur", Sonja, „Weisheit", oder Brian, „stark und würdevoll", stehen für das Wesen des Steinbocks, das der Saturn stark beeinflusst; auch für harte, depressive Phasen ist er verantwortlich. Saturn und Steinbock werden häufig mit „Dunkel", der Farbe Schwarz, in Verbindung gebracht, daher passen auch Namen wie Douglas, „dunkler Strom", oder Maura, „die Maurin".

Aloisia	Laura	Adalbert	Laurenz, Lorenz
Amalia, Amelie	Laurentia	Aldous	Magnus
Andrea	Leila	Alois	Maurice
Bastienne	Magna	Andreas	Mauritius
Bina	Marta, Martha	Axel	Moritz
Birte	Maximiliane	Bastian	Nando
Brigitta, Brigitte	Medea	Bert	Nestor
Cara	Melanie	Brian, Bryan	Nikolaus
Celestina	Mildred	Brunhard	Nigel
Cleo, Clio	Nicola, Nicole	Cornelius	Noah
Cornelia	Nicolette	Corvinus	Noel
Dagmar	Prisca, Priscilla	Cyrill, Kyrill	Olaf
Daria, Darja	Prudentia	Desmond	Patrick
Erika	Rolanda, Rolande	Dieter	Richard
Esther	Roswitha	Dominik	Roland
Gila	Sally	Donald	Sebastian
Gisela	Saphira	Douglas	Sidney
Helene	Shannon	Erich, Erik	Sixten
Imke	Sophia, Sophie	Ernst	Tarek, Tarik
Ines	Thekla	Ewald	Timon
Irmgard	Tiffany	Frederic, Frederik	Titus
Katharina	Vita	Friedrich	Udo
Lale	Vivian, Viviane	Guido	Ulrich, Ullrich
Lamberta	Zita	Guntram	Wolfram

Wassermann   21. Januar bis 19. Februar

Der Wassermann ist von fantasievoller, idealistischer Natur. Er nimmt das Leben mit
Humor und ist stets hilfsbereit und großzügig gegen jeden. Der Name für einen Wassermann kann durchaus modern und ausgefallen sein, denn er liebt alles Neue und
und Ungewöhnliche. Passend sind also Namen, die Größe und Leichtigkeit assoziieren und etwas extravagant klingen, wie Chelsea, „Anlegestelle, Hafen", Elektra, „die
Strahlende", Neville, „von der großen Stadt". Gut geeignet sind auch Namen, die
sich auf Freundschaft beziehen wie Netis, „guter Freund", oder Amica, „Freundin".

Aglaia	Hanna, Hannah	Adrian	Harvey, Herwig
Allegra	Helena	Alban	Hugh
Alma	Hella	Alvar	Ian
Amanda	Imogen	Baptist, Batiste	Ivan, Iwan
Amata	Inka, Inken	Birger	Jan
Amy	Jane	Bronislaw	Janek
Ariadne	Janina, Janine	Cedric	Janis
Arlene	Jean	Chris	Janos, Janosch
Asta	Kirstine	Christo	John
Ava, Awa	Kristi	Clive	Jonas
Baptista, Batista	Lätizia	Cord	Jonathan
Blanda, Blandine	Lyn, Lynn	Dagobert	Knud, Knut
Candice	Melina	Dave	Konni
Candida	Melusine	David	Lazar
Cara, Kara	Milva	Einar	Lysander
Celestina	Muriel	Erasmus	Nathan
Columbina	Nastasja	Erwin	Raimund
Damaris	Nova	Esra	Reinhard
Davida, Davina	Oona	Faust	Saul
Doretta	Penelope	Ferdinand	Tasso
Elektra	Philine	Fiete	Thomas
Emmy	Roxana	Franklin	Urban
Frances	Silke	Fulbert	Xavier, Xaver
Franka	Undine	Gilbert	Zacharias

Fische   20. Februar bis 20. März

Der Fisch ist freundlich und sanft. Er wird stark von seiner Psyche gelenkt und lebt
gern in einer eigenen Traumwelt. Beherrscht vom Neptun, verfolgt der Fisch häufig
künstlerische Interessen und spirituelle Visionen. Der Name sollte der Nachdenklich-
keit, der Intuition und der Hingabe eines Fisches Rechnung tragen. Möglich sind etwa
Anna, „die Begnadete", oder Clemens, „der Milde". Für den „zarten" Fischcharakter
stehen aber auch Namen wie Alwine, „Elfenführerin", Placidus, „sanft, friedlich", oder
auch Guenevere, „weiße Wange, weiße Woge", und Morgan, „am Meer geboren".

Ann, Anne	Katharina	Alberich	Jochen
Annabel	Katja	Albin	Joris
Annika	Kora	Amos	Julius
Bianca, Bianka	Kristin	Christian, Chris	Karsten, Carsten
Cindy	Lana	Clemens	Kevin
Clementine	Liane	Dario, Darius	Kilian
Corina, Corinne	Linda	Denis, Dennis	Manfred
Delila	Lydia	Dominik	Marian
Denise	Mareike	Dylan	Mario
Desideria	Maria	Emil	Matthias
Fabia	Marilyn	Felix	Modest
Faye	Marisa	Finn	Nathan
Fiona	Marlies	Gottfried	Neal, Neil
Frauke	Nanette	Götz	Otto
Gilda	Pamela	Gratian, Grazian	Paul
Grazia	Paula	Gregor	Peter
Heidrun	Pauline	Hagen	Placido
Hulda	Rabea	Hassan	Rafael, Raphael
Imogen	Romy	Holm	Salvator, Salvatore
Jenna, Jenny	Swana	Ismael, Ismail	Sam, Samuel
Jennifer	Swetlana	Jaromir	Simon, Simeon
Juliet	Undine	Jaroslaw	Sven
Karen, Caren	Viviane	Jeremias	Tobias
Karina, Carina	Zita	Joachim	Zacharias

Männliche Vornamen

Aaron hebr., „der Erleuchtete".

Abdullah arab., „Knecht Allahs", Name zahlreicher Gefährten des Propheten.

Abel 1. hebr., „Vergänglichkeit"; 2. KF von → Adalbert; bekannter Namensträger: Abel Gance, franz. Filmregisseur (1889–1981).

Abi KF von → Abraham.

Abraham hebr., „Vater der Menschen, erhabener Vater"; bekannter Namensträger: Abraham Lincoln, am. Politiker, Präsident der USA (1809–1865).

Absalom hebr., „Vater des Friedens".

Achaz hebr., „der Herr hat ergriffen"; lat. Form: Achatius.

Achill aus dem Griech., von der griech. Sagengestalt Achilles.

Achim KF zu → Joachim.

Achmed arab., „lobenswert" oder „der Lobenswerte".

Adalbert Zus. aus ahd. adal, „edel, vornehm", und beraht, „glänzend"; bekannte Namensträger: Adalbert von Chamisso, dt. Dichter (1781–1838), Adalbert Stifter, österr. Dichter (1805–1868), Adalbert Matkowsky, dt. Schauspieler (1857–1909).

Adalbrand Zus. aus ahd. adal, „edel, vornehm", und brant, „feuriges (brennenden Schmerz verursachendes) Schwert".

Adalbrecht NF zu → Adalbert.

Adalrich Zus. aus ahd. adal, „edel, vornehm", und rihhi, „Herrschaft, Macht, Reich".

Adam hebr., „der Mensch, Mann aus Erde", einer der häufigsten Taufnamen des Mittelalters, später oft in Doppelnamen verwendet; bekannte Namensträger: Adam Ries, dt. Rechenmeister (1492–1559), Adam Elsheimer, dt. Maler (1578–1610), Adam Krieger, dt. Komponist (1634–1666), Adam Johann von Krusenstern, russ. Admiral (1770–1846).

Adamo ital. → Adam.

Adelbert NF zu → Adalbert.

Ado KF zu → Adolf.

Adolf Zus. aus ahd. adal, „edel, vornehm", und wolf, „Wolf"; seit 1945 stark zurückgegangen, weil der dt. Reichskanzler, Diktator und Hauptkriegsverbrecher Hitler diesen Vorn. in Misskredit brachte; bekannte Namensträger: Adolf von Nassau, dt. König (um 1250–1298), Adolf Glaßbrenner, dt. Dichter und Humorist (1810–1876), Adolf Busch, dt. Geiger (1891–1952).

Adolfo ital. → Adolf.

Adolph engl. → Adolf; bekannter Namensträger: Adolph Fhr. v. Knigge, dt. Schriftsteller (1752–1796).

Adolphe franz. → Adolf.

Adriaan niederl. → Adrian.

Adrian lat., der aus der Stadt Hadria (Adria) Stammende.

Adriano ital. → Adrian.

Adrien franz. → Adrian.

Ägidius aus dem Griech., auf den Schutzmantel oder Harnisch des Zeus und der Athene bezogen, etwa in der Bedeutung „Schildhalter"; durch die Verehrung des hl. Ägidius seit dem MA verbreitet, heute selten.

Ahmed NF zu → Achmed.

Aiman arab., sehr glücklich, gesegnet.

Akim KF zu → Joakim, → Joachim.

Alain franz. → Alan.

Alan kelt., zum Volksstamm der Alanen gehörend.

Alban lat., der aus der Stadt Alban Kommende.

Alberich Zus. aus ahd. alb, „Elf, Naturgeist", und rihhi, „Herrschaft, Macht, Reich".

Albert KF zu → Adalbert.

Albin 1. lat., „der Weiße"; 2. NF zu → Albuin.

Albrecht KF zu → Adalbrecht, → Adalbert; verbreiteter und beliebter als die UF; bekannte Namensträger: Albrecht der Bär, Markgraf der Lausitz und der Nordmark (um 1100–1170), Albrecht Dürer, dt. Maler (1471–1528), Albrecht Wenzel Eusebius von Wallenstein, dt. Feldherr (1583–1634).

Albuin Zus. aus ahd. alb, „Elf, Naturgeist", und wini, „Freund".

Aldo ital. KF von → Aldobrando, → Adalbrand.

Aldobrando ital. → Adalbrand.

Aleksandr russ. → Alexander.

Alessandro ital. → Alexander.

Alessio ital. → Alexis.

Alex KF zu → Alexander.

Alexander griech., „Beschützer" oder „Verteidiger", der „Männer Abwehrende"; beliebter Herrschername bei verschiedenen Völkern, auch Papstname; zahlreiche NF, Dichter, Gelehrte, Wissenschaftler und Künstler sind Namenpaten: Alexander von Humboldt (1769–1859), Alexander Pope (1688–1744), Telefon-Pionier Alexander Graham Bell (1847–1922), Penicillin-Erfinder Alexander Fleming (1881–1955), die Komponisten Alexander Borodin (1833–1887) und Alexander Skrjabin (1872–1915), Schachweltmeister Alexander Aljochin (1892–1946), die Schriftsteller Alexandre Dumas (pére: 1802–1870; fils: 1824–1895), Alessandro Volta (1745–1827), der Maler Sandro (ital. KF zu Alessandro) Botticelli (1445–1519), Ungarns Nationalheld Sándor (Sándor, ungar. KF zu Alexander) Petöfi (1823–1849).

Alexei russ. → Alexis; weitere Form: Alexej.

Alexis griech., „Hilfe" oder „Abwehr".

Alf KF zu → Adolf.

Alfons   Zus. aus ahd. hadu, „Kampf", und funs, „eifrig, bereit, willig"; erste Silbe angelehnt an adal, „edel".

Alfred   Zus. aus altengl. alf, „Elf, Naturgeist", und rad, „Rat(geber)".

Aljoscha   russ. KoF zu → Alexei.

Alois   romanisierte Form des ahd. Alawis, „der vollkommen Weise".

Aloys   NF zu → Alois.

Alrich   NF zu → Adalrich.

Alrik   niederdt. → Alrich.

Alto   KF zu Namen, die mit Adal- beginnen.

Alvaro   span., ursprüngl. Zus. aus ahd. al(a), „all, ganz", und wart, „Hüter, Wächter".

Alwin   Zus. aus ahd. adal, „edel, vornehm", und wini, „Freund".

Amadeo   span. → Amadeus, Zus. aus lat. ama, „Liebe", und deus, „Gott".

Amandus   lat., „der Liebenswerte".

Amatus   lat., „der Geliebte".

Ambros   NF zu → Ambrosius.

Ambrosius   griech., „der Unsterbliche".

Amin   arab. „treu, vertrauenswürdig, zuverlässig"; einer der Beinamen des Propheten Mohammed.

Amir   arab., „Befehlshaber, Anführer".

Anastasius   griech., „der Auferstandene".

Anatol   griech., „Sonnenaufgang".

Anatoli   russ. → Anatol.

Andi   KF zu → Andreas.

Andor   ungar. NF zu → Andras.

Andras   ungar. → Andreas.

André   franz. → Andreas.

Andrea   ital. → Andreas.

Andreas   griech., „der Tapfere" oder „der Mannhafte"; gehört zu den dauerhaft beliebten Vorn.; bekannte Namensträger: Andreas Gryphius, dt. Dichter (1616–1664), Andreas Schlüter, dt. Architekt, Bildhauer (1659–1714), Andreas von Bernstorff, dän. Staatsmann (1735–1797), Andreas Papandreou, griech. Politiker (1919–1996).

Andrej   russ. → Andreas.

Andrew   engl. → Andreas.

Andrijan   russ. NF zu → Andreas.

Andro   südslaw. KF zu → Andreas.

Andy   NF zu → Andi.

Angel   engl. und span. → Angelus.

Angelus   griech., „Engel" oder „Bote Gottes".

Anianus   griech./lat., „der Gequälte".

Anno   KF zu → Arnold.

Ansas   litau. → Hans.

Ansbald   Zus. aus ahd. ans, „Gott", und bald, „kühn, mutig, eifrig".

Ansbert   Zus. aus ahd. ans, „Gott", und beraht, „glänzend".

Anselm   Zus. aus ahd. ans, „Gott", und helm, „Helm".

Ansfried   Zus. aus ahd. ans, „Gott", und fried, „Frieden, Ruhe, Sicherheit, Schutz".

Ansgar   Zus. aus ahd. ans, „Gott", und ger, „Speer".

Answin   Zus. aus ahd. ans, „Gott", und wini, „Freund".

Anthony   engl. → Anton.

Anton   lat., abgel. vom altrömischen Geschlechternamen Antonius.

Antonio   ital. → Anton.

Arbogast   Zus. aus ahd. arbi, „Erbe", und gast, „Fremder".

Arcadius   lat., „der aus Arkadien".

Arend   niederdt. KF zu → Arnold.

Ari   1. niederl. KF zu → Arian; 2. KF zu → Aribert; 3. israel. KF zu → Ariel.

Arian   ostfries./niederl. NF zu → Adrian.

Aribert   roman. → Heribert.

Ariel   hebr., ara, „Held", und el, „Gott", also „Held Gottes". Name des Luftgeistes in Shakespeares Drama „Sturm".

Arkadi   russ. → Arcadius.

Armand   altfranz. → Hermann.

Armel   bretonischer Heiliger, Bedeutung unbekannt.

Armin   KF zu lat. → Arminius; nach dem Cheruskerfürsten Arminius.

Arminius   EF zu germ. Namen auf Ermen- oder Irmen-; von ermana, „allumfassend, groß".

Arn   KF zu → Arnold und → Arnulf.

Arnd   KF zu → Arnold.

Arne   dän./schwed. NF zu → Arnold.

Arnfried   Zus. aus ahd. arn, „Adler", und fridu, „Frieden".

Arnim   ahd. EF zu → Arn, „Adler".

Arno   KF zu → Arnold.

Arnold   ahd., „wie ein Adler herrschend".

Arnt   NF zu → Arnd.

Arnulf   Zus. aus ahd. arn, „Adler", und wolf, „Wolf".

Arthos   NF zu → Arthur.

Arthur   kelt., Bedeutung ungeklärt.

Artur   NF zu → Arthur.

Arturo   ital. → Arthur.

Arvid   NF zu → Arvit.

Arvit   Zus. aus nord. ari, „Adler", und vidr, „Baum, Wald".

Arwid   NF zu → Arvit.

Arwit   NF zu → Arvit.

Asbjörn   Zus. aus nord. as, „Gott", und „björn", Bär; weitere Form: Asbjorn.

Asis   arab., „mächtig, angesehen, edel, kostbar"; weitere Form: Aziz.

Askan   germ., „der aus der Esche stammt"; weitere Formen: Ascan, Ask.

Aslan   türk., „Löwe".

Asmund   Zus. aus germ. ans, „Gottheit", und munt, „Schutz der Unmündigen, Vormundschaft".

Asmus   KF zu → Erasmus.

Athanasios   griech., „der Unsterbliche".

Athanasius   lat. → Athanasios.

Attila   got., „Väterchen".

Atze   KoF zu → Arthur.

August   vom lat. Augustus, „der Erhabene", urspr. Beiname römischer Herrscher, den sie sich als Kaiser (→ Cäsar) in der Bedeutung „Mehrer des Reiches" zulegten; der Name diente als Programm:

Stanislaw II. August (1732–1798), Zygmunt II. August (1520–1572), Könige in Polen; weitere bekannte Namensträger: August von Platen, dt. Dichter (1796–1835), August Borsig, dt. Industrieller (1804–1854), August Bier, dt. Mediziner (1861–1949); bekannt auch der „dumme August" der Hanswurstiaden der Jahrmarktszeit.

Augustin   EF zu → August.

Aurelianus   EF zu → Aurelius.

Aurelius   lat. „der Goldene", der Schöne, altrömischer Geschlechtername.

Austen   niederdt. → Augustin, → August.

Austin   engl. → August.

Avo   roman. KF zu Namen mit der Stammsilbe Aba-, „Mann, Gatte".

Axel   schwed. KF für den biblischen Namen → Absalom, „Vater des Friedens"; bekannte Namensträger: Axel Oxenstierna, schwed. Staatsmann (1583–1654), Axel von Fersen, schwed. Kavalier und Liebhaber der Marie Antoinette (1755–1810).

Bakr   arab., „Kameljunges".

Baldemar   Zus. aus ahd. bald, „mutig", und mari, „berühmt".

Balder   NF zu → Baldur oder KF zu Vorn. mit Bald-.

Baldo   fries. KF zu Vorn. mit Bald-.

Balduin   Zus. aus ahd. bald, „mutig", und wini, „Freund"; Balduin war im MA Taufname der Grafen zu Flandern; weitere Formen: Balko, Bauwen, Balwin (engl.), Baldouin (franz.).

Baldur   nord., auf den altnord. Gott Baldr zurückgehend; in der altnord. Mythologie ist Baldur der Sohn Odins und Gott der Fruchtbarkeit und des Lichts.

Baldus   NF zu → Balthasar.

Balles   NF zu → Balthasar.

Balte   KF zu Vorn. mit Balt-.

Balthasar   hebr., bibl., eigentlich „Gott schütze sein Leben!"; seit dem MA in Deutschland verbreitet; Balthasar ist in der Bibel einer der Heiligen Drei Könige; heute selten gebraucht; bekannter Namensträger: Balthasar Neumann, dt. Baumeister (1687–1753), Balthasar Permoser (1651–1732), der Bildhauer des Dresdner Zwingers.

Balthes   NF zu → Balthasar.

Baltus   NF zu → Balte.

Balzer   NF zu → Balthasar.

Baptist   griech., eigentlich Beiname Johannes des Täufers; seit dem MA in kath., nach Gründung der Religionsgemeinschaft der Baptisten (1618) auch in ev. Familien verbreitet, heute selten.

Bardo   KF zu → Bardolf.

Bardolf Zus. aus dem ahd. barta, „Streitaxt", und wolf, „Wolf".

Bardulf NF zu Bardolf.

Barnabas bibl., eigentlich „Sohn der tröstlichen Weissagung"; außerdem Beiname des Leviten Joseph.

Barnaby engl. → Barnabas.

Barnàt ungar. → Bernhard.

Barnd NF zu → Bernhard.

Barthel KF zu → Bartholomäus.

Barthèlemy NF zu → Bartholomäus.

Barthold NF zu → Berthold.

Bartholomäus bibl., eigentlich „Sohn des Tolmai"; ein Jünger Jesu; bekannter Namensträger: Bartholomäus Welser, dt. Großkaufmann (1484–1561).

Bartholomè franz. → Bartholomäus.

Bartolomé span. Bartholomäus; bekannter Namensträger: Bartolomé Esteban Murillo, span. Maler (1617–1682).

Bartolomeo ital. → Bartholomäus; bekannter Namensträger: Bartolomeo Franceso Rastrelli, ital. Architekt, Erbauer des Winterpalais und Smolny-Klosters in St. Petersburg (1700–1771).

Baschir arab., „Freudenbote, Verkünder guter Nachricht".

Basil engl. → Basilius

Basilius griech., „der Königliche"; der hl. Basilius, Kirchenlehrer und Erzbischof von Casarea (um 330–379), vor allem in Osteuropa verehrt.

Bastian KF zu → Sebastian.

Bastien franz. → Bastian.

Batiste franz. → Baptist.

Battista ital. → Baptist.

Beat KF zu → Beatus, besonders in der Schweiz verbreitet.

Beatus lat., „der Glückselige", seltenere MF zu → Beate.

Beda 1. engl., geht auf den angelsächsischen Kirchenlehrer Beda (7./8. Jh.) zurück; 2. ungar KF zu → Benedikt.

Beeke fries. KF zu Vorn. mit Bert-.

Bela ungar. KF zu → Adalbert; bekannter Namensträger: Béla Bartók, ungar. Komponist (1881–1945).

Ben 1. KF zu → Benjamin; 2. hebr., „Sohn"; bekannter Namensträger: Ben Kingsley, engl. Schauspieler und Oscarpreisträger (geb. 1943).

Bendix NF zu → Benedikt.

Benedetto ital. → Benedikt.

Bènèdict franz. → Benedikt.

Benedicto span. → Benedikt.

Benedikt lat., „der Gesegnete"; durch Verehrung des hl. Benedikt von Nursia, Abt des Klosters Monte Cassino, im MA weit verbreitet, heute selten; bekannter Namensträger: Benedikt Dyrlich, dt.-sorbischer Schriftsteller, Lyriker (geb. 1951).

Bengt schwed./dän. → Benedikt.

Benito ital./span. KF zu → Benedikt.

Benjamin hebr., „Glückskind"; in der Bibel der jüngste Sohn von Jakob und Rahel; seit dem 16. Jh. in Deutschland geläufig; weitere Form: Bienes (schwäb.);

bekannte Namensträger: Benjamin Franklin, am. Physiker und Staatsmann (1706–1790), Benjamin Britten, engl. Komponist (1913–1976).

Bennet   engl. → Benedikt; NF: Bennett.

Benno   KF zu → Bernhard, → Benjamin und → Benedikt.

Benny   engl. KF zu → Benjamin.

Bernard   engl. und franz. zu → Bernhard; bekannte Namensträger: George Bernard Shaw, engl. Schriftsteller und Nobelpreisträger (1856–1950), Bernard Hinault, franz. Radsportler (geb. 1954).

Bernardo   ital. Form zu → Bernhard; bekannter Namensträger: Bernardo Bertolucci, ital. Filmregisseur (geb. 1941).

Bernát   ungar. → Bernhard.

Bernd   NF zu → Bernhard; weitere Formen: Bernt, Berend.

Bernhard   Zus. aus ahd. bern, „Bär", und harti, „hart"; dank Bernhard von Clairvaux, (Gründer des Zisterzienserordens, 1091–1153), seit dem MA weit verbreitet, im 19. Jh. neu belebt; bekannte Namensträger: Bernhard Grzimek, dt. Zoologe (1909–1989), Bernhard v. Bülow, dt. Politiker (1849–1929).

Bernhardin   EF zu → Bernhard.

Berni   KF zu → Bernhard.

Berno   KF zu → Bernhard.

Bero   KF zu → Bernhard.

Bert   KF zu → Berthold oder anderen Vornamen mit Bert-.

Bertfried   Zus. aus ahd. beraht, „glänzend", und fridu, „Frieden".

Berthold   Zus. aus ahd. beraht, „glänzend", und waltan, „walten, herrschen"; Herrschername der Zähringer, daher starke Verbreitung in Südwestdeutschland; im 19. Jh. durch Ritterdichtung und romantische Literatur neu belebt; bekannte Namensträger: Berthold von Regensburg, dt. Franziskaner (13. Jh.), Berthold von Henneberg, Erzbischof von Mainz (1442–1504), Berthold Schwarz, angeblicher Erfinder des Schießpulvers (14. Jh.).

Berti   KoF zu → Berthold oder anderen Vorn. mit Bert- oder -bert.

Berto   KF zu → Berthold.

Bertolt   NF zu → Berthold; bekannter Namensträger: Bertolt Brecht, dt. Schriftsteller und Theaterregisseur (1898–1956).

Bertram   Zus. aus ahd. beraht, „glänzend", und hraban, „Rabe"; durch die Verehrung des hl. Bertram, Bischof von Mans (7. Jh.), in Deutschland verbreitet; bedeutender Namensträger: Meister Bertram, deutscher Maler und Bildschnitzer (14. Jh.).

Bertrand   Zus. aus ahd. beraht, „glänzend", und rand, „Schild"; bekannte Namensträger: Bertrand de Born, franz. Minnesänger (12. Jh.), Bertrand Russel, engl. Mathematiker und Philosoph (1872–1970).

Bertrun   franz. NF zu → Bertram.

Bill engl. KF zu → William; weitere Formen: Billi, Billy; bekannte Namensträger: Bill Clinton, am. Politiker, 1993–2001, 42. Präsident der USA (geb. 1946), Bill Cosby, am. Fernsehstar (geb. 1937), Billy Joel, am. Rockmusiker (geb. 1949).

Billfried Zus. aus ahd. billi, „Schwert", und fridu, „Frieden".

Billhard Zus. aus ahd. billi, „Schwert", und harti, „hart".

Billo KF zu Vorn. mit Bill-.

Birger nord., „der Schützer".

Birk alemann. KF zu → Burkhard.

Bisch schweiz. KF zu → Baptist.

Björn schwed., „der Bär", weitere Form: Bjarne (dän.); bekannter Namensträger: Björn Borg, schwed. Tennisspieler (geb. 1956).

Blaise franz./engl. → Blasius; bekannter Namensträger: Blaise Pascal, franz. Philosoph, Mathematiker (1623–1662).

Blasius griech., Bedeutung unklar; seit dem MA verbreitet durch die Verehrung des hl. Blasius (Patron der Ärzte, Bauarbeiter, Schneider, Schuhmacher und Weber und außerdem einer der 14 Nothelfer); heute selten gewählt.

Blazek slaw. → Blasius.

Bob engl. KoF zu → Robert; bekannte Namensträger: Bob Dylan (eigentlich Robert Zimmermann), am. Folk-Rocksänger und Komponist (geb. 1941), Bob Marley, jamaikanischer Musiker (1945–1991).

Bobby engl. KoF zu Robert; bekannter Namensträger: Bobby Charlton, engl. Fußballspieler (geb. 1937).

Bogislaw slaw., zu russ. bog, „Gott", und slava, „Ruhm"; weitere Form: Boguslaw.

Bodo eigenständ. KF zu Vorn. mit Bodo- oder Bode-.

Bodomar Zus. aus ahd. bodo, „Bote", und mari, „berühmt".

Bodowin Zus. aus ahd. bodo, „Bote", und und wini, „Freund".

Bogdan slaw. → Theodor.

Bogumil slaw. → Gottlieb; weitere Form: Bohumil (tschech.).

Bohuslav tschech. → Bogislaw, bekannter Namensträger: Bohuslav Martinu, tschech. Komponist (1890–1959).

Boleslaw aus dem Slaw., zu russ. boleje, „mehr", und slava, „Ruhm", also: „der den Ruhm mehrt"; weitere Formen: Bolo, Bolko; bekannter Namensträger: Boleslaw Prus, poln. Schriftsteller (1847–1912).

Bonaventura aus dem Lat., eigentlich „gute Zukunft"; durch die Verehrung des hl. Bonaventura im MA verbreitet; heute selten.

Bonifatius aus dem Lat., eigentlich „der Wohltäter"; durch die Verehrung des hl. Bonifatius, Apostel der Deutschen, im MA weit verbreitet; außerdem trugen mehrere Päpste diesen Namen; weitere Formen: Bonifazius, Bonus.

Boppo   KoF zu → Baptist.

Borchard   NF zu → Burkhard.

Borg   niederl. KF zu → Burkhard.

Boris   slaw. KF zu Borislaw; durch den russ. Schriftsteller Boris Pasternak und seinen Roman „Doktor Schiwago" im deutschsprachigen Raum bekannt geworden und bis heute öfter gewählt; bekannte Namensträger: Boris Blacher, dt. Komponist (1903–1975), Boris Becker, dt. Tennisspieler (geb. 1967), Boris Jelzin, russ. Ex-Staatspräsident (geb. 1931).

Börries   niederl. KF zu → Liborius; bekannter Namensträger: Börries Freiherr von Münchhausen, dt. Dichter (1874–1945).

Bosse   niederl. KF zu → Burkhard.

Brand   Kurzform zu Vorn. mit -brand-, vor allem → Brandolf und → Hildebrand.

Brandolf   aus dem altdeutschen brant, „Brand", und wolf „Wolf".

Brian   aus dem kelt. bryn, „Hügel"; bekannte Namensträger: Brian Jones, engl. Rockgitarrist, ehem. Mitglied der Rolling Stones (1942–1969), Brian Eno, engl. Rockmusiker (geb. 1948).

Bronislaw   aus dem Slaw., zu russ. bronja, „Brünne, Panzer" und slava, „Ruhm".

Bronno   fries. → Bruno.

Brown   engl. → Bruno.

Bruce   anglonormann; Name eines schott. Adelsgeschlechts, bekannte Namensträger: Bruce Springsteen, am. Rocksänger (geb. 1949), Bruce Willis, am. Schauspieler (geb. 1955).

Brun   KF zu → Bruno; bekannt geworden durch den sächs. Missionar Brun von Querfurt (10./11. Jh.).

Bruno   aus ahd. brun „braun, der Braune"; im übertragenen Sinne „der Bär", sollte ursprünglich als Beiname seinem Träger die Eigenschaften eines Bären verleihen; im MA weit verbreitet, besonders beliebt im sächs. Herzogsgeschlecht; zu Beginn des 19. Jh. durch die Literatur neu belebt, heute selten; weitere Formen: Brun, Brown (engl.), Bronno (fries.), Brunone (italien.); bekannte Namensträger: Bruno Walter, dt. Dirigent (1876–1962), Bruno Frank, dt. Schriftsteller (1887–1945), Bruno Ganz, schweiz. Schauspieler (geb. 1941), Bruno Jonas, dt. Kabarettist (geb. 1952).

Brunohold   Zus. aus ahd. brun, „braun, der Braune", und waltan „walten, herrschen".

Brunone   ital. Form zu → Bruno.

Burk   oberdt. NF zu Burkhard, weitere Form: Bürk.

Burkhard   Zus. aus ahd. burg „Burg", und harti, „hart"; durch die Verehrung des hl. Burkhard, Bischof von Würzburg (8. Jh.), früher besonders in Franken und Schwaben verbreitet; weitere Formen: Burkhart, Burkart, Burchard, Burchart, Bork, Bosse (niederl.).

Burt   engl., unklarer Herkunft, eventuell am. KF zu → Burkhard; bekannte Namensträger: Burt Lancaster, am. Schauspieler (1913–1994), Burt Reynolds, am. Schauspieler (geb. 1936).

Caesar   lat., ursprünglich ein Beiname im Geschlecht der Julier oder aus dem lat. caedere, „schneiden"; weitere Form: Cäsar; bekannte Namensträger: Gajus Julius Caesar, röm. Feldherr und Staatsmann (100–44 v. Chr.), Axel Cäsar Springer, dt. Zeitungsverleger (1912–1985).

Cajus   NF zu → Kajus.

Calvin   aus dem Engl., auf den schweiz. Reformator Johannes Calvin zurückgehend; bekannter Namensträger: Calvin Klein, am. Modeschöpfer (geb. 1942).

Camille   franz. → Camillo.

Camillo   aus dem Ital., lat. Ursprungs, Beiname eines altröm. Geschlechts, von camilli (Bez. für edelgeborene Knaben), in Deutschland seit dem 19. Jh. verbreitet.

Can   türk., „Mensch mit Herz".

Carl   NF zu → Karl; bekannte Namensträger: Carl Zuckmayer, dt. Schriftsteller (1896–1977), Carl von Ossietzky, dt.

Publizist, Gegner des Nationalsozialismus (1889–1938), Carl Orff, dt. Komponist (1895–1982), Carl Lewis, am. Leichtathlet (geb. 1961).

Carlo   ital. → Karl; bekannter Namensträger: Carlo Schmid, dt. Politiker (1896–1979).

Carlos   span. → Karl; bekannter Namensträger: Carlos Santana, mexik.-am. Rockmusiker (geb. 1947).

Carol   rumän. Form zu Karl (als männl. Vorn. vom Amtsgericht Hamburg 1967 anerkannt, da der weibl. engl. Vorn. Carol im deutschsprachigen Raum nicht üblich ist).

Carsten   NF zu → Karsten.

Cary   engl. Form zu Carol; weitere Form:. Kerry (eingedeutscht); bekannter Namensträger: Cary Grant, am. Filmschauspieler (1907–1986).

Cäsar   eingedeutscht zu → Caesar.

Casimir   NF zu → Kasimir.

Caspar   NF zu → Kasper.

Cassius   aus dem Lat., altröm. Geschlechtername; bekannter Namensträger: Cassius Clay, später bekannt als Muhammad Ali, Olympiasieger, dreifacher am. Weltmeister im Schwergewichtsboxen (geb. 1942).

Cedric   engl., von Walter Scott für eine Figur seines Romans „Ivanhoe" erfunden; ungenaue Wiedergabe des angelsächs. Königsnamens Cerdic.

Celestino   ital. → Cölestin.

César franz. → Caesar; bekannter Namensträger: César Franck, franz.-belg. Dirigent und Komponist (1822–1890).

Cesare ital. → Caesar.

Chalid muslim., „ewig, beständig", weitere Form: Khalid.

Charles franz./engl. → Karl; andere Formen: Charley, Charlie, Charly; bekannte Namensträger: Charles Dickens, engl. Schriftsteller (1812–1870), Charles Chaplin, am. Filmschauspieler und Regisseur (1889–1977), Charles Lindbergh, Atlantik-Flieger (1902–1974), Charles de Gaulle, franz. General und Staatsmann (1890–1970).

Charley engl. KoF zu → Karl; weitere Form: Charly.

Chlodwig altfränk. → Ludwig; altfränkischer Königsname, heute selten; bekannter Namensträger: Chlodwig VI. Fürst zu Hohenlohe-Schillingsfürst, dt. Politiker, Reichskanzler (1819–1901).

Chris KF zu → Christian, → Christophorus.

Christiaan niederl. → Christian; bekannte Namensträger: Christiaan Huygens, niederl. Physiker und Mathematiker (1629–1695), Christiaan Barnard, südafrikan. Herzchirurg (1922–2001).

Christian aus dem Lat., griech. Ursprungs, eigentlich „der Christ"; seit der Reformation vor allem in Norddeutschland weit verbreitet, bis heute sehr beliebt und häufig gewählt; andere Formen: Christinus, Carsten, Karstan, Chrestien, Karsten, Kersten (niederl.), Kirsten, Chris (engl.), Kristian (schwed.); bekannte Namensträger: Christian Dietrich Grabbe, dt. Dramatiker (1801–1836), Christian Doppler, österr. Physiker (1803–1853), Hans Christian Andersen, dän. Märchendichter (1805–1875), Christian Morgenstern, dt. Lyriker (1871–1914), Christian Dior, franz. Modeschöpfer (1905–1957).

Christinus latinisierte NF zu → Christian.

Christo bulgar. KF zu → Christopher; bekannter Namensträger: Christo, am. Verpackungskünstler (geb. 1935).

Christoffer NF zu → Christopher.

Christoforo ital. → Christopher.

Christoph NF zu → Christopher; weitere Formen: Christof; bekannte Namensträger: Christoph Kolumbus, span. Seefahrer (1446–1506), Christoph Willibald Gluck, dt. Komponist, Erneuerer der europäischen Oper (1714–1787), Christoph Martin Wieland, dt. Dichter (1733–1813).

Christophe franz. → Christopher.

Christopher aus dem Griech., eigentlich „Christus-Träger"; der hl. Christophorus soll der Legende nach das Christuskind durch einen Fluss getragen haben; einer der 14 Nothelfer, Patron der Schiffer, Kraftfahrer und Piloten; im MA weit verbreitet und in den NF auch heute noch oft gewählt; andere Formen: Christoph, Christoffer, Stoffel, Toffel, Christophorus (lat.), Christopher, Chris (engl.), Christophe (franz.), Christoforo (italien.), Christo (bulgar.), Krysztof (slaw.), Kristoffel (niederl.), bekannter Namensträger: Christopher Marlowe, engl. Dramatiker (1564–1593).

Clark engl., lat. Ursprungs, eigentlich „der Geistliche"; weitere Formen: Clarke, Clerk (engl.); bekannter Namensträger: Clark Gable, am. Filmschauspieler (1901–1960).

Class NF zu → Klaus.

Claude franz. → Claudius; bekannte Namensträger: Claude Debussy, franz. Komponist (1862–1918), Claude Simon, franz. Schriftsteller (geb. 1913); außerdem: weibl., franz. Form zu → Claudia, eindeutiger Zweitname erforderlich.

Claudio ital. Form zu → Claudius; bekannte Namensträger: Claudio Monteverdi, ital. Komponist (1567–1643), Claudio Abbado, ital. Dirigent (geb. 1933).

Claudius lat., eigentlich „aus dem Geschlecht der Claudier"; bekannt geworden durch den röm. Kaiser Tiberius Claudius Nero (10 v. Chr.–54 n. Chr.); weitere Formen: Klaudius, Claudio (ital.), Claude (franz.).

Claus NF zu → Klaus.

Clemens lat, eigentlich „der Milde, der Gnädige"; weitere Formen: Klemens, Clement (engl./franz.); bekannte Namensträger: Clemens Brentano, dt. Dichter (1778–1842), Clemens August Graf von Galen, Bischof von Münster (1878–1946), Clemens Krauss, dt. Dirigent (1893–1954).

Cliff KF zu → Clifford; bekannter Namensträger: Cliff Richard, engl. Popsänger (geb. 1941).

Clifford engl., auf engl. Familien- und Ortsnamen zurückgehend.

Clint KF zu → Clinton; bekannter Namensträger: Clint Eastwood, am. Schauspieler (geb. 1930).

Clinton engl., Bedeutung unklar.

Cölestin lat., eigentlich „der Himmlische"; weitere Form: Celestino.

Colin engl. KF zu → Nikolaus.

Conny engl. KoF zu → Konrad; weitere Formen: Conni, Connie.

Conrad NF zu → Konrad.

Constantin NF zu → Konstantin.

Corbinian NF zu → Korbinian.

Cord NF zu → Kord; weitere Form: Cordt.

Cornelius lat., nach dem altröm. Geschlechternamen der Cornelier; weitere Formen: Kornelius, Corell (engl.), Nelles, Niels.

Corvinus lat., „kleiner Rabe", vom Beinamen zum selbstständigen Namen entwickelt.

Curd NF zu → Kurd und → Kurt; weitere Form: Curt; bekannter Namensträger: Curd Jürgens, dt. Schauspieler (1915–1982).

Curt   KF von → Conrad.

Cyrill   KF zu → Cyrillus.

Cyrillus   griech. eigentlich „der zum Herrn Gehörende"; durch den hl. Cyrillus, Kirchenlehrer und Bischof von Jerusalem (4. Jh.), im MA verbreitet, aber heute selten gewählt; weitere Formen: Kyrillus, Cyrill, Kyrill.

Dag   skand. KF zu Vorn. mit Dag- oder -dag; weitere Formen: Dagino.

Dagobert   Zus. aus dän. dag, „Tag", und ahd. beraht, „glänzend"; durch die Merowinger und ihre Könige bekannt geworden; im 19. Jh. neu belebt; Walt Disneys Trickfilmfigur Dagobert Duck machte den Vorn. weltberühmt.

Dagomar   Zus. aus dän. dago, „gut", und ahd. mari, „berühmt".

Damian   aus dem Griech., „der aus dem Volk", weitere Form: Demian.

Dan   KF zu → Daniel.

Daniel   bibl., hebr. Ursprungs, eigentlich „Gott ist mein Richter"; schon früh in Deutschland verbreitet, bis heute überaus beliebt; weitere Formen: Dan, Dano, Danny (engl.), Danilo (russ.), Daniil

(balt.), Dános (ungar.); bekannte Namensträger: Daniel Chodowiecki, dt. Grafiker und Maler (1726–1801), Daniel Defoe, engl. Schriftsteller (1660–1731).

Dankmar   Zus. aus ahd. dank, „Gedanke", und mari, „berühmt"; weitere Formen: Tamme, Thankmar.

Dankrad   Zus. aus ahd. dank „Gedanke", und rat, „Ratgeber"; weitere Formen: Tankred, Dankrat.

Dankwart   Zus. aus ahd. dank, „Gedanke", und wart, „Hüter"; bekannt geworden durch das Nibelungenlied.

Danny   engl. KF zu → Daniel; bekannter Namensträger: Danny de Vito, am. Schauspieler (geb. 1944).

Dano   KF zu → Daniel.

Dános   ungar. → Daniel.

Dario   ital. → Darius.

Darius   aus dem Lat., auf pers. Königsnamen zurückgehend; bekannter Namensträger: Darius Milhaud, franz. Komponist (1892–1974).

Dariusz   poln. → Darius.

David   bibl., hebr. Ursprungs, eigentlich „der Geliebte"; in der Bibel besiegt David den Riesen Goliath; seit dem späten MA in Deutschland verbreitet, der auch heute noch oft gewählt; weitere Formen: Davy, Dawid, Dawit; bekannte Namensträger: David Hume, engl. Philosoph und Historiker (1711–1776), David Livingstone, engl. Forschungsreisender (1813–1873), Caspar David Friedrich, dt. Maler

(1774–1840), David Oistrach, russ.
Violinvirtuose (1908–1974), David
Ben Gurion, israel. Staatsmann (1886–
1973), David Bowie, engl. Rockmusiker
(geb. 1948).

Dave   engl. NF zu → David.

Davide   ital. → David.

Davis   engl. NF zu → David.

Debald   niederl. → Dietbald.

Deddo   fries. KF zu → Dietrich und
anderen Vorn. mit Diet- oder De-; weitere Formen: Dedo, Dedde.

Degenhard   Zus. aus ahd. degan, „junger Krieger“, und „harti“, hart.

Demetrius   griech., eigentlich „Sohn der
Erdgöttin Demeter“; in abgeleiteten Formen vor allem im slaw. Raum weit verbreitet; weitere Formen: Dimitri, Dimitrij
(russ./bulgar), Dmitri, Mitja (slaw.).

Denis   franz. → Dionysius, bekannter
Namensträger: Denis Diderot, franz. Philosoph (1713–1784).

Dennis   engl. → Dionysius; bekannte
Namensträger: Dennis Hopper, am.
Schauspieler und Regisseur (geb. 1936),
Dennis Russel Davis, am. Dirigent (geb.
1944), Dennis Quaid, am. Schauspieler
(geb. 1954).

Derek   fries. NF zu → Dietrich.

Derik   fries. NF zu → Dietrich.

Desiderius   lat., eigentlich „der
Ersehnte“; Name des letzten Lango-
barden-Königs (8. Jh.); weitere Form:
Didier (franz.).

Desmond   aus dem Engl., „Beschützer
des Volkes“; bekannter Namensträger:
Desmond Tutu, südafrikan. Bischof
(geb. 1931).

Detlef   niederl. → Dietlieb (heute unge-
bräuchlich, eigentlich „Sohn des Volkes“);
weitere Formen: Detlev, Delf, Tjalf, Tja-
de, Detlof (schwed.); bekannter Namensträger: Detlev v. Liliencron (1844–1909).

Detmar   niederl. → Dietmar.

Dewald   niederdt. → Dietbald.

Dick   engl. KF zu →Richard.

Didi   fries. KF zu → Dietrich.

Diebald   NF zu → Dietbald.

Diede   fries. KF zu → Dietrich.

Diedrich   NF zu → Dietrich.

Diego   span. Form zu → Jakob, zusam-
mengezogen aus → Santiago; bekannter
Namensträger: Diego Rivera, mexikan.
Maler (1886–1957).

Diemo   KF zu → Dietmar.

Dietbald   Zus. aus ahd. diot, „Volk“,
und bald, „kühn“; weitere Formen: Diebold, Deotpold, Theobald (lat.), Debald,
Dewald (niederl.).

Dietbert   Zus. aus ahd. diot, „Volk“,
und beraht, „glänzend“.

Dietbrand   Zus. aus ahd. diot, „Volk“,
und brant, „Brand, brennendes Schwert“.

Dieter   KF zu → Dietrich; seit dem MA
durch das Nibelungenlied weit verbreitet,
bis heute häufig gewählt; bekannte Namensträger: Dieter Borsche, dt. Schauspieler (1909–1982), Dieter Hildebrandt,

dt. Kabarettist (geb. 1927), Dieter Hallervorden, dt. Kabarettist (geb. 1935).

Dietger Zus. aus ahd. diot, „Volk", und ger, „Speer".

Diethard Zus. aus ahd. diot, „Volk", und harti, „hart".

Diethelm Zus. aus ahd. diot, „Volk", und helm, „Helm, Schutz".

Diether NF zu → Dieter.

Dietmar Zus. aus ahd. diot, „Volk", und mari, „berühmt"; im MA vor allem in der latinisierten Form Theodemar weit verbreitet; weitere Formen: Dimo, Timmo, Thiemo, Thietmar, Dittmer, Dittmar, Detmar (niederl.); bekannter Namensträger: Dietmar Schönherr, österr. Schauspieler (geb. 1926).

Dietram Zus. aus ahd. diot, „Volk", und hraban, „Rabe".

Dietrich Zus. aus ahd. diot, „Volk", und rihhi, „reich, mächtig"; weitere Formen: Diedrich, Ditrich, Dieterik, Dirk, Diede, Didi, Tilo, Tillmann, Till, Derk, Derek, Derik, Diez, Deddo, Teetje, Tido, Tiede (fries.), Derrick (engl.); bekannte Namensträger: Dietrich Fischer-Dieskau, dt. Sänger (geb. 1925), Dietrich Bonhoeffer, dt. Theologe, Widerstandskämpfer (1906–1945).

Dietwald Zus. aus ahd. diot, „Volk", und waltan, „walten, herrschen".

Dietwolf Zus. aus ahd. diot, „Volk", und wolf, „Wolf"; weitere Form: Dietolf.

Diez fries. KF zu → Dietrich.

Diktus KF zu → Benedikt(us).

Dimitri russ. → Demetrius.

Dimo KF zu Namen, die mit Diet- gebildet werden.

Dino ital. KF zu Namen, die auf -dino enden (Bernardino, Corradino).

Dionysius griech., eigentlich „der dem Gott Dionysos Geweihte"; durch die Verehrung des hl. Dionysius, erster Bischof von Paris und einer der 14 Nothelfer, im MA verbreitet; weitere Formen: Dionys, Dinnies, Dion, Denis (franz.), Dennis (engl.), Denes (ungar.).

Dirk KF zu → Dietrich; weitere Form: Dierk.

Djafar arab., „Bach, Fluss", weitere Form: Djaafar.

Dmitri russ. → Demetrius; bekannter Namensträger: Dmitri Schostakowitsch, russ. Komponist (1906–1975).

Dobby engl. KoF zu → Robert.

Dolf KF zu Vorn. mit -dolf, vor allem zu Rudolf; bekannter Namensträger: Dolf Sternberger, deutscher Publizist und Politologe (1907–1989).

Dom KF zu → Dominik.

Domenico ital. → Dominikus.

Domingo span. → Dominikus.

Dominic engl. → Dominikus.

Dominik dt. → Dominikus.

Dominikus lat., eigentlich „dem Herrn gehörend"; der Spanier Dominikus Guzman gründete 1215 den Dominikanerorden.

Dominique männl., französ. Form zu Dominikus; wg. Verwechslungsgefahr mit der gleich lautenden WF als männl. Vorname in Deutschland abgelehnt, obwohl in der Schweiz gebräuchlich.

Don KF zu → Donald; bekannter Namensträger: Don Johnson, am. Schauspieler (geb. 1949).

Donald engl., kelt. Ursprungs, eigentlich „der Mächtige"; weltbekannt geworden durch die Disneyfigur Donald Duck; bekannter Namensträger: Donald Sutherland, kanad. Schauspieler (geb. 1934).

Donatus lat., eigentlich „Geschenk (Gottes)"; weitere Formen: Donat, Donatien (französ.), Donato (span./ital.).

Dorian engl./griech. Ursprungs, eigentlich „der Dorer"; bekannt geworden durch Oscar Wildes Roman „Das Bildnis des Dorian Gray".

Douglas engl., kelt. Ursprungs, eigentlich „dunkelblau"; auch schott. Fluss- und Familienname.

Drewes niederl. KF zu → Andreas.

Dudo fries. KF zu → Ludolf.

Durs Herkunft und Bedeutung nicht sicher geklärt; besonders in Südwestdeutschland und in der Schweiz verbreitet; bekannter Namensträger: Durs Grünbein, dt. Lyriker (geb. 1962).

Dustin engl., wahrscheinlich auf einen Familiennamen zurückgehend; bekannter Namensträger: Dustin Hoffmann, am. Schauspieler (geb. 1937).

Dylan engl., auf walisische Legenden zurückgehend; bekannter Namensträger: Dylan Thomas, walisischer Dichter (1914–1953).

Ebbo fries. KF zu Vorn. mit Eber-.

Eber KF zu Vorn. mit Eber-.

Eberhard Zus. aus ahd. ebur, „Eber", und harti, „hart"; seit dem MA bekannt, bis 1950 verbreitet, seitdem stark zurückgegangen; als Name württembergischer Herrscher beliebt; bekannter Namensträger: Eberhard im Barte, württemberg. Herzog (1445–1496).

Eckart KF zu → Eckehard; weitere Formen: Eckard, Eckhart, Ekard, Eckhard, Eck.

Eckbert Zus. aus ahd. ecka, „Speerspitze", und beraht, „glänzend"; weitere Formen: Egbrecht, Ebbert.

Ecke KF zu → Eckehard.

Eckehard Zus. aus ahd. ecka, „Speerspitze", und harti, „hart"; seit dem MA durch die Sagengestalt des treuen Eckehard bekannt und beliebt; andere Formen: Eckehart, Eginhard, Eckhard, Egge, Edsart, Edsert (fries.).

Ed KF zu → Eduard.

Eddie KoF zu → Ed.

Eddy aus dem Engl., KF zu → Eduard.

Ede KF zu → Eduard.

Edgar engl. → Otger; in Deutschland im 19. Jh. durch Shakespeares Drama „König Lear" bekannt geworden, in Adelskreisen beliebt; weitere Formen: Edgard, Ed, Eddy; bekannte Namensträger: Edgar Allan Poe, am. Schriftsteller (1809–1849), Edgar Wallace, engl. Kriminalschriftsteller (1875–1932), Edgar Degas, franz. Maler (1834–1917), Edgar Reitz, dt. Filmregisseur (geb. 1932).

Edgard NF zu → Edgar.

Edmund aus dem Engl., Zus. aus altengl. ead, „Besitz", und munt, „Schutz, Vormundschaft"; weitere Formen: Edmond, Otmund, Edmondo (ital.), bekannter Namensträger: Edmund Stoiber, bayer. Politiker (geb. 1941).

Edmond franz. Edmund; bekannter Namensträger: Edmond de Goncourt, franz. Schriftsteller (1822–1896).

Edoardo ital. → Eduard; weitere Form: Odoardo.

Édouard franz. → Eduard.

Eduard eingedeutschte Form zu → Edward; durch die Gestalt des Édouard in Rousseaus Roman „Julie" (1761) und durch den Eduard in Goethes „Wahlverwandschaften" (1809) bekannt geworden, heute selten gewählt; bekannte Namensträger: Eduard von Hartmann, dt. Philosoph (1842–1906), Eduard Mörike, dt. Schriftsteller (1804-1875).

Edvard norweg. → Eduard; bekannte Namensträger: Edvard Grieg, norweg. Komponist (1843–1907); Edvard Munch, norweg. Maler und Grafiker (1863–1944).

Edward engl. → Eduard.

Edwin engl. → Otwin.

Edzard fries. → Eckehard; bekannter Namensträger: Edzard Reuter, dt. Industriemanager (geb. 1928).

Egbert NF zu → Eckbert.

Eginhard NF zu → Eckehard.

Egino KF zu Vorn. mit Egin-.

Egmund Zus. aus ahd. ecka, „Speerspitze", und munt „Schutz der Unmündigen, Vormundschaft"; weitere Form: Egmont (niederl.).

Egon KF zu → Egino; seit dem ausgehenden MA gebräuchlich, heute selten; bekannter Namensträger: Egon Erwin Kisch, Journalist und Schriftsteller (1885–1948), Egon Schiele, dt. Grafiker (1890–1918).

Ehm fries. Form zu Vorn. mit Egin-; bekannter Namensträger: Ehm Welk, dt. Schriftsteller (1884–1966).

Ehrenfried 1. pietistische Neuprägung, eigentlich „Ehre den Frieden!"; 2. NF zu → Arnfried.

Ehrhard NF zu → Erhard.

Eike niederdt., KF zu Vorn. mit Ecke-; bedeutender Namensträger: Eike von Repgow (13. Jh.), Verfasser des „Sachsenspiegels".

Einar nord., Zus. auf altisländ. einn, „allein", und herr, „Heer, Krieger", also etwa „der allein kämpft".

Eitel „rein, unverfälscht, pur" früher meist in Verbindung mit einem anderen Namen, drückte aus, dass der Namensträger nur einen einzigen Vorn. hat, z. B. Eitelfritz, Eiteljörg, Eitelwolf, im Gegensatz zu den in Adelskreisen üblichen drei und mehr Vorn., heute ist er auch als alleiniger Vorn. anerkannt.

Ekin türk., „Saat, Getreide, Korn".

Ekkehard NF zu → Eckehard.

Elias bibl., hebr. Ursprungs, eigentlich „Mein Gott ist Jawe"; der Name des Propheten Elias ist seit dem MA gebräuchlich; um 1900 vorwiegend von jüdischen Familien bevorzugt, gegenwärtig selten gewählt; andere Formen: Ellis (engl.), Elie (franz.), Eliano (ital.), Ilja (russ.), bekannter Namensträge: Elias Holl, dt. Baumeister (1573–1646), Elias Canetti, Schriftsteller (1905–1994).

Elie franz. → Elias.

Ellis engl. → Elias.

Elmar KF zu → Egilmar.

Elton engl., von altengl. Herkunftsbezeichnung abgeleitet; bekannter Namensträger: Elton John, engl. Rockmusiker (geb. 1947).

Elvis NF zu → Alwin, Elwin.

Emanuel NF zu → Immanuel; weitere Formen: Mano, Emmanuel (engl./franz.), Emanuele, Manuele, Manolo (ital.), Manuel (span.), Mani; bekannter Namensträger: Emanuel Geibel, dt. Dichter (1815–1884).

Emil aus dem Franz., lat. Ursprungs, vom altröm. Geschlechternamen Aemilius; im 18. Jh. durch Rousseaus Roman „Émile oder über die Erziehung" in Deutschland beliebt geworden, um 1900 Modename, heute selten gewählt; weitere Formen: Émile (franz.), Emilio (ital./span.), Milko (slaw.); bekannte Namensträger: Emil von Behring, dt. Bakteriologe (1854–1917), Emil Nolde, dt. Maler (1867–1956).

Émile franz. → Emil; bekannter Namensträger: Émile Zola, franz. Schriftsteller (1840–1902).

Emilio ital./span. → Emil.

Emin türk., „der Furchtlose".

Emmerich NF zu Amalrich, Zus. aus Amal- (auf germ. Stamm der Amaler bezogen) und ahd. rihhi, „reich, mächtig", weitere Formen: Emerich, Emmo, Amery (engl.), Imre (ungar.) Emerigo (span.).

Emmo KF zu Vorn. mit Erm- und zu → Emmerich.

Endres NF zu → Andreas oder → Heinrich; weitere Formen: Enders, Endris, Endrich, Endrik.

Engelbert Zus. aus dem Stammesnamen der Angeln und ahd. beraht, „glänzend"; weitere Formen: Engelbrecht, Bert; bekannter Namensträger: Engelbert

Humperdinck, dt. Komponist (1854–1921).

Engelhard   Zus. aus dem Stammesnamen der Angeln und ahd. harti, „hart".

Ennio   ital., aus altröm. Geschlechternamen Ennius hervorgegangen.

Enno   KF zu Vorn. mit Egin- oder Ein-.

Enoch   aus dem Walis., „Lehrer"; Titelfigur in Ottmar Gersters Oper „Enoch Arden".

Enrico   ital. → Heinrich; weitere Formen: Enzio, Enzo, Enrique (span.), Enrik, Enric (niederländ.); bekannte Namensträger: Enrico Caruso, ital. Tenor (1873–1921), Enzo Ferrari, ital. Automobilfabrikant (1898–1988).

Enver   türk., „der hell Strahlende".

Ephraim   bibl., hebr: Ursprungs, eigentlich „doppelt fruchtbar"; in der Bibel der zweite Sohn von Joseph; weitere Formen: Efraim, Efrem, Jefrem; bekannter Namensträger: Gotthold Ephraim Lessing, dt. Schriftsteller (1729–1781).

Erasmus   griech., eigentlich „der Lebenswerte"; durch die Verehrung des hl. Erasmus, einer der 14 Nothelfer und Patron der Drechsler und Schiffer, im MA verbreitet, heute selten gewählt; andere Formen: Asmus, Rasmus, Erasme (franz.), Erasmo, Elmo (ital.); bekannter Namensträger: Erasmus von Rotterdam, niederländ. Humanist (1465–1536), Erasmus Schöfer, dt. Schriftsteller (geb. 1931).

Erkan   türk., „lebendig, gesund".

Erhard   Zus. aus ahd. Era, „Ehre, Ansehen", und harti, „hart"; weitere Formen: Erhart, Ehrhard, Hard, Errit (fries.).

Eric   engl. → Erich.

Erich   Zus aus ahd. era, „Ehre, Ansehen", und rihhi, „reich, mächtig"; weitere Form: Eirik (norweg.); bekannte Namensträger: Erich Kästner, dt. Schriftsteller (189–1974), Erich Maria Remarque, dt. Schriftsteller (1898–1970).

Erik   dän./schwed. → Erich.

Ernest   engl. → Ernst.

Ernestino   span/ital. EF zu → Ernst.

Ernesto   span./ital. → Ernst.

Ernö   ungar. → Ernst.

Ernst   aus ahd. ernust, „Ernst, Entschlossenheit zum Kampf"; im MA durch die Legenden um Herzog Ernst bekannt; andere Formen: Ernestus (lat.), Arnóst (tschech.); bekannte Namensträger: Ernst Barlach, dt. Bildhauer und Grafiker (1870–1938), Ernst Reuter, dt. Politiker (1889–1953).

Errol   engl., auf schott. Familien- und Ortsnamen zurückgehend.

Erwin   Zus aus ahd. heri, „Heer, Kriegsvolk", und wini, „Freund"; um 1900 Modename, heute selten gewählt; weitere Formen: Irving, Irwin (engl.).

Esteban   span. → Stephan.

Étienne   franz. → Stephan.

Eugen   griech., eigentlich „der Wohlgeborene"; seit dem MA als Papstname bekannt, aber erst im 18. Jh. durch Prinz Eugen von Savoyen populär geworden, heute seltener gewählt; weitere Formen: Eugenio (ital.(span.), Eugéne (franz.), Gene (engl.), Jenö (ungar.); bekannte Namensträger: Eugen Bracht, dt. Maler (1842–1921), Eugen Roth, dt. Schriftsteller (1895–1976).

Eusebius   aus dem Griech., „der Fromme, Gottesfürchtige".

Ewald   Zus. aus ahd. ewa, „Recht, Ordnung", und waltan, „walten, herrschen"; weitere Form: Wolt.

Ezra   bibl., hebr. Ursprungs, eigentlich „Hilfe"; der Priester Ezra führte die Juden aus der babylonischen Gefangenschaft; weitere Form: Esra.

Ezzo   ital. KoF zu → Adolf oder fries. → Ehrenfried.

Fabian   aus dem Lat. übernommener Vorn., auf altröm. Geschlechternamen Fabianus (eine Weiterbildung zu → Fabius) zurückgehend.

Fabiano   ital. → Fabian.

Fabien   franz. → Fabian.

Fabio   ital. → Fabian.

Fabius   lat./franz. → Fabian.

Fadil   arab., „der Vorzügliche".

Falko   aus ahd. falcho, „Falke"; weitere Formen: Falk, Falco; bekannter Namensträger: Falco, österr. Popsänger (1957–1998).

Farald   Zus. aus ahd. faran, „fahren, reisen", und waltan, „walten, herrschen"; weitere Formen: Farold, Farolt.

Faruk   arab., „der Unterscheider" (zwischen Wahrem und Falschem).

Faustus   aus dem Lat., „Glück bringend"; weitere Formen: Faust, Fausto; bekannter Namensträger: Fausto Coppi, ital. Radrennfahrer (1919–1960).

Fazil   türk., „der Tugendhafte".

Fedder   KF zu → Friedrich.

Feddo   fries. KF zu Vorn. mit Fried-, vor allem zu → Friedrich.

Federico   ital. → Friedrich.

Federigo   span. → Friedrich.

Fedor   russ. → Theodor, mit der Einwanderung slawischer Vorn. im 19. Jh. auch in Deutschland beliebt geworden; bekannte Namensträger: Fedor von Zobeltitz, dt. Schriftsteller (1857–1934), Fedor von Bock, dt. Generalfeldmarschall (1880–1945).

Felipe   span. → Philipp.

Felix   aus dem Lat., eigentlich „der Glückliche"; ursprünglich röm. Beiname; auch heute noch öfter gewählt; weitere Formen: Félicien (franz.), Felice (ital.), Feliks (russ.), Bodog (ungar.); bekannte Namensträger: Felix Dahn, dt. Schriftsteller (1834–1912), Felix Mendelssohn-

Bartholdy, dt. Komponist (1809–1847), Felix Magath, dt. Fußballspieler und -trainer (geb. 1953).

Feodor   russ. → Theodor.

Ferdi   KoF zu → Ferdinand.

Ferdinand   aus dem Span., eigentlich NF zu dem heute ungebräuchlichen Fridunant, Zus. aus ahd. fridu, „Frieden" und nanta, „gewagt, kühn"; mit den Westgoten nach Spanien gelangt, im 16. Jh. von den Habsburgern übernommen und seither in ganz Österreich und Deutschland beliebt; weitere Formen: Ferd, Ferdi, Ferdl (oberdt.), Nanno (fries.), Nando, Fernando (ital.), Fernandel (franz.), Fernandez (span./portug.), Nándor (ungar.); bekannte Namensträger: Ferdinand Lassalle, dt. Politiker und Mitbegründer der Sozialdemokratie (1825–1864), Ferdinand Hodler, schweiz. Maler (1853–1918), Ferdinand Graf von Zeppelin, dt. Luftschiffkonstrukteur (1838–1917), Ferdinand Sauerbruch, dt. Chirurg (1875–1951).

Ferkan   türk., „aus einer mächtigen Gruppe".

Fernand   NF zu → Ferdinand.

Fernandel   franz NF zu → Ferdinand.

Fernando   ital. → Ferdinand.

Ferrand   franz. → Ferdinand.

Ferry   KF zu → Friedrich.

Fidelius   lat., „der Treue"; weitere Formen: Fidelis, Fidelio, Fidel.

Fiete   niederdt. KF zu → Friedrich.

Filibert   Zus. aus ahd. filu, „viel" und beraht, „glänzend"; weitere Formen: Filiberto (ital.), Philibert.

Filiko   ungar. → Philipp.

Filip   slaw. → Philipp.

Filippo   ital. → Philipp; weitere Form: Filippino.

Filur   dän., „der Luchs".

Fips   KF → Philipp.

Firmus   lat., eigentlich „der Starke"; weitere Formen: Firminus, Firmin.

Fjodor   russ. → Theodor; bekannter Namensträger: Fjodor Dostojewski, russ. Schriftsteller (1821–1881).

Flavius   lat., eigentlich „der Blonde"; weitere Form: Flavio (ital.).

Florens   männl. Form zu → Flora; weitere Formen: Florentin, Florentinus, Florenz.

Flori   KF zu → Florian.

Florian   aus dem Lat., eigentlich „der Blühende, der Prächtige"; durch die Verehrung des hl. Florian, Schutzpatron bei Feuer- und Wassergefahr, seit dem MA verbreitet, auch heute noch sehr beliebt; weitere Formen: Florin, Flori, Floris, Flurus (rätoroman.).

Florianus   lat. → Florian.

Florin   KF zu → Florian.

Focke   fries. KF zu Vorn. mit Volk-; weitere Formen: Focko.

Folke   KF zu Vorn. mit Volk-, eindeutiger Zweitname erforderlich.

Folker   NF zu → Volker.

Folkher NF zu → Volker.

Fons KF zu → Alfons.

Foster engl. → Gaston.

Francesco ital. → Franz; der Vater des hl. Franz von Assisi nannte seinen Sohn nach seiner franz. Mutter Francesco, „kleiner Franzose".

Francis engl. → Franz; bekannte Namensträger: Francis Drake, engl. Freibeuter (1540–1596).

Franciscus latinisierte Form zu → Francesco; weitere Form: Franziskus.

Franco ital. → Frank; bekannter Namensträger: Franco Nero, ital. Schauspieler (geb. 1941).

François franz. → Franz; bekannte Namensträger: François Villon, franz. Dichter (um 1431–nach 1463), François Mitterand, franz. Staatsmann (1916–1996).)

Franek poln. → Franz, KoF Frantek.

Frank ursprünglich Beiname, „der aus dem Volksstamm der Franken"; erst im 18. Jh., wohl unter engl. Einfluss, in Deutschland bekannt geworden; heute weit verbreitet; weitere Formen: bekannte Namensträger: Frank Wedekind, dt. Schriftsteller (1864–1918), Frank Sinatra, am. Sänger und Schauspieler (1915–1998), Frank Zappa, am. Popmusiker (1940–1993).

Franklin engl. EF zu Frank; bekannter Namensträger: Franklin D. Roosevelt, am. Präsident (1882–1945).

Franko span. → Frank.

Frans niederl. → Franz; bekannte Namensträger: Frans Hals, niederl. Maler (um 1580–1666), Frans Masareel, belg. Maler und Grafiker (1889–1972).

Franz dt. → Francesco oder KF zu → Franziskus; zunächst in Süddeutschland und in Österreich verbreitet, später in ganz Deutschland populär; auch oft in Doppelnamen verwendet; bekannte Namensträger: Franz Schubert, österr. Komponist (1797–1828), Franz Grillparzer, österr. Dramatiker (1791–1872), Franz Marc, dt. Maler (1880–1916).

Franziskus dt. Schreibweise des lat. Franciscus (UF → Francesco).

Fred engl. KF zu → Friedrich, → Alfred, → Manfred und → Gottfried.

Freddy KoF zu → Fred; weitere Formen: Freddi, Freddie, Freddo.

Frederic engl. → Friedrich.

Frédéric franz. → Friedrich.

Frederik niederl. → Friedrich.

Fredrik schwed. → Friedrich.

Frerk KF von → Friedrich, → Ferdinand.

Fridebald Zus aus ahd. fridu, „Frieden", und bald, „kühn".

Fridericus lat. Form von → Friedrich.

Frido KF zu → Friedrich; weitere Formen: Friedo, Friddo.

Fridolin NF zu → Friedrich; durch die Verehrung des hl. Fridolin, Patron der Tiere (6. Jh.), seit dem MA verbreitet, aber selten gewählt; weitere Formen: Friedolin, Frily.

Friedbert aus ahd. fridu, „Frieden", und beraht, „glänzend".

Friedel KoF zu → Friedrich; weibl. NF zu → Frieda, eindeutiger Zweitname erforderlich.

Friedemann Zus. aus ahd. fridu, „Frieden", und man, „Mann".

Friedemar Zus. aus ahd. fridu, „Frieden" und mari, „berühmt".

Friedemund Zus. aus ahd. fridu, „Frieden", und munt, „Schutz der Unmündigen, Vormundschaft".

Frieder NF zu → Friedrich und → Friedemann.

Friedhelm Zus. aus ahd. fridu, „Frieden", und helm, „Helm, Schutz".

Friedo KF zu Vorn. mit Fried-.

Friedrich Zus. aus ahd. fridu, „Frieden", und rihhi, „reich, mächtig"; seit dem MA in sehr vielen KF und NF verbreitet, Name von Kaiser, Königen und Fürsten, auch in DN beliebt, nach 1900 seltener; bekannte Namensträger: Friedrich Schiller, dt. Dichter (1759–1805), Friedrich Hölderlin, dt. Dichter (1770–1843), Friedrich Nietzsche, dt. Philosoph (1844–1900), Friedrich Ebert, dt. Politiker (1871–1925), Friedrich Schenker, dt. Komponist (geb. 1942).

Frieso ursprünglich Beiname, „aus dem Volksstamm der Friesen".

Frigyes ungar. → Friedrich.

Frithjof aus dem Nord., Zus. zu ahd. fridu, „Friede", und iofor, „Fürst oder Räuber"; bekannter Namensträger: Frithjof Nansen, norweg. Polarforscher (1861–1930).

Fritz KF zu → Friedrich.

Frodemund Zus. aus ahd. fruot, „klug" und munt, „Schutz der Unmündigen"; weitere Form: Fromund.

Frodewin aus ahd. fruot, „klug", und wini, „Freund"; weitere Formen: Frowin, Frowein.

Fromut Zus. aus ahd. fruot, „klug" und muot, „Sinn, Geist".

Fulbert NF zu → Volbert.

Fulke fries. KF zu Vorn. mit Volk-.

Fürchtegott pietistische Neubildung, eigentlich die Aufforderung, Gott zu fürchten; meist nur als Zweitname verwendet; bekannter Namensträger: Christian Fürchtegott Gellert, dt. Schriftsteller (1715–1769).

Gaard niederl. KF zu → Gerhard.

Gabriel bibl., hebr. Ursprungs, eigentlich „Mann Gottes"; als Name des Erzengels Gabriel seit dem MA verbreitet; weitere Formen: Gabriele, Gabriello, Gabrio (ital.), Gawril (slaw.), Gábor (ungar.); bekannte Namensträger: Gabriel Marcel, franz. Schriftsteller und

Philosoph (1889–1973); Gabriel García Márquez, kolumb. Schriftsteller (geb. 1927).

Gaddo ital./span. KF zu → Gerhard.

Galdo ital./KF zu → Gerhard.

Gallus ir. und lat., „der Gallier"; weitere Formen: Galli, Gall, Gallo, Hawel, Havel.

Gandolf Zus. aus altisländ. gandr, „Werwolf", und ahd. wolf, „Wolf".

Gangolf Umkehrung zu → Wolfgang; im MA verbreitet, heute selten; weitere Formen: Gangulf, Gangel.

Gard KF zu → Gerhard.

Garret engl. → Gerhard, weitere Formen: Garrit, Garriet.

Garrique engl./franz., ursprünglich auf Landschaftsnamen im Languedoc bezogen; bekannter Namensträger: Tomas Garrique Masaryk, tschech. Staatspräsident (1850–1937).

Gary aus dem Am., eigentlich Name einer 1904 am Michigansee gegründeten Industriestadt; bekannte Namensträger: Gary Cooper, am. Filmschauspieler (1901–1961), Gary Kasparow, russ. Schachspieler (geb. 1963).

Gaspard franz. → Kaspar.

Gasparo ital. → Kaspar.

Gast KF zu Vorn. mit Gast- oder -gast.

Gaston franz., wahrscheinlich auf Vadastus, einen fläm. Heiligen, zurückzuführen.

Gebbo KF zu → Gebhard.

Gebhard Zus. aus ahd. geba, „Gabe", und harti, „hart"; weitere Formen: Gebke, Gewehard (niederl.); bekannter Namensträger: Gebhard Leberecht v. Blücher, preuß. Feldmarschall (1742–1819).

Geert niederdt. KF zu → Gerhard.

Gellert ungar. → Gerhard.

Gencal türk., „jung, frisch".

Gene engl. KF zu → Eugen; bekannte Namensträger: Gene Hackman, am. Schauspieler (geb. 1930), Gene Krupa, am. Schlagzeuger (1909–1973).

Geoffrey engl. → Gottfried; bekannter Namensträger: Geoffrey Chaucer, engl. Dichter (um 1340–1400).

Geoffroy franz. → Gottfried.

Georg aus dem Griech., eigentlich „der Landmann"; durch die Verehrung des hl. Georg, dem legendären Drachentöter Schutzpatron der Waffenschmiede, Krieger und Landleute, einer der 14 Nothelfer, seit dem MA verbreitet, gern in Doppelnamen verwendet, heute seltener; zahlr. KF, NF und KoF; bekannte Namensträger: Georg Friedrich Händel, dt. Komponist (1685–1759), Georg Büchner, dt. Dichter (1813–1837), Georg Kolbe, dt. Bildhauer (1877–1947), Georg Baselitz, dt. Maler und Bildhauer (geb. 1938).

George engl. → Georg; bekannte Namensträger: George Washington, erster am. Präsident (1732–1799), George Marshall, am. Politiker (1880–1959), George Harrison, engl. Popmusiker

(1943–2001), George Michael, engl. Popmusiker (geb. 1963).

Georges　franz. → Georg; bekannter
Namensträger: Georges Bizet, franz.
Komponist (1835–1875).

Geppert　niederl. → Gebhard.

Gerald　Zus. aus ahd. ger, „Speer", und
waltan, „walten, herrschen".

Gerard　franz. → Gerhard; bekannter
Namensträger: Gerard Depardieu, franz.
Schauspieler (geb. 1948).

Gerardo　ital./span. → Gerhard.

Gerbald　Zus. aus ahd. ger, „Speer",
und bald, „kühn".

Gerbert　Zus. aus ahd. ger, „Speer",
und beraht, „glänzend".

Gerbrand　Zus. aus ahd. ger, „Speer",
und brand, „Brand, brennendes Schwert".

Gerd　KF von → Gerhard, bekannte Namensträger: Gerd Bucerius, dt. Zeitungsverleger und Publizist (1906–1995), Gerd
Müller, deutscher Fußballspieler (geb.
1945).

Gereon　lat./griech., „alternd, Greis";
weitere Form: Gerion.

Gerg　KF zu → Georg.

Gerhard　Zus. aus ahd. ger, „Speer",
und harti, „hart"; seit dem MA bekannt,
gegenwärtig noch verbreitet, aber zurückgehend; zahlr. KF und NF, weitere
Formen: Gerhart, Gerard, Gerardus; bekannte Namensträger: Gerhard von
Scharnhorst, preuß. General, Reformer
(1755–1813), Gerhard Marcks, dt. Bild-

hauer (1889–1981), Gerhard Schröder,
dt. Politiker (geb. 1944).

Gerko　KF zu Vorn. mit Ger-.

German　1. KF zu Vorn. mit Ger-; 2.
russ. → Hermann; weitere Formen: Ger-
main (franz.), Germano (ital.).

Germar　Zus. aus ahd. ger, „Speer",
und „mari", berühmt".

Gernot　Zus. aus ahd. ger, „Speer",
und not, „Bedrängnis, Gefahr".

Gero　KF zu → Gerhard.

Gerold　NF von → Gerald.

Gerolf　Zus. aus ahd. ger, „Speer", und
wolf, „Wolf".

Gerrit　fries. → Gerhard; außerdem
weibl., fries. Form zu Gerharde, eindeutiger Zeitname erforderlich.

Gert　KF zu → Gerhard; bekannter Namensträger: Gert Fröbe, dt. Schauspieler
(1913–1988).

Gerwig　Zus. aus ahd. ger, „Speer", und
wig, „Kampf".

Gerwin　Zus. aus ahd. ger, „Speer", und
wini, „Freund".

Gevert　niederl. KF zu → Gottfried.

Geza　ungar., türk. Ursprungs, Bedeutung unklar.

Giacomo　ital. → Jakob.

Gian　ital. KF zu → Johannes.

Gianni　ital. → Johannes.

Gideon　hebr., eigentlich „der Baum-
fäller, der Krieger"; weitere Formen:
Gidion, Gedeon, Gidon.

Gilbert　KF von → Giselbert.

Gildo   ital. KF zu Ermenegildo (von germ. ermana, „allumfassend, groß", und ahd. gelt, „Entgelt, Lohn").

Giles   engl. → Julius.

Gillian   schweiz. KoF zu → Ägidius.

Giorgio   ital. → Georg; bekannterr Namensträger: Giorgio Armani, ital. Modeschöpfer (geb. 1934).

Giovanni   ital. → Johannes; bei uns vor allem durch Mozarts Oper „Don Giovanni" bekannt; weitere Form: Nino.

Gisbert   NF zu → Giselbert.

Giselbert   Zus. aus ahd. gisa, „Geisel", und beraht, „glänzend".

Giselher   Zus. aus ahd. gisa, „Geisel", und heri, „Herr"; durch die Gestalt des Giselher im Nibelungenlied bekannt geworden; bekannter Namensträger: Giselher Klebe, dt. Komponist (geb. 1925).

Giselmar   Zus. aus ahd. gisa, „Geisel", und mari, „berühmt".

Giselmund   Zus. aus ahd. gisa, „Geisel", und munt, „Schutz, Vormundschaft".

Gismar   NF zu → Giselmar.

Gismondo   ital. → Siegmund.

Gismund   NF zu → Giselmund.

Giso   KF zu Vorn. mit Gis-, vor allem zu Giselher.

Giuglio   ital. → Julius.

Giuliano   ital. EF zu → Julius.

Giuseppe   ital. → Joseph; bekannter Namensträger: Giuseppe Verdi, ital. Komponist (1813–1901).

Glenn   engl, wahrscheinlich kelt. Ursprungs, von gelann, „Tal" abgeleitet; bekannter Namensträger: Glenn Miller, am. Jazzmusiker und Komponist (1904–1944), Glenn Gould, kanad. Pianist (1932–1982).

Godehard   Zus. aus ahd. got, „Gott", und harti, „hart".

Godo   KF zu Vorn. mit God-, vor allem zu → Gottfried.

Goffredo   ital. → Gottfried.

Goliath   hebr., eigentlich „Verbannung".

Golo   KF zu Vorn. mit Gode-; bekannter Namensträger: Golo Mann, dt. Historiker (1909–1994).

Göpf   schweiz. KF zu → Gottfried.

Goran   serbokroat. → Georg.

Göran   schwed. → Georg.

Gorch   niederdt. KF zu Georg; bekannter Namensträger Gorch Fock, dt. Seemann und Schriftsteller (1880–1916).

Gosbert   Zus. aus dem Stammesnamen der Goten und ahd. beraht, „glänzend".

Gösta   schwed. KF zu → Gustav.

Goswin   aus dem Stammesnamen der Goten und ahd. wini, „Freund".

Gottbert   Zus. aus ahd. got, „Gott", und beraht, „glänzend".

Gottfried   Zus. aus ahd. got, „Gott", und fridu, „Frieden"; seit dem MA weit verbreitet; beliebter Herrschername, in der Zeit des Pietismus (17./18. Jh.) neu belebt, heute selten gewählt; zahlreiche KF und NF; bekannte Namensträger:

Johann Gottfried Herder, dt. Schriftsteller (1744–1803), Gottfried Keller, schweiz. Dichter (1816–1890), Gottfried Benn, deutscher Lyriker (1886–1956), Gottfried von Cramm, dt. Tennisspieler (1909–1976).

Gotthard Zus. aus ahd. got, „Gott", und harti, „hart"; weitere Formen: Godehard, Gothard, Gottert.

Gotthelf pietistische Neuprägung.

Gotthilf NF zu → Gotthelf; bekannter Namensträger: Gotthilf Fischer, dt. Chorleiter (geb. 1928).

Gotthold pietistische Neuprägung aus dem 17./18. Jh.; bekannter Namensträger: Gotthold Ephraim Lessing, dt. Schriftsteller (1729–1781).

Gottlieb pietistische Neuprägung aus dem 17./18. Jh.; bekannte Namensträger: Friedrich Gottlieb Klopstock, dt. Dichter (1724–1803), Johann Gottlieb Fichte, dt. Philosoph (1762–1814).

Gottlob pietistische Neuprägung aus dem 17./18. Jh., eigentlich die Aufforderung „Lobe Gott!".

Gottschalk Zus. aus ahd. got, „Gott", und schalk, „Knecht"; heute selten.

Gottwald Zus. aus ahd. got, „Gott", und waltan, „walten, herrschen".

Götz KF zu → Gottfried; besonders durch Götz von Berlichingen, dt. Reichsritter (1480–1562), bekannt geworden; bekannter Namensträger: Götz George, dt. Schauspieler (geb. 1938).

Govert niederl. KF zu → Gottfried.

Graciano span./lat., „Gnade, Dank"; weitere Formen: Graziano, Gratian, Gratianus.

Graham engl., „aus dem grauen Haus", nach altem Clan-Namen; bekannter Namensträger: Alexander Graham Bell, engl. Telefon-Pionier (1847–1922), Graham Greene, engl. Schriftsteller (1904–1991).

Gregoire franz. → Gregor.

Gregor aus dem Griech., eigentlich „der Wachsame"; seit dem MA verbreitet und bis heute öfter gewählt; bekannte Namensträger: Gregor XIII., Papst und Kalenderreformer (1502–1585), Gregor Mendel, Entdecker der biologischen Vererbungsgesetze (1822–1884), Gregor Gysi, dt. Poliker (geb. 1948).

Gregorio span./ital. → Gregor.

Gregory engl. → Gregor; bekannter Namensträger: Gregory Peck, am. Schauspieler (1916–2003).

Griffith engl., walis. Ursprungs, wahrscheinlich „Prinz".

Grigori russ. → Gregor.

Grischa russ. KoF zu → Gregor; bei uns bekannt geworden durch A. Zweigs Roman „Der Streit um den Sergeanten Grischa".

Gücal türk., „Kraft, Macht".

Guglielmo ital. → Wilhelm.

Guido ital. KF zu → Withold; bekannte Namensträger: Guido Reni, ital. Maler (1575 –1642).

Guilermo span. → Wilhelm.

Guillaume franz. → Wilhelm.

Gunder dän. → Gunter.

Gundolf Zus. aus ahd. gund, „Kampf", und wolf, „Wolf".

Gunnar skand. → Gunter; bekannter Namensträger: Gunnar Gunnarsson, island. Schriftsteller (1889–1975).

Guntbert Zus. aus ahd. gund, „Kampf", und beraht, „glänzend"; weitere Form: Gumpert.

Gunter NF zu → Günter; weitere Form: Gunther.

Günter Zus. aus ahd. gund, „Kampf", und heri, „Herr"; seit dem MA bekannt; um 1920 Modename, heute seltener gewählt; bekannte Namensträger: Günter Eich, dt. Schriftsteller (1907–1972), Günter Grass, dt. Schriftsteller (geb. 1927).

Günther NF zu → Günter.

Guntram Zus. aus ahd. gund, „Kampf", und hraban, „Rabe".

Gus KF zu → Gustav.

Gustaaf niederl. → Gustav.

Gustaf NF zu → Gustav: bekannter Namensträger: Gustaf Grundgens, dt. Schauspieler, Regisseur und Theaterleiter (1899–1963).

Gustav aus dem Schwed., eigentlich „Gottes Stütze"; durch den Schweden-König Gustav II. Adolf (1594–1632) in Deutschland bekannt und weit verbreitet; galt um 1900 als modern, heute selten; weitere Formen: Gustel, Gustave (franz.),

Gustavo (span.), Gustavus (niederl.); bekannte Namensträger: Gustav Schwab, dt. Dichter (1792–1850), Gustav Mahler, österr. Komponist (1860–1911), Gustav Knuth, dt. Schauspieler (1901–1987).

Gustel KoF zu → Gustav, auch weibl., KoF zu → Augusta, eindeutiger Zweitname erforderlich.

György ungar. → Georg; bekannter Namensträger: György Ligeti, Komponist ungar. Herkunft (geb. 1923).

Gyula ungar. → Julius.

Hademar Zus. aus ahd. hadu, „Kampf", und mari, „berühmt"; weitere Form: Hadamar.

Hadrian NF zu → Adrian.

Hafis türk., „Beschützer, Wächter"; weitere Form: Hafiz.

Hagen zu ahd. hagan, „Hag"; bekannt ist die Gestalt des Hagen von Tronje aus dem Nibelungenlied.

Hajo fries. KF zu Hagen, Hugo, Heiko, Hayo oder KF des Doppelnamens Hans-Joachim.

Hakim arab., „Weiser", auch „Arzt".

Hakon norweg. → Hagen; weitere Formen: Hakan; Haquinus (latinisiert).

Hamid arab., „gepriesen, lobenswert".

Hamza   arab./türk., „Löwe".

Hanjo   KF zu Doppelnamen Hans Joachim, Hans Jochen und Hans Joseph.

Hanke   niederl. KF zu → Johannes; weitere Formen: Hanko, Hank.

Hannes   NF zu → Hans.

Hannibal   phönik., „in der Huld des Gottes Baal"; bekannter Namensträger: Hannibal (3. Jh v. Chr.), karthagischer Feldherr.

Hanno   NF zu → Anno oder KF zu → Hagen und → Johannes.

Hanns   NF zu → Hans; bekannter Namensträger: Hanns Eisler, dt. Komponist (1898–1962), Hanns Dieter Hüsch, dt. Kabarettist (geb. 1925).

Hans   KF zu → Johannes; gehört seit dem 14. Jh. zu den beliebtesten deutschen Vorn.; selbst als „Gattungsname" (Prahlhans, Hansdampf in allen Gassen, Schmalhans, Hans Guckindieluft, Hanswurst) oder durch die Märchen und Liedgut als Synonym für Jungen und junge Männer (Hänschen klein, Spannenlanger Hansel, Hänsel und Gretel, Hans im Glück); auch heute noch – vor allem in seinen vielen NF – weit verbreitet; beliebt in DF und DN; bekannte Namensträger: Hans Sachs, dt. Meistersinger und Dichter (1494–1576), Hans Christian Andersen, dän. Märchendichter (1805–1875), Hans Albers, dt. Schauspieler (1892–1960), Hans Fallada, dt. Schriftsteller (1893–1947), Hans Küng,

schweiz. kath. Theologe (geb. 1928), Hans Knappertsbusch, dt. Dirigent (1888–1965).

Hansi   KoF zu → Hans; auch weibl. KoF zu → Hanna; eindeutiger Zweitname erforderlich.

Hansjoachim   DF aus → Hans und → Joachim; weitere Formen: Hajo, Hanjo, Hans-Joachim.

Hansjürgen   DF aus → Hans und → Jürgen; weitere Form: Hans-Jürgen.

Harald   aus dem Nord., skand. → Harold; bekannte Namensträger: Harald Juhnke, dt. Schauspieler und Fernsehunterhalter (geb. 1929), Harald Schmidt, dt. Kabarettist und Fernsehunterhalter (geb. 1957).

Hardi   KF zu Vorn. mit Hart- oder -hàrd; weitere Formen: Hardy, Hardo, Harto, Hartke, Hartung (niederl.); bekannter Namensträger: Hardy Krüger, dt. Schauspieler und Fernsehmoderator (geb. 1928).

Harding   engl. → Hardwin.

Hardwin   Zus. aus ahd. hart, „hart", und wini, „Freund".

Harm   fries. → Hermann; weitere Form: Harmann.

Harmke   fries. KoF zu → Hermann.

Harold   niederdt. → Herwald; weitere Form: Herold.

Harro   1. fries. → Hermann; 2. KF zu Vorn. mit Har-; weitere Form: Haro; bekannter Namensträger: Harro Schulze-

Boysen, dt. Offizier und Widerstands-kämpfer, (1909–1942).

Harry aus dem Engl., NF zu → Henry; bekannte Namensträger: Harry S. Truman, am. Präsident (1884–1972), Harry Kupfer, dt. Opernregisseur (geb. 1935), Harry Belafonte, am. Sänger (geb. 1927).

Hartmann Zus. aus ahd. harti, „hart", und man, „Mann"; bekannter Namensträger: Hartmann von Aue, dt. Dichter (um 1200).

Hartmut Zus. aus ahd. harti, „hart", und muot, „Sinn, Geist"; der Vorname ist verbreiteter als alle anderen Vorn. mit Hart-.

Hartwig Zus. aus ahd. harti, „hart", und wig, „Kampf".

Harun arab. → Aaron; bekannter Namensträger: Harun al Raschid, Kalif von Bagdad (763–809).

Harvey engl. → Herwig; bekannter Namensträger: Harvey Keitel, am. Schauspieler (geb. 1939).

Hassan arab., „gut, schön", Name des Enkels Mohammeds.

Hasso KF zu Vorn. mit Hart-; ursprünglich Herkunftsname („der Hesse"); weitere Formen: Hesso, Hasko, Hassilo.

Haug fries. KF zu Vorn. mit Hug-; eindeutiger Zweitname erforderlich.

Hauke fries. KF zu Hugo; auch weibl. fries. KF zu Vorn. mit Hug-; eindeutiger Zweitname erforderlich.

Havel tschech. → Gallus.

Heiko niederdt. KoF zu → Heinrich; weitere Form: Haiko.

Heimeran Zus. aus ahd. heim, „Haus", und hraban, „Rabe".

Heimo KF zu Vorn. mit Heim-; weitere Formen: Heimko, Heimke, Heimito; bekannter Namensträger: Heimito von Doderer, österr. Schriftsteller (1896–1966).

Hein KF von → Heinrich.

Heineke fries. → Heinrich.

Heiner KF zu → Heinrich.

Heinfried neue DF aus → Heinrich und → Friedrich.

Heino fries. KF zu → Heinrich; bekannter Namensträger: Heino, dt. Volksmusiksänger (geb. 1938).

Heinrich aus den nicht mehr gebräuchlichen Vorn. Heimerich oder Haganrich hervorgegangen, Zus. aus ahd. Heim, „Haus" (oder hagan, „Hof") und rihhi „reich, mächtig"; zahlr. KF, NF und KoF, auch als Name von Fürsten und Königen beliebt; bekannte Namensträger: Heinrich Schütz, dt. Komponist (1585–1672), Heinrich Schliemann, dt. Archäologe (1822–1890), Heinrich v. Kleist, dt. Dichter (1777–1811), Heinrich Heine, dt. Dichter (1797–1856), Heinrich Hertz, dt. Physiker (1857–1894), Heinrich Zille, dt. Grafiker (1858–1929), Heinrich Mann, dt. Schriftsteller (1871–1950), Heinrich Brüning, dt. Politiker, Reichskanzler (1885–1970), Heinrich George, dt. Schauspieler (1893–1946).

Heintje   fries. → Heinrich; bekannter Namensträger: Heintje Simons, niederl. Kinderstar (geb. 1955).

Heinz   KF zu → Heinrich; beliebteste KF zu Heinrich; bekannte Namensträger: Heinz Rühmann, dt. Schauspieler (1902–1994), Heinz Piontek, dt. Schriftsteller (geb. 1925), Heinz von Cramer, dt. Schriftsteller (geb. 1924).

Heiri   schweiz KF zu → Heinrich.

Heise   NF zu → Heinrich.

Hektor   aus dem Griech., „Schirmer, Herrscher"; weitere Form: Hector.

Helge   aus dem Skand., zu schwed. hel, „gesund, heil".

Helmar   MoF zu Heilmar, Zus. aus ahd. heil, „gesund", und mari, „berühmt".

Helmbrecht   Zus. aus ahd. helm, „Helm", und beraht, „glänzend"; weitere Form: Helmbert.

Helmfried   Zus. aus ahd. helm, „Helm", und fridu, „Frieden".

Helmut   wahrscheinlich Zus. aus ahd. helm, „Helm", und muot, „Sinn, Geist"; erst seit dem 19. Jh. häufiger, um 1930 Modename; weitere Formen: Hellmut, Helmuth, Hellmuth, Helmke; bekannte Namensträger: Helmuth von Moltke, preuß. Generalstabschef (1800–1891), Helmut Käutner, dt. Filmregisseur (1908–1980), Helmut Schön, ehem. Fußball-Nationaltrainer (1915–1996), Helmut Heißenbüttel, dt. Schriftsteller (1921–1996), Helmut Schmidt, dt. Poli-tiker, Bundeskanzler (geb. 1918), Helmut Kohl, dt. Politiker, Bundeskanzler (geb. 1930), Helmut Thoma, österr. TV-Manager (geb. 1939).

Hendrik   niederdt. zu → Heinrich; weitere Formen: Hendryk, Hendrikus, Hinderk.

Henke   fries. KF zu → Heinrich.

Henner   KF zu → Heinrich.

Henning   niederdt. KF zu → Heinrich.

Henri   franz. → Heinrich.

Henrik   skand. → Heinrich; weitere Formen: Hinrik, Henryk (poln.); bekannter Namensträger: Henrik Ibsen, norweg. Schriftsteller (1828–1906).

Henry   engl. → Heinrich; bekannte Namensträger: Henry Ford, am. Automobil-industrieller (1863–1947), Henry Fonda, am. Schauspieler (1905–1982), Henry Maske, dt. Boxweltmeister (geb. 1964).

Herbert   Zus. aus ahd. heri, „Heer", und beraht, „glänzend"; seit dem MA vor allem im Rheinland verbreitet; um 1900 Modename, heute selten gewählt; weitere Formen: Heribert, Herbort; Aribert (franz.); bekannte Namensträger: Herbert (eigentlich Heribert) von Kara-jan, österr. Dirigent (1908–1989), Her-bert Wehner, dt. Politiker (1906–1989), Herbert Grönemeyer, dt. Rocksänger, Schauspieler (geb. 1956).

Herman   dt. und engl. NF zu → Her-mann; bekannter Namensträger: Herman Melville, am. Schriftsteller (1819–1891).

Hermann   Zus. aus ahd. heri, „Heer", und man, „Mann"; seit dem MA sehr beliebter Vorn., heute selten gewählt; zahlr. NF; bekannte Namensträger: Hermann von Boyen, preuß. Militärreformer (1771–1848), Hermann von Helmholtz, dt. Physiker (1821–1894), Hermann Hesse, dt. Schriftsteller (1877–1962), Hermann Broch, dt. Schriftsteller (1886–1951), Hermann Prey, dt. Bariton (1929–1998).

Hermien   niederl. NF zu → Hermann.

Herms   fries. KF zu → Hermann; weitere Form: Harms.

Herrmann   NF zu → Hermann.

Herwald   Zus aus ahd. heri, „Heer", und waltan., „walten, herrschen"; weitere Form: Herwalt.

Herwart   Zus aus ahd. heri, „Heer", und wart, „Hüter, Schützer"; weitere Formen: Herward, Herwarth; bekannte Namensträger: Herwarth Walden, dt. Publizist (1878–1941), Herwart Grosse, dt. Schauspieler (1908–1982).

Herwig   Zus aus ahd. heri, „Heer", und wig, „Kampf"; weitere Form: Herweig; bekannter Namensträger: Herwig Kipping, dt. Filmemacher (geb. 1948).

Hias   bayr. KF zu → Matthias.

Hieronymus   aus dem Griech., eigentlich „der Mann mit dem heiligen Namen"; durch den hl. Hieronymus, Kirchenvater und Übersetzer der Bibel (4. Jh.) bekannt, geworden, heute sehr selten; weitere Formen: Jero (schweiz.), Gerome, Jerome (engl.), Jérôme (franz.), Geronimo (ital.), Jeronimo (span.); bekannter Namensträger: Hieronymus Bosch, niederl. Maler (1450–1516).

Hilarius   aus dem Lat., eigentlich „der Heitere"; seit dem MA bekannt, aber heute selten gewählt; weitere Formen: Hilaire (franz.), Larry (engl.).

Hildemar   Zus. aus ahd. hiltja, „Kampf", und mari, „berühmt".

Hilmar   KF zu → Hildemar; bekannter Namensträger: Hilmar Hoffmann, dt. Kulturhistoriker (geb. 1925), Hilmar Thate, dt. Schauspieler (geb. 1931).

Hinrich   NF zu → Heinrich.

Hinz   KF zu → Heinrich.

Hjalmar   skand. → Hilmar; bekannter Namensträger: Hjalmar Schacht, dt. Finanzpolitiker, Bankier (1877–1970).

Hoimar   niederdt./fries. Ableitung aus der ahd. Zus. aus hugu, „Sinn, Verstand", und „mari, „berühmt"; bekannter Namensträger: Hoimar von Ditfurth, dt. Naturwissenschaftler und Wissenschaftspublizist (1921–1989).

Holger   aus dem altisländ. holmi, holmr „Insel", und geirr, „Speer"; vor allem in Dänemark sehr beliebt, bei uns u. a. durch Andersens Märchen verbreitet; 2. MoF zu schwed. Holmger.

Holm   KF zu → Holger, Holmger.

Horst   von mhd./niederdt. Horst, Hurst, „Gehölz, niedriges Gestrüpp" abgeleitet;

seit 1900 volkstümlich; um 1920 Modename, inzwischen selten gewählt; bekannte Namensträger: Horst Buchholz,
deutscher Schauspieler (1933–2003),
Horst Janssen, dt. Maler und Grafiker
(1929–1995), Horst Janson, deutscher
Schauspieler (geb. 1935), Horst Tappert,
dt. Schauspieler (geb. 1923).

Howard   engl. → Hubert.

Hubert   MF zu → Hugbert, Zus. aus
ahd. hugu, „Gedanke, Verstand", und
beraht, „glänzend"; seit dem MA verbreitet, heute selten gewählt; weitere Formen: Hugbert, Hubrecht, Hupp, Hau-
bert; bekannter Namensträger: Hubert
von Meyerinck, dt. Filmschauspieler
(1896–1971).

Hubertus   lat. EF zu → Hubert.

Hugh   engl. → Hugo.

Hugo   KF zu (nicht mehr gebräuchlichen)
Vorn. mit Hug- (z. B. Hugbert und Hugbald); bekannte Namensträger: Hugo
von Hofmannsthal, österr. Schriftsteller
(1874–1929), Hugo Junkers, dt. Flug-
zeugkonstrukteur (1859–1935), Hugo
Eckener, deutscher Luftschiffkapitän
(1868–1954), Hugo Riemann, dt. Musik-
wissenschaftler (1849–1919).

Humbert   Zus. aus ahd. huni, „junges
Tier, junger Bär", und beraht, „glänzend".

Humphrey   engl. Form zu Hunfried,
Zus. aus ahd. huni, „junges Tier, junger
Bär", und fridu, „Frieden"; bekannter

Namensträger: Humphrey Bogart, am.
Schauspieler (1899–1957).

Hyazinth   aus dem Griech., Bedeutung
unklar; geht auf eine Sage zurück, nach
der ein Jüngling in eine Hyazinthe ver-
wandelt wurde; weitere Formen: Hya-
cinth, Hyacinthus.

Ian   schott. NF → zu Johannes.

Ibo   Ursprung unklar, eventuell aus ahd.
iwa, „Bogen aus Eibenholz", oder fries.
NF zu → Yves; auf den fries. Sprachraum
beschränkt; weitere Formen: Ib, Ibbe, Ib-
bo, Ibe.

Ibrahim   arab. → Abraham.

Idzi   poln. KF zu Ägidius.

Ignatius   aus dem Lat., zu ignius, „das
Feuer"; durch den hl. Ignatius von Loy-
ola (15./16. Jh.) im 18. Jh. in Süddeutschland populär geworden.

Ignaz   NF zu → Ignatius.

Igor   russ., auf skand. → Ingvar zurückgehend; durch die schwed. Waräger
wurde Ingvar/Igor im MA in Russland
verbreitet (Nationalepos „Igor-Lied");
bekannte Namensträger: Igor Strawinski,
am.-russ. Komponist (1882–1971), Igor
Oistrach, russ. Violinvirtuose (geb.
1931).

Ilja russ. → Elias.

Immanuel hebr., „Gott mit uns"; weitere Formen: Emanuel, Manuel, Nallo; bekannter Namensträger: Immanuel Kant, dt. Philosoph (1724–1804).

Immo ostfries. KF eines mit Irm oder Irmen gebildeten Namens, vor allem Irmbert; weitere Formen: Emmo, Imo.

Imre ungar. → Emmerich; bekannter Namensträger: Imre Nagy, ungar. Politiker (1896–1958).

Ingar skand. NF zu → Ingvar; weitere Formen: Ivar, Iver, Iwar.

Ingbert NF von → Ingobert.

Ingemar schwed. NF zu → Ingmar; bekannter Namensträger: Ingemar Stenmark, schwed. Skiläufer (geb. 1956).

Ingmar schwed. NF zum Vorn. → Ingomar; bekannter Namensträger: Ingmar Bergman, schwed. Filmregisseur (1918–1989).

Ingo KF von Zusammensetzungen mit Ingo- (z. B. Ingobert, Ingomar), im dt. Sprachraum selbstständig geworden.

Ingobert Zus. aus ahd. ingwio (german. Stammesgottheit) und beraht, „glänzend".

Ingolf Zus. aus ahd. ingwio (german. Stammesgottheit) und wolf, „Wolf".

Ingomar Zus. aus ahd. ingwio (german. Stammesgottheit) und mar, „groß, berühmt".

Ingram Zus. aus ahd. ingwio (german. Stammesgottheit) und hraban, „Rabe".

Ingvar nord. → Ingwar; bekannter Namensträger: Ingvar Kamprad, schwed. Unternehmer, IKEA-Gründer (geb. 1926), Ingvar Ambjörnsen, norweg. Schriftsteller (geb. 1956).

Ingwar Zus. aus ahd. ingwio (german. Stammesgottheit) und wara (Schutz, Obhut).

Inno KF zu → Innozenz.

Innozenz aus dem Lat., von innocens, „unschuldig"; im MA Papstname, heute selten.

Irenäus aus dem Griech., „der Friedliche"; weitere Form: Ireneus.

Isaak bibl., hebr. Ursprungs, „Er wird lachen".

Isbert Zus. aus ahd. isan, „Eisen" und beraht, „glänzend"; weitere Form: Isenbert.

Isidor griech., von Isidoros, „Geschenk der Gottin Isis"; im MA als Heiligenname verbreitet, heute selten.

Isamel bibl., hebr. Ursprungs, „Gott hört".

Ismund Zus. aus ahd. isan, „Eisen", und mar, „berühmt".

Israel bibl., hebr. Ursprungs, „Fechter Gottes".

István ungar. → Stephan.

Iwan russ. → Johannes; einer der häufigsten russ. Vorn.; weitere Form: Ivan; bekannte Namensträger: Ivan Nagel, dt. Theaterleiter (geb. 1930), Ivan Lendl, tschech.-am. Tennisspieler (geb. 1960).

Ivo engl. und ostfries., dt. Ursprungs, von ahd. iwa, „Bogen aus Eibenholz"; weitere Formen: Ibo, Iwo; Yves (franz.); bekannter Namensträger: Ivo Andric, serbokroat. Schriftsteller (1892–1975).

Jabbo fries. NF zu → Jakob.

Jack engl. KoF zu → John; aus Jan und Jehan durch Hinzufügen des Kosesuffixes -kin und anschließende Zusammenziehung entstanden.

Jacques franz. → Jakob; bekannte Namensträger: Jean Jacques Rousseau, franz. Philosoph (1712–1778), Jacques Offenbach, dt.-franz. Komponist (1819–1880).

Jacub tschech. → Jakob.

Jago span. → Jakob; weitere Form: Jaime.

Jakob bibl., eigentl. „Er möge schützen", aber bereits im Altertum volksetymologisch fehlgedeutet als „Fersenhalter"; seit dem MA in der christlichen Welt als Apostelname verbreitet; andere Formen: Jacob, Jascha (russ.), Giacomo (ital.), Jago, Diego (span.), Jobbi, Jokkel, Jocki, Joggi (schweiz.); bekannte Namensträger: Jakob Fugger, Augsburger Handelsherr (1459–1525), Jakob Grimm, Begründer der Germanistik (1785–1863), Jakob van Hoddis, dt. Lyriker (1887–1942).

James engl. → Jakob.

Jan niederdt., niederl., fries., skand., tschech, poln. KF zu Johannes; sehr oft gewählt, vor allem in Norddeutschland; andere Formen: Jann, Janpeter, Janek (poln.), Janik (dän.), Jannis (fries.), Janko (ungar.), bekannte Namensträger: Jan van Eyck, niederl. Maler (um 1390–1441), Jan Kiepura, poln. Tenor (1902–1966), Jan Ullrich, dt. Radrennfahrer (geb. 1973).

Janek poln. EF zu → Jan.

János ungar. → Johannes; weitere Formen: Janosch; bekannter Namensträger: Janosch, eigtl. Horst Eckert, berühmt durch seine Kinder- und Jugendbücher (geb. 1931).

Janusz poln. → Johannes; bekannter Namensträger: Janusz Korczak, poln. Arzt und Pädagoge (1878–1942).

Jaromir russ., „fester Friede"; weitere Formen: Jaro, Jaromil, Mirek.

Jascha russ. KoF → Jakob.

Jean franz. → Johannes; bekannte Namensträger: Jean Renoir, franz. Filmregisseur (1894–1979), Jean Cocteau, franz. Schriftsteller (1889–1963), Jean Paul Belmondo, franz. Schauspieler (geb. 1933).

Jeff engl. KF zu → Jeffrey.

Jeffrey engl. NF zu → Geoffrey (→ Gottfried).

Jendrich slaw. → Heinrich; weitere Formen: Jendrik, Jindrich.

Jenö ungar. → Eugen.

Jens dän./niederdt. KF zu → Johannes.

Jeremias hebr., „Jahwe verwirft"; weitere Formen: Jerry, Jeremia, Jeroma.

Jeremy engl. → Jeremias.

Jesaja hebr., „Heil Jahwes"; weitere Formen: Jesajas, Isaias.

Jill engl. KF zu → Julius.

Jim engl. KF zu → James.

Jimi NF zu → Jimmy; bekannter Namensträger: Jimi Hendrix, am. Rockgitarrist (1942–1970).

Jimmy engl. KoF zu → Jim.

Jo KF zu → Johannes, → Joachim und → Joseph; auch weibl. KF zu Johanna; eindeutiger Zweitname erforderlich.

Joachim aus dem Hebr., eigentlich „den Gott aufrichtet"; weitere Formen: Achim, Jochen, Joakim, Akim (oberd., slaw.), Kim (engl.), Jokum (dän.); bekannte Namensträger: Joachim Ringelnatz, dt. Schriftsteller (1883–1934), Joachim Seyppel, dt. Schriftsteller (geb. 1919).

Joe engl. KF zu → Joseph.

Joel hebräisch, „Jahwe ist Gott".

Johann KF zu → Johannes, meist mit zweitem Namen verbunden; bekannte Namensträger: Johann Sebastian Bach, dt. Komponist (1685–1750), Johann Gottfried Herder, dt. Schriftsteller (1744–1803), Johann Woilfgang von Goethe, dt. Dichter (1749–1832).

Johannes bibl., von hebr. jochanan, „der Herr ist gnädig"; zahlr. KF, NF und KoF; bekannte Namensträger: Johannes Gutenberg, Pionier des Buchdrucks (vor 1400–1468), Johannes Kepler, dt. Astronom (1571–1630), Johannes Bobrowski, dt. Schriftsteller (1917–1965), Johannes Heesters, niederl. Schauspieler (geb. 1903).

John engl. → Johannes.

Jonas bibl., hebr. Urprungs, eigentlich „die Taube"; weitere Formen: Jona, Jonah (engl.), Giona (ital.).

Jonathan hebr., eigentlich „Gott hat gegeben"; bekannter Namensträger: Jonathan Swift, engl. Schriftsteller (1667–1745).

Jörg NF zu → Georg; seit dem MA verbreitet; weitere Formen: Jurg, Jorg; bekannte Namensträger: Jörg Wickram, dt. Schriftsteller (um 1505–1560).

Jörn niederdt. KF von → Georg.

José span. → Joseph.

Josef NF zu → Joseph.

Joseph bibl., hebr. Ursprungs, eigentlich „Gott möge vermehren"; zahlr. NF; bekannte Namensträger: Joseph Haydn, österr. Komponist (1732–1809), Joseph von Eichendorff, dt. Schriftsteller (1788–1857), Joseph Roth, österr. Schriftsteller (1894–1939), Joseph Beuys, dt. Künstler (1911–1986).

Josèphe franz. → Joseph.

Josip slaw. → Joseph.

Josua hebr., „Jahwe hilft"; weitere Formen: Josias, Joshua.

Józef poln. → Joseph.

Juan span. Form zu Johannes; weitere Form: Joan; bekannte Namensträger: Juan Carlos I., span. König seit 1975 (geb. 1938), Joan Miro, span. Maler (1893–1983).

Jul KF zu → Julius.

Jules franz. → Julius; bekannter Namensträger: Jules Verne, franz. Schriftsteller (1828–1905).

Julian NF zu → Julius.

Julianus NF zu → Julius.

Julien franz./engl. → Julius.

Julio span. → Julius; bekannter Namensträger: Julio Iglesias, span. Sänger (geb. 1943).

Julius aus dem Lat. übernommener Vorn., eigentlich ein röm. Herkunftsname der aus dem Geschlecht der Julier; weitere Formen: Julian, Julianus, Gilian, Giles, Jill, Julien (engl.), Giuliano, Giuglio, (ital.), Julio (span.), Gyula (ungar.); bekannter Namensträger: Julius Maggi, schweiz. Industrieller (1846–1912).

Jupp KF zu → Joseph.

Jürgen niederdt. → Georg; weitere Formen: Jurn; Jurjen (fries.); bekannte Namensträger: Jürgen Flimm, dt. Regisseur und Theaterintendant (geb. 1941), Jürgen von der Lippe, dt. Showmaster (geb. 1948), Jürgen Prochnow, dt. Schauspieler (geb. 1941).

Juri russ. → Georg; bekannter Namensträger: Juri Gagarin, russ. Kosmonaut (1934–1968).

Justus aus dem Lat., eigentlich „der Gerechte"; weitere Formen: Justinus, Justianus, Just, Justin; bekannte Namensträger: Justus von Liebig, dt. Chemiker (1803–1873); Justinus Kerner; dt. Dichter (1786–1862), Justus Frantz, dt. Pianist und Festspielleiter (geb. 1944).

Kai Herkunft und Bedeutung nicht geklärt, wohl nord. KF zu → Katharina oder aus ahd. kamph, „Kampf, Streit" entwickelt; weitere Formen: Kaie, Kay, Key., Kaj (dän.); alleiniger Name als MF zugelassen, als WF eindeutiger Zweitname erforderlich.

Kajetan lat., „der aus der Stadt Gaeta"; bekannter Namensträger: hl. Kajetan von Thiene, Gründer des Theatinerordens (15/16. Jh.).

Kalle schwed. KoF zu → Karl.

Kalman ungar. → Koloman.

Kamill von lat. camillus, „ehrbar, edel, aus unbescholtener Ehe, frei geboren".

Karel niederl./tschech. → Karl; bekannter Namensträger: Karel Capek, tschech. Schriftsteller (1890–1938).

Karl aus ahd. karal, „Mann, Ehemann", und aus dem mittelniederl. kerle, „freier Mann" entstanden; Kaiser- und Königsname im MA, später beliebter Name bei Fürsten und Adel; seit dem 19. Jh. volkstümlich, auch in DF und DN beliebt; weitere Formen: Charles (franz./engl.), Carlo (ital.), Carlos (span.), Karel (niederl./tschech.), Karol (poln.), Carol (rumän.), Károly (ungar.), bekannte Namensträger: Karl der Große, fränk. Kaiser (742–814), Karl August, Herzog von Weimar (1757–1828), Karl Marx, Klassiker des Sozialismus (1818–1883), Karl Krolow, dt. Schriftsteller (1915–1999), Karl Valentin, dt. Komiker (1882–1948), Karl Lagerfeld, dt. Modeschöpfer (geb. 1938).

Karlheinz DF aus → Karl und → Heinz; auch als DN; bekannte Namensträger: Karlheinz Böhm, dt. Schauspieler (geb. 1928), Karl-Heinz Rummenigge, dt. Fußballspieler (geb. 1955).

Karsten niederdt. → Christian.

Kasimir Zus. aus slaw. kaza, „verkünden, zeigen", und mir, „Frieden"; weitere Form: Kazimierz (poln.); bekannte Namensträger: hl. Kasimir (Kazimierz), Schutzpatron Polens und Litauens (15. Jh.), Kasimir Edschmid, dt. Schriftsteller (1890–1966).

Kaspar aus pers. kandschwar, „Schatzmeister"; einer der Heiligen Drei Königen; andere Formen: Jasper, Caspar (engl.), Gaspar, Gaspard (franz.), Gaspare, Gasparo (ital.), Jesper (dän.); zeitweilig in Deutschland sehr populär, wovon der Kasper des Puppentheaters und der „Suppenkasper" aus Heinrich Hoffmanns Kinderbuch „Struwwelpeter" zeugen; bekannte Namensträger: Kaspar Hauser, Name eines Findelkindes ungeklärter möglicherweise adliger Abstammung (1812–1833), Wolf Caspar von Klengel, sächs. Architekt und Festungsbaumeister (1630–1691), Johann Kaspar Lavater, schweiz. Gelehrter (1741–1801), Caspar David Friedrich, dt. Maler (1774–1840).

Kastor aus dem Griech., aus der Silbe kad- „hervorragen", entstanden; Kastor und Polydeikes sind in der griech. Mythologie Söhne des Zeus und der Leda; weitere Form: Castor.

Kees niederl. KF zu → Cornelius.

Keith engl., ursprünglich schott. Orts- und Familienname; bekannter Namensträger: Keith Richards, engl. Rockmusiker (geb. 1944).

Kenneth engl., kelt. Herkunft, „tüchtig, flink"; weitere Form: Ken.

Keno KF zu → Konrad.

Kermit engl., kelt. Ursprungs, „freier Mann"; bekannt durch den gleichnamigen Frosch aus der Fernsehserie „Sesamstraße".

Kerry engl.-ir., kelt. Ursprungs, „der Finstere".

Kersten niederl. → Christian; auch WF zu → Christiane; weitere Form: Kersti; eindeutiger Zweitname erforderlich.

Kevin engl.-ir., zu altirisch caoeimhin, „anmutig, schön"; bekannter Namensträger: Kevin Keegan, engl. Fußballspieler (geb. 1951), Kevin Costner, am. Schauspieler (geb. 1955).

Kilian aus dem Ir., zu killena, „Kirchenmann"; seit dem 7. Jh. verbreitet; bekannter Namensträger: hl Kilian, ir. Missionar und Bischof von Würzburg (7. Jh.).

Kim 1. KF zu → Kimberley; 2. mazedon./nord. KF zu Joakim; auch WF, eindeutiger Zweitname erforderlich.

Kimberley engl., auf Familien- und Ortsnamen (Stadt in Südafrika), bezogen.

Klaas KF zu → Nikolaus.

Klaudius NF zu → Claudius.

Klaus KF zu → Nikolaus; Verbreitung: seit dem MA geläufig, im 20. Jh. volkstümlich, sehr weit verbreitet; andere Form: Claus; bekannte Namensträger: Klaus Störtebecker, Seeräuber (hingerichtet 1402), Klaus von Dohnanyi, dt. Politiker (geb. 1928), Klaus Kinski, dt. Schauspieler (1926–1991).

Klausdieter DF aus → Klaus und → Dieter; auch als DN.

Klausjürgen DF aus → Klaus und → Jürgen; auch als DN; bekannter Namensträger: Klausjürgen Wussow (geb. 1929).

Klauspeter DF aus → Klaus und → Peter; auch als DN; bekannter Namensträger: Klaus-Peter Siegloch; dt. TV-Journalist (geb. 1946).

Klemens NF zu → Clemens; weitere Formen: Kliment, Klimt (slaw.); bekannter Namensträger: Klemens Wenzeslaus Fürst von Metternich, österr. Staatsmann (1773–1859).

Klement NF zu → Klemens; bekannter Namensträger: Klement Gottwald, tschech. Politiker (1896–1953).

Klodwig altfrank.; weitere Form: Chlodwig; bekannter ist die MoF → Ludwig.

Klytus griech., von klytós, „berühmt"; weitere Form: Clytus.

Knud dän. NF zu → Knut; bekannter Namensträger: Knud Rasmussen, dän. Polarforscher (1879–1933).

Knut aus dem Nord., von mhd. knuz, „waghalsig, vermessen, frech, keck" abstammend; seit dem MA im gesamten deutschen und nord. Sprachgebiet verbreitet; weitere Form: Knud (dän.); bekannter Namensträger: Knut Hamsun, norweg. Schriftsteller (1859–1952).

Kolja russ. KoF zu → Nikolai; weitere Form: Kolinka.

Koloman kelt., „der Einsiedler"; von irischen Mönchen nach Deutschland gebracht; weitere Formen: Kolman, Kálmán (ungar.).

Konni finn. KF zu → Konrad.

Konny   KF zu → Konrad, → Konstantin, → Constantin; auch weibl. KF zu → Konstanze; eindeutiger Zweitname erforderlich.

Konrad   Zus. aus ahd. kuoni, „kühn", und rat , „Ratgeber"; im MA Fürstenname, im 16. Jh. von aufständischen Bauern zum Bundesnamen erhoben („Armer Konrad"); heute seltener gewählt; weitere Formen: Kuno, Kunz, Konz, Conz, Kord, Keno, Conrad, Kurt, Corrado (ital.); bekannte Namensträger: Konrad Duden, dt. Philologe (1829–1911), Konrad Lorenz, österr. Verhaltensforscher (1903–1989), Konrad Adenauer, dt. Politiker, Bundeskanzler (1876–1967).

Konradin   EF zu → Konrad; weitere Form: Conradin; bekannter Namensträger: Conradin Kreutzer; dt. Komponist (1780–1849).

Konstantin   lat., zu constans, „standhaft, beständig"; seit dem frühen MA als Name Kaiser Konstantins des Großen bekannt; gilt heute wieder als modern; weitere Formen: Kostja (russ.), Constantin, Constantine (engl.), Constantino (ital.); bekannte Namensträger: Konstantin Fedin, russ. Schriftsteller (1892–1977), Konstantin Wecker, dt. Liedermacher (geb. 1947).

Korbinian   EF zu lat. corvus, „Rabe" oder latinisierte EF zu ahd. hraban, „Rabe".

Kornelius   NF zu → Cornelius.

Kosimo   NF zu → Cosimo.

Kostja   russ. KoF zu → Konstantin.

Krishna   aus dem Ind., „der Schwarze"; weitere Form: Krischna.

Kristian   nord. → Christian.

Kristof   nord. → Christoph.

Kunibald   Zus. aus ahd. kunni, „Sippe", und bald, „kühn".

Kunibert   Zus. aus ahd. kunni, „Sippe", und beraht, „glänzend"; Heiligenname des Mittelalters, heute selten.

Kuno   KF zu → Konrad.

Kurt   KF zu → Konrad; weitere Formen: Curt, Curd; bekannte Namensträger: Kurt Tucholsky, dt. Publizist und Schriftsteller (1890–1935), Kurt Masur, dt. Dirigent (geb. 1927), Kurt Russell, am. Schauspieler (geb. 1951).

Kyrill   NF zu → Cyrill; weitere Form: Kyrillus; bekannter Namensträger: Kyrill, Slawen-Apostel (9. Jh.), die Mönche Kyrill und Method entwickelten die slawische Schriftsprache, aus der das heute so genannte „kyrillische Alphabet" hervorging.

Ladewig   niederl. → Ludwig.

Ladislaus   latinisiert zu slaw. → Wladislaw, Zus. aus vladi, „Herrschaft,

Macht", und slava, „Ruhm"; weitere Formen: Lado, László (ungar.); bekannter Namensträger: Ladislaus, König von Ungarn und Kroatien (1043–1095).

Lado KF zu → Ladislaus.

Lajos ungar. → Ludwig.

Lambert Zus. aus ahd. land, „Land", und beraht, „glänzend"; weitere Formen: Lampert, Lambrecht, Lamprecht; bekannter Namensträger: Lambert von Hersfeld, dt. Geschichtsschreiber (11. Jh.).

Lancelot aus dem Altengl., Sagengestalt aus der Tafelrunde des Königs Artus; in England typischer Bauernname; weitere Form: Lanzelot.

Landelin KoF zu altdt. Namen, die mit Land- zusammengesetzt sind; weitere Form: Lando.

Landewin Zus. aus ahd. land, „Land", und wini, „Freund".

Landfried Zus. aus ahd. land, „Land", und fridu, „Frieden".

Lando KF zu Namen mit Land-.

Landolf Zus. aus ahd. land, „Land", und wolf, „Wolf"; weitere Form: Landulf.

Landolt Zus. aus ahd. land, „Land", und waltan, „walten, herrschen".

Larry engl. KF zu → Laurentius; bekannter Namensträger: Larry Hagman, am. Schauspieler (geb. 1931).

Lars schwed. KF zu → Laurentius; vor allem in Norddeutschland und in Skandinavien oft gewählt.

László ungar. → Ladislaus; bekannter Namensträger: Laszlo Moholy-Nagy, ungar. Bauhaus-Künstler (1895–1946).

Lasse schwed. KoF zu → Lars.

Laurence engl. → Laurentius; weitere Form: Larry (engl.); bekannter Namensträger: Laurence Olivier, engl. Schauspieler (1907–1989).

Laurens schwed. → Laurentius.

Laurentius aus dem Lat., „Lorbeer, der Lorbeergeschmückte"; durch den hl. Laurentius bekannt und seit dem MA volkstümlich, heute selten; weitere Formen: Lenz, Renz, Laure, Loris, Enz, Enzeli (schweiz.), Laurent, Lawrence (engl.), Renzo, Rienzo (ital.), Lavrans, Lauri (norweg.), Lorinc (ungar.).

Laurenz NF zu → Laurentius.

Laurids dän. → Laurentius; weitere Formen: Laurits, Lauritz.

Laurin Bedeutung unklar; Name des Zwergs in der Heldendichtung „Dietrich von Bern".

Laux NF zu → Lukas.

Lawrentij russ. → Laurentius.

Lawrence engl. → Laurentius; weitere Form: Larry (engl.).

Lazar bibl., hebr. Ursprungs von eleasar, „Gott ist Helfer" oder „Gott hilf"; weitere Formen: Lazarus; Lazare (franz.).

Leander griech., Zus. aus laos, „Volk", und andrós, „Mann"; bekannte Namensträger: Leander Haußmann; dt. Schauspieler, Regisseur (geb. 1959).

Leberecht pietistische Neuprägung (17./18. Jh.); weitere Form: Lebrecht; bekannter Namensträger: Gebhard Leberecht v. Blücher, preuß. Feldmarschall (1742–1819).

Lebold NF zu → Leopold.

Leif nord., „Sohn, Erbe".

Leik norweg. KF von Vorn., die auf -leik enden.

Len engl. KF zu → Leonhard.

Lenard NF zu → Leonhard; weitere Formen: Lenhard, Lennart (schwed.).

Lenny engl. KF zu → Leonhard.

Leo KF zu → Leonhard.

Leon KF zu → Leonhard.

Leonard NF zu → Leonhard; bekannter Namensträger: Leonard Bernstein, am. Dirigent, Komponist (1918–1990).

Léonard franz. → Leonhard.

Leonardo ital. → Leonhard; bekannter Namensträger: Leonardo da Vinci, ital. Maler, Architekt, Bildhauer, Techniker und Naturforscher (1452–1519).

Leone ital. EF zu → Leo.

Leonhard Zus. aus lat. leo , „Löwe", und ahd. harti, „hart"; weitere Formen: Lienhard, Lienhart, Lenhard, Leonard, Leonz, Lionardo (ital.), Lennart, Linnart (schwed.); bekannte Namensträger: Leonhard Euler, schweiz. Mathematiker (1707–1783), Leonhard Frank, dt. Schriftsteller (1882–1961).

Leonid russ., griech. Ursprungs, „Löwensohn"; bekannter Namensträger:

Leonid Leonow, russ. Schriftsteller (1899–1994).

Leopold Zus. aus ahd. liuti, „Volk", und bald, „kühn"; alter dt. Adelsname; weitere Formen: Lebold, Leupold, Lippold, Pold, Poldi, Polt, Leopoldo, Poldo (ital.); bekannte Namensträger: Leopold von Anhalt-Dessau, der „alter Dessauer" (1693–1747), Leopold von Ranke, dt. Historiker (1795–1886), Leopold Stokowski, engl. Dirigent (1882–1977).

Leopoldo ital. → Leopold.

Leslie engl., auf schott. Orts- und Familiennamen zurückgehend; seit Ende des 19. Jh. bekannt, auch WF, daher eindeutiger Zweitname erforderlich; bekannter Namensträger: Leslie Nielsen, am. Schauspieler (geb. 1926).

Lester engl., auf Orts- und Familiennamen zurückgehend (Leicester); bekannter Namensträger: Lester Young, am. Saxophonist (1909–1959).

Leupold NF zu → Leopold.

Leutfried MoF zu Vorn., die mit Luitbeginnen; weitere Formen: Leutgard, Leuthold, Leutwein, Leutwin.

Levi bibl., hebr. Ursprungs, „anhänglich, dem Bunde zugetan"; bekannter Namensträger: Levi Strauss, bayr./am. Fabrikant (1829–1902).

Levin niederl. → Liebwin; weitere Formen: Lewin, Leveke; bekannter Namensträger: Levin Schücking, dt. Schriftsteller (1814–1883).

Lew russ. → Leo; bekannte Namensträger: Lew N. Tolstoj, russ. Schriftsteller (1828–1910), Lew Landau, russ. Physiker (1908–1968), Lew Kopelew, russ. Schriftsteller (geb. 1912–1997).

Lewis engl. → Ludwig.

Lex KF zu → Alexander, bekannter Namensträger: Lex Barker, am. Schauspieler (1919–1973).

Liborius aus dem Lat., „einem Gott opfern", weitere Formen: Bories, Borris, Börries.

Liebert Zus. aus ahd. liob, „lieb", und beraht, „glänzend"; weitere Form: Liebrecht.

Liebfried Zus. aus ahd. liob, „lieb", und fridu, „Frieden".

Liebhard Zus. aus ahd. liob, „lieb", und harti, „hart"; weitere Form: Liebhart.

Liebward Zus. aus ahd. liob, „lieb", und wart, „Hüter, Beschützer".

Liebwald Zus. aus ahd. liob, „lieb", und waltan, „walten, herrschen".

Liebwin Zus. aus ahd. liob, „lieb", und wini, „Freund".

Lin chin., „Wald".

Linus 1. auf griech. Vorn. Linos (von altgriech. „Klagegesang") zurückgehend; 2. KF zu Vorn., die auf -linus enden (Paulinus, Marzellinus); bekannter Namensträger: Linus Pauling, am. Chemiker und Friedensnobelpreisträger (1901–1994).

Lion NF zu → Leo; bekannter Namensträger: Lion Feuchtwanger, dt. Schriftsteller (1884–1958).

Lionel engl. KoF zu → Lion; weitere Form: Lyonel; bekannter Namensträger: Lionel Hampton, am. Jazz-Vibraphonist (1908–2002).

Litthard Zus. aus ahd. liut, „Volk", und harti, „hart"; weitere Form: Luithard (oberdt.).

Livio ital. → Livius.

Livius aus dem Lat. (der aus dem altrömischen Geschlecht der Livier); bekannter Namensträger: Livius, römischer Geschichtsschreiber (59 v. Chr.– 17 n. Chr.).

Lodewig niederl. → Ludwig, weitere Form: Lodewik.

Lois oberdt. KF zu → Alois.

Longin aus dem Lat., „der Lange".

Lorenz dt. → Laurentius.

Lorenzo ital. → Laurentius.

Loris schweiz. KF zu → Laurentius.

Lothar Zus. aus ahd. hlut, „laut, berühmt", und heri (Heer); fränk. Adelsname, Name von Kaisern und Königen; seit 1900 wieder modern und auch heute noch oft gewählt; weitere Formen: Lutter, Ludeke, Luhr; bekannte Namensträger: Lothar I., Sohn Ludwigs des Frommen und fränk. Kaiser (8./9. Jh.), Lothar Müthel, dt. Regisseur (1896–1964), Lothar Späth, dt. Politiker und Manager (geb. 1937).

Louis franz. → Ludwig; im 19. Jh. auch im dt. Sprachraum sehr verbreitet, heute selten; weitere Form: Lou; bekannte Namensträger: Louis Pasteur, franz. Bakteriologie (1822–1875), Louis Fürnberg, dt. Dichter (1909–1957), Louis Armstrong, am Jazzmusiker (1900–1971).

Lovis niederdt. → Ludwig; weitere Form: Lowis; bekannter Namensträger: Lovis Corinth, dt. Maler (1858–1925).

Lubbe fries. KoF zu Namen, die mit Luit- gebildet werden; weitere Formen: Lube, Lubbo, Lübbe.

Luc roman. KF zu → Lukas; weitere Formen: Luca, Luce.

Luciano ital. → Lucianus; bekannter Namensträger: Luciano Pavarotti, ital. Tenor (geb. 1935), Luciano Berio, ital. Komponist (geb. 1925).

Lucianus EF zu → Lucius; weitere Form: Lucien (franz.).

Lucio ital. → Lucius.

Lucius lat., „das Licht", auf alten Vorn. zurückgehend.

Ludbert NF zu → Luitbert.

Lüdeke NF zu → Lothar.

Ludger NF zu → Luitger; bekannter Namensträger: Ludger Beerbaum, dt. Springreiter (geb. 1963).

Ludolf NF zu Luitolf; im MA sehr beliebter Name beim sächsischen Adel (Ludolfinger).

Ludovico ital. → Ludwig.

Ludwig Zus. aus ahd. hlut, „laut, berühmt", und wig, „Kampf"; seit dem 5. Jh. im dt. Sprachraum bekannt, seit dem MA sehr verbreitet; zahlr. NF und KF; bekannte Namensträger: Ludwig Tieck, romantischer Dichter (1773–1853), Ludwig Marcuse, dt. Philosoph (1894–1971), Ludwig Erhard, dt. Politiker, Bundeskanzler (1897–1977).

Luigi ital. → Ludwig.

Luis span. → Ludwig; bekannter Namensträger: Luis Bunuel, span. Filmregisseur (1900–1983).

Luitbald Zus. aus ahd. liut, „Volk", und bald, „kühn".

Luitbert Zus. aus ahd. liut, „Volk", und beraht, „glänzend"; weitere Form: Luitbrecht.

Luitbrand Zus. aus ahd. liut, „Volk", brant, „Brand, brennen"; weitere Formen: Luitprand, Luitbrant.

Luitfried Zus. aus ahd. liut, „Volk", und fridu, „Frieden".

Luitgard Zus. aus ahd. liut, „Volk", und gard, „Hort, Schutz".

Luitger Zus. aus ahd. liut, „Volk", und ger, „Speer"; weitere Form: Lutger.

Luithard Zus. aus ahd. liut, „Volk", und harti, „hart".

Luitolf Zus. aus ahd. liut, „Volk", und wolf, „Wolf"; weitere Form: Luidolf.

Luitpold NF zu → Luitbald; bekannter Namensträger: Prinzregent Luitpold von Bayern (1821–1912).

Luitwin   Zus. aus ahd. liut, „Volk",
und wini, „Freund".

Lukas   aus dem Lat., „der aus Lucania
stammende"; der Name des Evangelisten
Lukas trug entscheidend zur Verbreitung
bei, bis heute modern; weitere Form:
Lucas; bekannte Namensträger: Lucas
Cranach der Ältere, dt. Maler
(1472–1553), Lucas Cranach der Jüngere, dt. Maler (1515–1586).

Lutmar   Zus. aus ahd. liut, „Volk", und
mari, „berühmt"; weitere Formen: Lut-
mer, Lütmer, Luttmer.

Lutter   NF zu → Lothar.

Lutz   KF zu → Ludwig.

Lux   KF zu → Lukas.

Lysander   griech. Zus. aus lysis, „Frei-
lassung", und andros, „Mann".

Maarten   niederdt./niederl. → Martin.

Mad   engl. KF zu → Madison.

Madison   aus dem Engl., „Mauds
Sohn"; weitere Form: Maddison.

Madjid   arab., „ruhmreich, gepriesen".

Magnar   1. NF zu → Magnus; 2. norweg. Neuprägung nach dem Muster von
→ Ragnar.

Magnus   lat., „groß, angesehen"; König
Olaf von Norwegen gab seinem Sohn in
Gedenken an Karl den Großen (lat.
Carolus Magnus) den Namen Magnus
(11. Jh.); wird heute vereinzelt (meist
als Zweitname) gewählt; bekannte
Namensträger: Magnus Hirschfeld, dt.
Sexualaufklärer (1868–1935), Hans
Magnus Enzensberger, dt. Schriftsteller
(geb. 1929).

Mahmud   arab., „der Lobenswerte,
Gepriesene".

Mainart   ostfries. → Meinhard; weitere
Form: Maint.

Maksut   türk., „Wille, Vorhaben, Ziel".

Malchus   griech., zu aram. Malluk,
„Herrscherkind".

Malcolm   engl., kelt. Ursprungs, Bedeutung unklar, eventuell „Diener einer
Gottheit".

Malte   aus dem Dän., Herkunft und
Bedeutung unklar; bekannt geworden
durch Rilkes „Die Aufzeichnungen des
Malte Laurids Brigge" (1910).

Malwin   Zus. aus ahd. mahal, „Ge-
richtsplatz", und wini, „Freund"; weitere Form: Melvin.

Mandus   KF zu → Amandus.

Manfred   Zus. aus ahd. man, „Mann",
und fridu „Frieden"; bekannt geworden
durch den Staufer König Manfred von
Sizilien (13. Jh.); um 1950 Modename,
heute seltener gewählt; weitere Formen:
Manfried, Manfredo (ital.), bekannte
Namensträger: Manfred Freiherr v.
Richthofen, der „Rote Baron", Kampf-

flieger (1892–1918), Manfred v. Ardenne, dt. Wissenschaftler (1907–1997), Manfred Hausmann, dt. Schriftsteller (1898–1986), Manfred Krug, dt. Schauspieler (geb. 1937).

Manhard Zus aus ahd. man, „Mann", und harti, „hart"; weitere Form: Manhart.

Mano slaw./ungar. KF zu → Emanuel; weitere Form: Manolo (span.).

Manuel span. Form zu → Emanuel.

Marald Zus. aus ahd. marah, „Streitross", und walt, „Schutz"; weitere Formen: Marhold, Marwald.

Marbert Zus. aus ahd. marah „Streitross", und beraht, „glänzend".

Marbod Zus. aus ahd. marah, „Streitross", und altsächs. bodo., „Gebieter"; Marbod war der Gründer des ersten Germanenreiches (bis 19 n. Chr.).

Marc NF zu → Mark; bekannter Namensträger: Marc Chagall, russ. Maler (1887–1985).

Marcel franz. → Marcellus; weitere Form: Marceau; bekannte Namensträger: Marcel Reich-Ranicky, dt. Literaturkritiker (geb. 1920), Marcel Marceau, franz. Pantomime (geb. 1923).

Marcelin EF zu → Marcel.

Marcello ital. → Marcellus.

Marcellus EF von → Marcus; weitere Formen: Marzellus, Marcello, Marcellinus.

Marco ital./span. → Markus.

Marcus lat. → Markus.

Marek slaw. → Markus.

Marhold Zus. aus ahd. marah „Streitross", und waltan, „walten, herrschen".

Maria als männl. Zweitname zugelassen; bekannter Namensträger: Carl Maria von Weber, dt. Komponist (1786–1826), Rainer Maria Rilke, dt. Dichter (1875–1926), Erich Maria Remarque, dt. Schriftsteller (1898–1970).

Marian KF zu lat. marianus, „den Marius betreffend".

Marin franz. → Marinus.

Marinus aus dem Lat., „zum Meer gehörend"; weitere Formen: Rino, Marin, Marinellus.

Mario ital. → Marius; bekannte Namensträger: Mario del Monaco, ital. Tenor (1915–1982), Mario Adorf, schweiz. Filmschauspieler (geb. 1930).

Marius lat., auf altröm. Geschlechternamen etrusk. Ursprungs zurückgehend.

Mark KF zu → Markus; bekannte Namensträger: Mark Twain, am. Schriftsteller (1835–1910), Mark Taimanow, russ. Konzertpianist und Schachgroßmeister (geb. 1926), Mark Spitz, am. Weltrekordschwimmer und Olympiasieger (geb. 1950).

Markhard Zus. aus ahd. marcha, „Grenze", und harti, „hart".

Marko dt. → Marco.

Markolf Zus. aus ahd. marcha, „Grenze", und wolf, „Wolf".

Markus aus dem Lat., auf alten Vorn., „dem Mars zugehörig", zurückgehend, seit dem MA bekannt, kam in neuester Zeit wieder in Mode; bekannte Namensträger: Markus Lüpertz, dt. Maler und Bildhauer (geb. 1941).

Markward Zus. aus ahd. marcha, „Grenze", und wart, „Schützer, Hüter"; weitere Form: Markwart.

Marlon engl., wahrscheinlich auf altfranz. KoF zu → Marc zurückgehend; bekannter Namensträger: Marlon Brando, am. Schauspieler (geb. 1924).

Marquard NF zu → Markward.

Mart KF zu → Martin.

Marten niederl./schwed. → Martin.

Märten NF zu → Martin.

Martili KoF zu → Martin.

Martin aus dem Lat., „Sohn des Kriegsgottes Mars"; bekannte Namensträger: Martin Luther, dt. Reformator (1483–1546), Martin Opitz, dt. Dichter (1597–1639), Martin Heidegger, dt. Philosoph (1889–1976), Martin Walser, dt. Schriftsteller (geb. 1927).

Marvin engl., aus dem walis. Merfyn hervorgegangen, „berühmter Freund".

Marwin Zus. aus ahd. mari, „berühmt", und wini, „Freund".

Masetto ital. KoF zu → Thomas; weitere Formen: Masino, Maso.

Massimo ital. KF zu → Maximilian.

Masud arab., „der Glückliche".

Mathew engl. → Matthias; weitere Form: Matthew.

Mathias NF zu → Matthias.

Mathieu franz. → Matthias; bekannter Namensträger: Mathieu Carrière, franz.-dt. Schauspieler (geb. 1950).

Mathis NF zu → Matthias.

Mats nord. KF zu → Matthias.

Mattes KF zu → Matthias.

Matthäus bibl., hebr. Herkunft, „Geschenk Jahwes"; allgemein bekannt geworden durch den Evangelisten Matthäus; weitere Formen: Mattaus, Matteo (ital.); bekannte Namensträger: Matthäus Merian der Ältere, schweiz. Kupferstecher und Buchhandler (1593–1650), Matthäus Daniel Pöppelmann; dt. Architekt (1662–1736).

Matthias aus dem Hebr., „Geschenk Gottes"; seit dem MA verbreitet; bekannte Namensträger: Matthias Grünewald, dt. Maler (um 1465–1528), Matthias Claudius, dt. Lyriker (1740–1815), Matthias Richling, dt. Kabarettist (geb. 1953).

Maurice franz. → Moritz; bekannter Namensträger: Maurice Béjart, franz. Tänzer und Choreograph (geb. 1927).

Mauritius lat. → Moritz; weitere Form: Mauritz.

Maurizio ital. → Moritz; bekannter Namensträger: Maurizio Pollini, ital. Pianist (geb. 1942).

Mauro ital., lat. Ursprungs, „der Mann aus Mauretanien, der Mohr"; weitere Formen: Maurus, Moritz, Murillo (span.).

Maurus aus dem Lat., „der Mohr"; weitere Form: Mauritius.

Max KF zu → Maximilian; seit der Renaissance sehr beliebter Vorn.; bekannte Namensträger: Max Reger, dt. Komponist (1873–1916), Max Klinger, dt. Maler und Bildhauer (1857–1920), Max Planck, dt. Physiker (1858–1947), Max Beckmann, dt. Maler (1884–1950), Max von Laue, dt. Physiker (1879–1960), Max Euwe, belg. Schachspieler (1901–1981), Max Schmeling (geb. 1905), Max Frisch, schweiz. Schriftsteller (1911–1991), Max von Sydow, schwed. Schauspieler (geb. 1929), Max Tidof, dt. Schauspieler (geb. 1960).

Maxim KF zu → Maximus, bekannter Namensträger: Maxim Gorki, russ. Schriftsteller (1868–1936).

Maxime franz. → Maximus.

Maximilian aus dem Lat., „sehr groß, am größten"; bekannt vor allem in Österreich und Bayern durch den hl. Maximilian und eine Reihe von Kaisern, Königen, Herzögen und Kurfürsten; dt. und österr. Adelsname, im 19. und 20. Jh. weitgehend durch die KF → Max verdrängt, heute selten, aber wieder zunehmend gewählt; bekannte Namensträger: Maximilian I., dt. Kaiser, „der letzte Ritter" (1459–1519), Maximilian Harden, dt. Publizist (1861–1927), Maximilian Schell, schweiz. Schauspieler und Regisseur (geb. 1930).

Maxwell engl., kelt. Ursprungs, „an der Quelle des Markus".

Mehmet türk. → Mohammed.

Meiko fries./niederdt. KF zu Vornamen mit Mein-.

Meinald Zus. aus ahd. magan, megin, „Kraft, Macht", und walt, „walten, herrschen"; weitere Formen: Meinold, Meinwald, Meinwalt.

Meinbod Zus. aus ahd. magan, megin, „Kraft, Macht", und bodo, Gebieter".

Meinert fries. NF zu → Meinhard; weitere Formen: Meiner, Meine, Meindert.

Meinfried Zus. aus ahd. magan, megin, „Kraft, Macht", und fridu, „Frieden".

Meinhard Zus. aus ahd. magan, megin, „Kraft, Macht", und harti, „hart"; weitere Form: Meinard.

Meinhold NF zu → Meinald.

Meino fries. KF von Vorn. mit Mein-.

Meinolf Zus. aus ahd. magan, megin, „Kraft, Macht", und wolf, „Wolf"; weitere Formen: Meinulf, Meinolph.

Meinrad Zus. aus ahd. magan, megin, „Kraft, Macht", und rat, „Ratgeber".

Meinward Zus. aus ahd. magan, megin, „Kraft, Macht", und wart, „Hüter, Schützer".

Mel engl., KF zu → Melvin.

Melcher NF zu → Melchior.

Melchior aus dem Hebr., „Gott ist König des Lichts"; im MA als Name eines der Heiligen Drei Könige bekannt, heute selten; bekannte Namensträger: Johann Melchior Dinglinger, dt. Goldschmied, sächs. Hofjuwelier (1664–1731), Johann Melchior v. Grimm, dt.-franz. Schriftsteller (1723–1807).

Melvin engl., aus altangelsächs. „Schwertfreund" hervorgegangen.

Menard ostfries. Form zu → Meinhard; weitere Formen: Menardus.

Mendel KF zu Immanuel.

Menno fries. KF zu → Meinhold; weitere Formen: Meno, Menold, Menolt; bekannter Namensträger: Menno Simons, Gründer der in den USA verbreiteten Religionsgemeinschaft der Mennoniten (1496–1561).

Mense fries. KF von Vorn. mit Mein-; weitere Formen: Menso, Mensje, Menske, Menste.

Menyhért ungar. → Melchior.

Meo ital. KF zu → Bartolomeo.

Merlin engl., aus dem Sagenkreis um König Artus stammend, von franz. merlion, „der Falke" oder von walis. merddin, „Düne", abgeleitet; weitere Form: Marlin.

Mertel NF zu → Martin.

Merten NF zu → Martin.

Mertin NF zu → Martin.

Mesut türk. → Masud.

Mewes KF zu → Bartholomäus.

Michael bibl., hebr. Ursprungs, „Wer ist wie Gott?"; in der christlichen Welt als Name eines Erzengels seit dem MA weit verbreitet, heute noch sehr häufig gewählt; zahlr. NF, KF und KoF; bekannte Namensträger: Jakob Michael Reihold Lenz, dt. Dichter (1751–1792), Michael Ende, dt. Schriftsteller (1929–1995), Michael Groß, dt. Schwimmer (geb. 1964), Michael Caine, engl. Schauspieler (geb. 1933), Michael Crichton, am. Schriftsteller (geb. 1942), Michael Douglas, am. Schauspieler (geb. 1944).

Michail slaw. Form zu Michael; bekannte Namensträger: Michail Gorbatschow, russ.-sowj. Staatsmann (geb. 1931), Michail Baryschnikow, russ. Balletttänzer und Choreograph (geb. 1949), Michail Tal, lett. Schachspieler, Weltmeister (1936–1992), Michail Romm, russ. Dokumentarfilm-Regisseur (1901–1971).

Michal slaw. → Michael.

Michel 1. franz. → Michael; bekannter Namensträger: Michel Piccoli, franz. Schauspieler (geb. 1925), Michel Platini, franz. Fußballspieler (geb. 1955); 2. dt. KF zu → Michael; der „deutsche Michel" galt als Sinnbild des einfachen, ein wenig beschränkten deutschen Normalbürgers.

Michele ital. → Michael.

Michiel niederl. → Michael.

Mick engl. KoF zu → Michael; bekannter Namensträger: Mick Jagger, engl.

Rocksänger und Mitglied der Rolling Stones (geb. 1943).

Mickel dän. und schwed. → Michael.

Mies niederdt./niederl. KF zu → Bartholomäus.

Miguel span. und portug. → Michael.

Mihály ungar. → Michael, bekannter Namensträger: Mihály Kertész (besser bekannt als Michael Curtiz), am. Filmregisseur ungar. Herkunft (1886–1962).

Mikael dän./schwed. Form zu → Michael.

Mike engl. KF zu → Michael; auch im dt. Sprachraum sehr verbreitet; bekannte Namensträger: Mike Krüger, dt. Sänger und Fernsehunterhalter (geb. 1951), Mike Oldfield, engl. Popmusiker (geb. 1953).

Miklas slaw. → Nikolaus; weitere Formen: Mikola, Mikolas, Wikulas.

Miklós ungar. → Nikolaus.

Milan KF zu → Miloslaw.

Milko KF zu → Miloslaw.

Miloslaw Zus. aus russ. milyj, „lieb, angenehm", und slava, „Ruhm"; weitere Formen: Wilo, Wilko.

Ming chin., „glänzend".

Mino ital. KF zu → Giacomino (→ Jakob) oder Guglielmino (→ Wilhelm).

Mirko slaw. KF zu → Miroslaw, neuerdings öfter gewählt; weitere Form: Mirco.

Miroslaw Zus. aus slaw. mir, „Frieden", und slava, „Ruhm".

Mirtel NF zu → Martin.

Mischa russ. KoF zu → Michail; weitere Form: Mischka.

Mitja slaw. KoF zu → Demetrius; weitere Formen: Mitko, Mito.

Modest aus dem Lat., „bescheiden, sanftmütig"; weitere Form: Modesto (ital.); bekannter Namensträger: Modest Mussorgski, russ. Komponist (1839–1881).

Mombert Zus. aus ahd. muni, „Geist, Gedanke", und beraht, „glänzend"; weitere Formen: Mommo, Momme.

Montgomery engl., bekannter Namensträger: Montgomery Clift, am. Filmschauspieler (1920–1946).

Monty engl. KF eines franz. Familiennamens, wahrscheinlich Montague, auch KF zu → Montgomery; bekannter Namensträger: Monty Roberts, am. Pferdetrainer, „Pferdeflüsterer", (geb. 1935).

Moreno aus dem Ital., „dunkel, schwarz".

Morgan aus dem Keltischen, „Seemann"; bekannter Namensträger: Morgan Freeman, am. Schauspieler, Regisseur und Produzent (geb. 1937).

Moritz dt. → Maurus, → Mauritius; als Heiligenname seit dem MA bekannt, vor allem in der Schweiz; lange Zeit überwiegend Adelsname, aber durch W. Buschs „Max und Moritz" volkstümlich; weitere Formen: Maurus, Mauriz, Mauritius (lat.), Maurice (franz.), Maurizio (ital.),

Morris (engl.), bekannter Namensträger: Kurfürst Moritz von Sachsen (1521–1553), Moritz Graf von Nassau, Statthalter der Niederlande (1567–1625), Moritz v. Schwind, dt.-österr. Maler (1804–1871), Moritz Bleibtreu, dt. Schauspieler (geb. 1971).

Morris   engl. → Moritz.

Morten   dän. → Martin; weitere Formen: Morton, Mort.

Mortimer   engl., ursprünglich den Ort Mortemer in der franz. Normandie bezeichnend, durch Schillers Mortimer in „Maria Stuart" bekannt geworden.

Mu   chin., „Holz".

Muchtar   arab., „der Auserwählte".

Mustafa   arab., „der Erwählte".

Muck   KF von → Nepomuk.

Munibert   Zus. aus ahd. muni, „Gedanke", und beraht, „glänzend".

Nabor   aus dem Hebr., „Prophet des Lichts".

Naboth   hebr., „herausragend, Höhe".

Nahum   aus dem Hebr., „Tröster"; im Alten Testament einer der zwölf „kleinen" Propheten; weitere Formen: Naum, Nacham.

Nallo   KF zu → Immanuel.

Nandolf   Zus. aus ahd. nantha, „wagemutig, kühn", und wolf, „Wolf".

Nandor   ungar. → Ferdinand.

Nanno   1. fries. KF zu → Ferdinand; 2. KF zu Vorn., die mit Nant- gebildet werden.

Nante   fries./niederdt. KF zu → Ferdinand; bekannt geworden durch die Figur des Berliner „Eckenstehers".

Nantwig   Zus. aus ahd. nantha, „wagemutig, kühn" und wig, „Kampf".

Nantwin   Zus. aus ahd. nantha, „wagemutig, kühn", und wini, „Freund".

Nasir   türk., „der Helfer".

Nat   engl. KF zu → Nathanael.

Nathan   bibl., hebr. Ursprungs, „Gott hat gegeben"; Nathan war in der Bibel ein Prophet, der David nach dessen Ehebruch mit Bathseba und dem Mord an Uria das Urteil Gottes verkündete; allgemein bekannt durch Lessings Drama „Nathan der Weise"; auch KF zu Nathanael oder Jonathan; weitere Form: Natan.

Nathanael   aus dem Hebr., „Gott hat gegeben"; weitere Form: Nathaniel; bekannter Namensträger: Nathaniel Hawthorne; am. Schriftsteller (1804–1864).

Nebo   aus dem Babylon., „Sprecher", nach der Bezeichnung für den Planeten Merkur, den die Babylonier als Gott verehrten und dem sie die Erfindung der Schreibkunst zuschrieben.

Ned   engl. KF zu → Edward.

Neel   fries. KF zu → Cornelius.

Nehemia   hebr., „Gott hat getröstet".

Neidhard   Zus. aus ahd. nid, „Kampfeszorn, blinder Eifer" und harti, „hart"; weitere Formen: Neithard, Nithard; bekannte Namensträger: Neidhard von Reuenthal, dt. Dichter (12./13. Jh.), August Neidhardt v. Gneisenau; preuß. General (1760–1831).

Neil   aus dem Kelt., „der Kämpfer, Anführer"; bekannte Namensträger: Neil Armstrong, am. Astronaut, erster Mensch auf dem Mond, Neil Young, kanad. Rockmusiker (geb. 1945).

Nelson   aus dem Engl., „Sohn des Neil": bekannte Namensträger: Nelson Piquet, brasil. Motorsportler (geb. 1952), Nelson Mandela, südafrik. Politiker (geb. 1918).

Nepomuk   aus dem Tschech., vom Ortsnamen Pomuk (in Böhmen) abgeleitet; der Vorn. geht auf den hl. Nepomuk zurück, der nach der Legende von König Wenzel gefoltert und in der Moldau ertränkt wurde, weil er über die Beichte der Königin schwieg; der hl. Nepomuk ist häufig Brückenheiliger und Landespatron von Böhmen; bekannte Namensträger: Johann Nepomuk Mälzel, Erfinder des Metronoms (1772–1838), Johann Nepomuk Nestroy, österr. Schriftsteller (1801–1862), Johann Nepomuk David, österr. Komponist (1895–1977).

Nero   aus dem Sabinisch-Lat., „stark, streng".

Nestor   griech. Sagengestalt aus Homers „Odyssee", der weise Berater der Griechen vor Troja; bekannt auch durch die Figur des Nestor Burma in den Kriminalromanen von Leo Malet.

Nic   rätoroman. KF zu → Nikolaus; weitere Formen: Niclo, Nico.

Niccoló   ital. → Nikolaus; weitere Formen: Nicoletto; bekannter Namensträger: Niccoló Paganini, ital. Violinvirtuose und Komponist (1782–1840).

Nicholas   engl. → Nikolaus.

Nick   engl. KF zu → Nikolaus.

Nicki   KF zu → Nikolaus.

Nico   KF von → Nikolaus.

Nicol   franz. → Nikolaus.

Nicolaas   niederl. → Nikolaus.

Nicolas   engl./franz. → Nikolaus; bekannte Namensträger: Nicolas Born, dt. Schriftsteller (1937–1979), Nicolas Cage, am. Schauspieler (geb. 1964).

Niels   skand. KF zu → Nikolaus, weitere Formen: Nils, Nisse, Nels; bekannte Namensträger: Niels W. Gade, dän. Komponist (1817–1890), Niels Bohr, dän. Physiker (1885–1962).

Nigel   engl., Bedeutung unklar; bekannter Namensträger: Nigel Kennedy, engl. Geiger (geb. 1956).

Nigg   fries. KF zu → Nikolaus.

Nik   KF zu → Nikolaus.

Nikanor   griech., „Männerbesieger".

Nikita russ. Form zu → Nikolaus; bekannte Namensträger: Nikita S. Chruschtschow, russ. Staatsmann (1894–1971), Nikita Michalkow, russ. Filmregisseur (geb. 1945).

Nikkel KoF zu → Nikolaus.

Niklas KF zu → Nikolaus; weitere Form: Niklaus; bekannter Namensträger: Niklas von Wyle, schweiz. Humanist (15. Jh.).

Niko KF zu → Nikolaus.

Nikodemus aus dem Griech., Zus. aus nike, „Sieg", und demos, „Volk"; weitere Form: Nicodemo.

Nikol fries. → Nikolaus.

Nikolai russ. → Nikolaus, bekannter Namensträger: Nikolai Rimski-Korsakow, russ. Komponist (1844–1908).

Nikolaus Zus. aus griech. nike, „Sieg" und laós, „Volksmenge"; der hl. Nikolaus, der Schutzheilige der Schiffer, Seeleute, Kaufleute, Bäcker und Schüler, zählt zu den 14 Nothelfern; seit dem 12. Jh. volkstümlicher Vorn., im 20. Jh. von seiner KF Klaus fast vollständig verdrängt; zahlr. KF, NF und KoF; bekannte Namensträger: Nikolaus von Kues, dt. Philosoph und Theologe (15. h.), Nikolaus Kopernikus, dt. Astronom (1473–1543), Nikolaus Lenau, österr. Schriftsteller (1802–1850), Emil Nikolaus von Reznicek, dt. Komponist (1860–1945).

Nils KF von → Nikolaus.

Noah bibl., hebr. Ursprungs, von noach, „Ruhebringer"; im Alten Testament überstand Noah die Sintflut in seiner Arche und wurde zum Gründer neuer Volksstämme; bekannter Namensträger: Noah Gordon, am. Schriftsteller (geb. 1926).

Noel MF zu → Natalie.

Nolde fries. KF zu → Arnold; weitere Form: Nolte.

Nolik russ. KoF zu → Anatoli.

Nonne fries. KF zu Vorn., die auf -nant oder -nand enden; weitere Form: Nonno.

Norbert Zus. aus ahd. nord, „Norden", und beraht, „glänzend"; durch Norbert von Xanten, Stifter des Prämonstratenserordens und Erzbischof von Magdeburg (11./12. Jh.), verbreitet, heute noch häufig; weitere Form: Nordbert; bekannte Namensträger: Nobert Elias; dt. Kultursoziologe (1897–1990), Norbert Blüm, dt. Politiker (geb. 1935).

Nordfried Zus. aus ahd. nord, „Norden", und fridu, „Frieden".

Nordwin Zus. aus ahd. nord, „Norden", und wini, „Freund".

Norman engl., Zus. aus ahd. nord, „Norden", und man, „Mann", also „Mann aus dem Norden", in England und Amerika verbreitet; bekannter Namensträger: Norman Mailer, am. Schriftsteller (geb. 1923)

Norwin Zus. aus ahd. nord, „Norden", und wini, „Freund".

Notker Zus. aus ahd. not, „Not", und ger, „Speer"; der Vorn. ist die Umkehrung zu → Gernot; bekannter Namensträger: Notker Balbulus, dt. Dichter und Sprachlehrer (9./10. Jh.).

Obbo NF zu → Otto, fries. KF zu → Otbert; weitere Form: Obbe.

Oberon aus dem Franz. übernommener Vorn., NF zu Auberon; bekannt geworden durch die gleichnamige Oper von Carl Maria v. Weber.

Obuz türk., „Quelle".

Octavius aus dem Lat., auf altröm. Geschlechternamen (Octavier) zurückgehend; weitere Formen: Octavio, Oktavio, Oktavian; bekannt ist die Gestalt des Octavio Piccolomini aus Schillers „Wallenstein"; bekannter Namensträger: Octavio Paz, mexikan. Schriftsteller (1914–1998).

Oddo ital. → Otto.

Ode ostfries. KF von Zus. mit Ot-; weitere Form: Odo.

Odilo EF zu → Odo; bekannter Namensträger: Odilo, Herzog von Bayern (gest. 748).

Odin vom altgerm. Gott Odin (Wotan).

Odo NF zu → Otto.

Odomar NF zu → Otmar; weitere Formen: Odemar.

Ödön ungar. Edmund; bekannter Namensträger: Ödön von Horvath, ungar. Schriftsteller, Dramatiker (1901–1938).

Okko NF zu → Otto.

Olaf aus dem Nord., „Ahnenspross"; als alter norweg. Königsname in Skandinavien und später im dt. Sprachraum gebräuchlich, gegenwärtig seltener; weitere Formen: Olav, Ole; bekannte Namensträger: Olaf I. Haraldsson, norweg. König (10. Jh.), Olaf Gulbransson, norweg. Zeichner (1873–1958),

Olberich NF zu → Alberich.

Ole dän. Form zu Olav oder fries. KF zu Vorn. mit Od-.

Oleg russ. KF zu → Helge; im 9. Jh. mit den Warägern nach Russland gelangt; bekannter Namensträger: Oleg Popow, russ. Clown (geb. 1930).

Olf KF von Vorn. mit Wolf-.

Olfer ostfries. KF zu → Wolfhart.

Oliver auf einen Waffengefährten Rolands in der Sage zurückgehend, erst in neuester Zeit in Deutschland verstärkt gewählt, zählt zu den Modenamen; bekannte Namensträger: Oliver Cromwell, engl. Staatsmann (1599–1658), Oliver Goldsmith, engl. Schriftsteller (1728–1774), Oliver Stone, am. Filmregisseur und -produzent (geb. 1946).

Olivier franz. → Oliver.

Oliviero ital. → Oliver.

Olli 1. KF zu → Oliver; 2. KoF zu → Olga und → Olivia; eindeutiger Zweitname erforderlich.

Olof schwed. → Olaf; bekannter Namensträger: Olof Palme, ehemaliger schwed. Ministerpräsident (1927–1986).

Oltman fries. Vorn. altdt. Ursprungs, Zus. aus ald, „bewahrt", und man, „Mann".

Oluf dän. → Olaf.

Olympus aus dem Griech., „der vom Olymp Stammende"; weitere Form: Olimpio (ital./span.).

Omar arab. Form zu → Georg; bekannter Namensträger: Omar Sharif, Künstlername des libanesischen Schauspielers Michael Chalhoub (geb. 1932).

Omke fries. KF zu Vorn. mit Od- oder Ot-, vor allem Otmar; weitere Formen: Omko, Omme, Ommeke, Ommo.

Onno NF zu → Otto.

Orell schweiz. → Aurelius.

Orlando ital. → Roland; bekannter Namensträger: Orlando di Lasso; niederl. Komponist (1532–1594), Orlando Bloom, engl. Schauspieler (geb. 1977).

Ortfried Zus. aus ahd. ort, „Spitze", und fridu. „Frieden".

Ortger Zus. aus ahd. ort, „Spitze", und ger, „Speer".

Ortlieb Zus. aus ahd. ort, „Spitze", und leiba, „Erbe"; weitere Form: Ortliep.

Ortnit Zus. aus ahd. ort, „Spitze", und nid, „Kampfeszorn, wilder Eifer; weitere Form: Ortnid.

Ortolf Zus. aus ahd. ort, „Spitze", und wolf, „Wolf"; weitere Form: Ortulf.

Ortolt NF zu → Ortwald.

Ortwald Zus. aus ahd. ort, „Spitze", und waltan, „walten, herrschen".

Ortwin Zus. aus ahd. ort, „Spitze", und „wini", „Freund"; weitere Form: Ortwein.

Osbert NF zu → Ansbert.

Oscar NF zu → Oskar; bekannte Namensträger: Oscar Wilde, engl. Schriftsteller (1854–1900), Oscar Straus, österr. Komponist (1870–1954), Oscar Peterson, kanad. Jazzpianist (geb. 1925).

Oskar NF zu → Ansgar; aus der Ossian-Dichtung J. Macphersons übernommen; unter schwed. Einfluss Ende des 19. Jh. im dt. Sprachraum volkstümlich geworden (bekannte Redewendung: „Frech wie Oskar"), heute seltener; bekannte Namensträger: Oskar I., König von Schweden (1799–1859), Oskar Panizza, dt. Schriftsteller (1853–1921), Oskar Kokoschka, österr. Maler (1886–1980), Oskar Schlemmer, dt. Maler (1888–1943).

Osmar Zus. aus ahd. ans, „Gott", und mari, „berühmt".

Osmund Zus. aus ahd. ans, „Gott", und munt „Schutz der Unmündigen, Vormundschaft".

Ossi   KF zu Vorn. mit Os-; weitere
Form: Ossy (engl.).

Ossip   russ. → Josef; bekannter Namensträger: Ossip K. Flechtheim, dt.
Politologe (1909–1998).

Oswald   angelsächs. NF zu → Answald; weitere Form: Oswalt; bekannte
Namensträger: Oswald von Wolkenstein, Tiroler Minnesänger (1377–1445),
Oswald Boelke, dt. Jagdflieger (1891–
1916), Oswald Spengler, dt. Philosoph
(1888–1936), Oswalt Kolle, dt. Filmemacher, Pionier der Sexualaufklärung
(geb. 1928).

Oswin   altsächs. NF zu → Answin.

Ota   tschech. ▸ NF zu Otto.

Otbert   Zus. aus ahd. ot, „Besitz", und
beraht, „glänzend".

Otfried   Zus. aus ahd. ot, „Besitz", und
fridu, „Friede"; weitere Form: Ottfried;
bekannter Namensträger: Otfried von
Weißenburg, Verfasser der Evangelienharmonie (9. Jh.).

Otger   Zus. aus ahd. ot, „Besitz", und
ger, „Speer"; weitere Formen: Otker,
Edgar (engl.).

Othmar   NF zu → Otmar.

Othon   franz. NF zu → Otto.

Otil   NF zu → Otto.

Otmar   Zus. aus ahd. ot, „Besitz", und
mari, „berühmt"; weitere Formen: Ottmar, Othmar, Odomar, Omke (fries.);
bekannter Namensträger: Ottmar Gerster, dt. Komponist (1897–1969).

Otmund   Zus. aus ahd. ot, „Besitz",
und munt, „Schutz der Unmündigen,
Vormundschaft".

Ott   KF zu Vornamen mit Ot- oder Ott-.

Otte   NF zu → Otto.

Ottfried   NF zu → Otfried; bekannter
Namensträger: Ottfried Fischer; dt.
Kabarettist und Schauspieler (geb. 1953).

Ottheinrich   DF aus → Otto und →
Heinrich; bekannter Namensträger: Ottheinrich, Kurfürst von der Pfalz (16. Jh.).

Otto   alter dt. Vorn., selbständig gewordene KF zu Namen mit Ot-; bereits 788
urkundlich belegt; dt. Kaisername und
Vorname von Adligen, später volkstümlich (um 1900 einer der zwölf beliebtesten Namen in Berlin), heute selten; zahlr.
NF; bekannte Namensträger: Otto von
Bismarck, dt. Reichskanzler (1815–
1898), Otto Lilienthal, dt. Flugpionier
(1849–1896), Otto Braun, dt. Politiker
(1872–1955), Otto Hahn, dt. Physiker
(1879–1968), Otto Dix, dt. Maler
(1891–1969), Otto Rehhagel, dt. Fußballtrainer (geb. 1938), Otto Schily,
Jurist, dt. Politiker (geb. 1932).

Ottokar   Zus. aus ahd. ot, „Besitz", und
wakar, „munter, wachsam, wacker", NF
zu nicht mehr gebräuchlichen Ordowakar; bekannter Namensträger: König
Ottokar II. von Böhmen (13. Jh.).

Ottone   ital. EF zu → Otto.

Otwald   Zus. aus ahd. ot, „Besitz", und
waltan, „walten, herrschen".

Otward   Zus. aus ahd. ot, „Besitz", und wart, „Hüter".

Otwin   Zus. aus ahd. ot, „Besitz", und wini, „Freund"; weitere Form: Edwin (engl.).

Ove   dän./schwed. → Uwe.

Owe   nordfries. → Uwe; weitere Form: Ouwe.

Paale   fries. → Paul.

Paavo   finn. → Paul; bekannter Namensträger: Paavo Nurmi, finn. Langstreckenläufer (1897–1973).

Pablo   span. → Paul; bekannte Namensträger: Pablo Picasso, span. Maler (1881–1973), Pablo Casals, span. Cellist (1876–1973), Pablo Neruda, chilen. Dichter (1904–1973).

Paco   span KF zu Francisco (→ Franz).

Paddy   engl. KF zu → Patrick.

Pál   ungar. → Paul.

Palle   fries. KoF zu → Paul.

Palmiro   MF zu → Palmira.

Pancho   span. KoF zu → Francisco.

Pankratius   lat., griech. Ursprungs, von pan, „ganz" und krátos, „Kraft, Macht"; als Heiliger einer der 14 Nothelfer und im Volksglauben einer der „Eisheiligen".

Pankraz   NF zu → Pankratius.

Pantaleon   aus dem Griech., zu panta, „alles, ganz".

Paolo   ital. → Paul.

Paridam   engl., „aus Paris stammend".

Paris   1. franz. NF zu → Patrick; 2. altgriech., Name des Sohns des sagenhaften Königs Priamos von Troja.

Parzival   aus der Artussage stammend; durch Wolfram von Eschenbach in die Dichtung des MA gebracht; weitere Formen: Parsifal, Parsival, Percival (engl.), Percevale (franz.).

Pascal   franz. → Paschalis; weitere Formen: Pasquale, Pasqual, Pascual (ital.).

Paschalis   lat., „zu Ostern gehörend, der zu Ostern Geborene".

Pasha   KoF zu → Pawel.

Pat   KF zu → Patrick; auch weibl. KF zu → Patricia; eindeutiger Zweitname erforderlich.

Patric   NF zu → Patrick.

Patricius   aus dem lat. patricius (zum altrömischen Adel gehörend); weitere Formen: Patrizius; Patrick (irisch), Patrice (franz.), Patrizio (ital.).

Patrick   aus dem Ir., lat. Ursprungs, von patricius, „zum altröm. Adel gehörend"; seit dem 12. Jh. über Irland, Schottland und Nordengland in den dt. Sprachraum gelangt, gilt heute als modern und wird oft gewählt; zahlr. KF, NF und KoF; bekannte Namensträger: Patrick Süskind, dt. Schriftsteller (geb. 1949), Patrick Swayze, am. Schauspieler (geb. 1952).

Patrik NF zu → Patrick.

Patrizius NF zu → Patricius.

Patty KoF zu → Patrick; auch weibl., KoF zu → Patricia; eindeutiger Zweitname erforderlich.

Paul aus dem Lat., „klein, der Kleine"; Namensvorbild war der Apostel Paulus, seit dem MA sehr beliebt, um 1900 besonders bevorzugt, heute selten gewählt; zahlr. NF; bekannte Namensträger: Paul Gerhardt, dt. Theologe, Dichter von Kirchenliedern (1607–1676), Paul Verlaine, franz. Dichter (1844–1896), Paul Gauguin, franz. Maler (1848–1903), Paul v. Hindenburg, dt. Feldmarschall, Reichspräsident (1847–1934), Paul Lincke, dt. Komponist (1866–1946), Paul Klee, dt. Maler (1879–1940), Paul Hindemith, dt. Komponist (1895–1963), Paul Kurzbach, dt. Komponist (1902–1997), Paul Newman, am. Schauspieler (geb. 1925).

Paulinus EF zu → Paul; weitere Formen: Paulin, Polin (rätoroman.).

Paulus lat./niederl. → Paul.

Pawel russ. → Paul; bekannter Namensträger: Pawel Popowitsch, russ. Kosmonaut (geb. 1930).

Peder dän. → Peter.

Pedro span. → Peter.

Peeke fries. → Peter.

Peer schwed./fries. → Peter, bekannt durch die Titelfigur aaus Ibsens Drama „Peer Gynt" (1867).

Pelle schwed. KoF zu → Peter.

Peppo ital. KF zu → Joseph.

Per schwed. NF zu → Peter.

Percy engl. KF zu → Parzival; bekannter Namensträger: Percy Bysshe Shelley, engl. Dichter (1792–1822).

Peregrinus lat., „fremd, der Fremde"; weitere Form: Peregrin.

Perry engl. KF zu → Peregrinus.

Petar bulgar./serbokroat. → Peter.

Pete KF zu → Peter; bekannter Namensträger: Pete Seeger, am. Folk- und Protestsänger (geb. 1919), Pete Townsend, engl. Rockmusiker („The Who").

Peter zu lat. → Petrus; als Name des Apostels Petrus schon früh in der christlichen Welt verbreitet; im MA sehr beliebt, danach leicht rückläufig, seit 1900 deutlich zunehmend, gilt auch heute als modern; zahlr. NF und KF; bekannte Namensträger: Peter der Große, Zar von Rußland (1672–1725), Peter Paul Rubens, niederl. Maler (1577–1640), Peter Tschaikowski, russ. Komponist (1840–1893), Peter Cornelius, dt. Komponist (1824–1874), Peter Ustinov, Schauspieler, Schriftsteller (geb. 1921), Peter Lorre, öster.-am. Schauspieler (1904–1964), Peter Fonda, am. Schauspieler (geb. 1939).

Petö ungar. → Peter.

Petr slaw. → Peter.

Petrus lat., griech. Ursprungs, zu pétros, „Felsblock, Stein".

Phil engl. KF zu → Philipp; bekannter Namensträger: Phil Collins, engl. Rocksänger (geb. 1951).

Philhard DF aus → Philipp und → Gerhard.

Philip engl. → Philipp.

Philipp aus dem Griech.; Zus. aus philos, „Freund", und hippos, „Pferd"; bereits im 12. Jh. gehörte Philipp im Rheinland zu den beliebtesten Vorn., in Frankreich und Spanien Adels- und Herrschername; gegenwärtig in Mode und häufig gewählt; zahlreiche NF und KF; bekannte Namensträger: Philipp Melanchthon, dt. Humanist und Reformator (1497–1560), Carl Philipp Emanuel Bach, dt. Komponist (1714–1788), Georg Philipp Telemann, dt. Komponist (1681–1767), Karl Philipp Moritz, dt. Schriftsteller (1756–1793), Johann Philipp Reis, dt. Physiker (1834–1874), Philipp Scheidemann, dt. Politiker (1865–1939).

Philippe franz. → Philipp; bekannter Namensträger: Philippe Noiret, franz. Schauspieler (geb. 1930).

Philo aus dem Griech., „Freund, Liebhaber".

Phöbus aus dem Griech., „der Strahlende"; Phöbus war der Beiname Apollons.

Pidder nordfries. → Peter.

Pier ital./niederl./fries. KF zu → Peter; weitere Formen: Pierke, Pierkje, Piertje;

bekannter Namensträger: Pier Paolo Pasolini, ital. Filmregisseur (1922–1975).

Piero ital. → Peter.

Pierre franz. → Peter; bekannte Namensträger: Pierre Boulez, franz. Komponist (geb. 1925), Pierre Brasseur, franz. Schauspieler (1903–1972).

Piet niederl. KF zu → Peter; bekannter Namensträger: Piet Hein, niederl. Admiral (17. Jh.).

Pieter niederl. → Peter; bekannte Namensträger: Pieter Breughel, niederl. Maler (der Ältere: 1520–1569, der Jüngere: 1564–1638).

Pietro ital. → Peter.

Pim niederl. KoF → Wilhelm.

Pinkas NF zu → Pinkus; bekannter Namensträger: Pinkas Braun, schweiz. Filmschauspieler (geb. 1923).

Pinkus aus dem Hebr., „der Gesegnete".

Pippin ahd., „der Pfeifer"; weitere Form: Pepino.

Pippo ital. KoF zu → Filippo.

Pirmin Herkunft und Bedeutung unklar; bekannter Namensträger: Pirmin Zurbriggen, schweiz. Skisportler (geb. 1963).

Pit engl. KF zu → Peter; weitere Form: Pitt.

Pius lat., „fromm, gottesfürchtig, tugendhaft"; als Name von Päpsten bekannt.

Pjotr russ. → Peter.

Placidus aus dem Lat., „sanft, ruhig"; weitere Form: Placido (span.); bekannter Namensträger: Placido Domingo, span. Tenor (geb. 1941).

Poldi KoF zu → Leopold; auch weibl. KoF zu Leopoldine; eindeutiger Zweitname erforderlich.

Pole niederdt. NF zu → Paul; bekannt geworden durch Theodor Storms Erzählung „Pole Poppenspäler"; weitere Formen: Pol, Polet, Polin (rätoroman.).

Poul dän. → Paul.

Prosper aus dem Lat., „glücklich, günstig"; bekannter Namensträger: Prosper Mérimée, franz. Dichter (1803–1870).

Prospero ital. → Prosper; bekannt aus Shakespeares Schauspiel „Der Sturm".

Prudens lat., „klug, besonnen".

Quentin engl. → Quintus; bekannter Namensträger: Quentin Tarantino, am. Filmregisseur (geb. 1963).

Quincy engl. NF zu → Quentin.

Quint KF zu → Quintus.

Quintin franz. → Quintus.

Quintus lat., „der Fünfte".

Quirin KF zu → Quirinus; weitere Form: Corin (franz.).

Quirinus lat. quirinus, „der Kriegsmächtige, der Kriegerische"; im MA als Name des hl. Quirinus von Neuß und des hl. Quirinus von Tegernsee; heute selten; bekannter Namensträger: Quirinus Kuhlmann, dt. Dichter (1651–1689).

Raban von ahd. hraban, „Rabe"; weitere Formen: Rabanus (lat.); bekannter Namensträger: Rabanus Maurus; dt. Kleriker, Philosoph, Dichter, Schriftgelehrter (um 780–856).

Radek slaw. KF zu Vorn. mit Rada- oder Rado-; weitere Form: Rado.

Radlof NF zu → Radolf.

Radolf Zus. aus ahd. rat, „Ratgeber", und wolf, „Wolf".

Radomil Zus. aus slaw. rad, „froh". und milyj, „lieb, angenehm".

Radomir Zus. aus slaw. rad, „froh" und ahd. mari, „berühmt".

Radulf NF zu → Radolf.

Rafael NF zu → Raphael; bekannter Namensträger: Rafael Kubelik, tschech.-schweiz. Dirigent (geb. 1914).

Raffael NF zu → Raphael.

Raffaelo ital. → Raphael; bekannter Namensträger: Raffaelo Santi, ital. Maler (1483–1520)

Raginald   NF zu → Reinold.

Ragnar   nord. → Rainer.

Rahim   türk., „der Barmherzige".

Raimar   NF zu → Reimar.

Raimo   NF zu → Reimo.

Raimond   NF zu → Raimund.

Raimund   Zus. aus ahd. ragin, „Rat, Beschluss", und munt, „Schutz, Vormundschaft".

Rainald   NF zu → Reinold; weitere Form: Reinald; bekannter Namensträger: Rainald von Dassel, Erzbischof von Köln und Reichskanzler von Friedrich Barbarossa (um 1120–1167).

Rainer   abgeleitet von Raginhari, Zus. aus ahd. ragin, „Rat, Beschluss", und heri, „Heer"; bekannte Namensträger: Rainer Maria Rilke, österr. Dichter (1875–1926), Rainer Werner Fassbinder, dt. Filmemacher (1946–1982), Rainer Eppelmann, dt. Theologe und Politiker (geb. 1943).

Rainier   franz. → Rainer.

Ralf   KF zu → Radolf, die seit etwa 1900 in Deutschland eingebürgert; bekannter Namensträger: Ralf Dahrendorf, dt.-engl. Soziologe und Politologe (geb. 1929), Ralf Bauer, dt. Schauspieler (geb. 1966), Ralf Schumacher, dt. Formel-1-Rennfahrer (geb. 1975).

Ralph   engl. KF zu → Radolf; bekannter Namensträger: Ralph Benatzky, österr. Operettenkomponist (1884–1957).

Rambald   Zus. aus ahd. hraban, Rabe", und bald, „kühn"; weitere Formen: Rambold, Rambo.

Rambert   Zus. aus ahd. hraban, „Rabe", und beraht, „glänzend".

Rambod   Zus. aus ahd. hraban, „Rabe", und bodo, „Herscher".

Ramón   span. Form zu → Raimund.

Randal   engl. NF zu → Randolf.

Rando   KF zu Vorn. mit Rand-.

Randolf   Zus. aus ahd. rant, „Schild", und wolf, „Wolf"; weitere Form: Randulf.

Randolph   engl. → Randolf; bekannter Namensträger: William Randolph Hearst; am. Zeitungsverleger (1863–1951).

Randwig   Zus. aus ahd. rant, „Schild", und wig, „Kampf"; weitere Form: Rantwig.

Ranko   slowak., „der Frühe, Frühaufsteher".

Raoul   franz./span. → Radolf; bekannter Namensträger: Raoul Dufy, franz. Maler (1877–1953), José Raoul Capablanca, kuban. Schachspieler, Weltmeister (1888–1942).

Raphael   bibl., hebr. Ursprungs, „Gott heilt".

Rappo   NF zu → Ratbald; weitere Formen: Rappold, Rappolt, Rabbold.

Raschid   arab., „vom Recht geleitet, vernünftig".

Rasmus   KF zu → Erasmus.

Rasso KF zu Vorn. mit Rat-.

Rathard Zus aus ahd. rat, „Ratgeber", und harti, „hart".

Rathmar Zus aus ahd. rat, „Ratgeber", und mari, „berühmt".

Raul dt. → Raoul.

Raulf franz. → Rudolf.

Ravinder aus dem Ind., sanskr. „Sonnengott".

Ray engl. KF zu → Raimund; bekannter Namensträger: Ray Charles, am. Sänger und Jazz-Pianist (geb. 1932).

Raymond engl./franz. → Raimund.

Redward fries. → Ratward; weitere Formen: Redwart, Redwert, Reduard.

Reemt fries. KF zu → Raimund.

Reginald engl. → Reinold.

Regino NF zu → Rainer.

Regis KF zu → Remigius.

Regnerus latinisierte Form zu → Rainer.

Régnier franz. → Rainer.

Reich fries. KF zu → Richard.

Reichard NF zu → Richard.

Reimar Zus. aus ahd. ragin, „Rat, Beschluss", und mari, „berühmt"; weitere Formen: Raimar, Raimer, Reimer.

Reimbert Zus. aus ahd. ragin, „Rat, Beschluss", und beraht, „glänzend"; weitere Form: Reimbrecht.

Reimo KF zu Vorn. mit Reim-.

Reimund NF zu → Raimund.

Reimut Zus. aus ahd. ragin, „Rat, Beschluss", muot, „Geist, Gesinnung".

Reinar NF zu → Rainer.

Reinbert NF zu → Reimbert.

Reinecke fries. Form zu Vorn. mit Rein-; bekannt ist Reinecke als Name für den Fuchs in der Tierfabel.

Reiner NF zu → Rainer.

Reinfried Zus. aus ahd. ragin, „Rat, Beschluss", und fridu, „Frieden".

Reinhard Zus. aus ahd. ragin, „Rat, Beschluss", und harti, „hart, stark"; weitere Formen: Reinhart, Raginhard; bekannter Namensträger: Reinhard Scheer, dt. Admiral (1863–1928), Reinhard Mey, dt. Liedermacher (geb. 1942).

Reinhold NF zu → Reinold, angelehnt an das Adjektiv „hold"; bekannte Namensträger: Reinhold Schneider, dt. Schriftsteller (1903–1958), Reinhold Messner, ital. Bergsteiger (geb. 1944).

Reinke fries. KoF zu Vorn. mit Rein-; auch WF, eindeutiger Zweitname erforderlich.

Reinko ostfries. KF → Reinhard.

Reinmar Zus. aus ahd. ragin, „Rat, Beschluss", und mari, „berühmt"; bekannter Namensträger: Reinmar von Hagenau, mhd. Dichter (12./13. Jh.).

Reinmund NF zu → Reimund.

Reinold MF zu Raginald (Zus. aus ahd. ragin, „Rat, Beschluss", und waltan, „walten, herrschen"); schon im MA bekannt; um 1900 zunehmend.

Reinulf Zus. aus ahd. ragin, „Rat, Beschluss", und wolf, „Wolf".

Reinwald NF zu → Reinald.

Reiward   Zus. aus ahd. ragin, „Rat, Beschluss", und wart (Hüter).

Relf   fries. KF zu → Radolf; weitere Formen: Reelef, Reeleff, Reelf.

Remigius   lat., zu remedium, „Heilmittel".

Remo   ital. → Remus.

Remus   lat., auf dielegendären Stadtgründer Roms, Romulus und Remus, zurückgehend.

Renato   ital. → Renatus.

Renatus   lat., „wiedergeboren"; im Gegensatz zu → Renate sehr selten gewählt; andere Formen: Renato, Reno (ital.), René (franz.).

René   franz. → Renatus, gilt heute als modern und wird häufig gewählt; bekannte Namensträger: René Schickele, elsäss. Schriftsteller (1883–1940), René Clair, franz. Filmregisseur (1898–1981), René Deltgen, dt. Schauspieler (1909–1979), René Kollo, Opernsänger (geb. 1937).

Renja   russ. KoF zu → Andreas; auch weibl. russ. KF zu → Regina; eindeutiger Zweitnamen erforderlich.

Renz   KF zu → Laurentius.

Renzo   ital. KF zu → Laurentius.

Rex   engl. KF zu → Reinold; bekannter Namensträger: Rex Harrison, engl. Schauspieler (1908–1990).

Ricardo   span. → Richard.

Riccardo   ital. → Richard.

Ricco   ital. KF zu → Riccardo.

Richard   Zus. aus ahd, rihhi, „reich, mächtig", und harti, „hart"; in Deutschland seit dem MA bekannt, aber kaum vertreten; nach 1800 besonders im Zuge der Shakespeaere-Rezeption um 1800 verbreitet worden; zahlr. KF, NF und KoF; bekannte Namensträger: Richard Löwenherz, engl. König (1157–1199), Richard Wagner, dt. Komponist (1813–1883), Richard Dehmel, dt. Lyriker (1863–1920), Richard Strauss, dt. Komponist (1864–1949), Richard von Weizsacker, dt. Politiker, Bundespräsident (geb. 1920), Richard Chamberlain, am. Schauspieler (geb. 1935), Richard Dreyfuss, am. Schauspieler (geb. 1947), Richard Virenque, franz. Radsportler (geb. 1969).

Richbald   Zus. aus. ahd, rihhi, „reich, mächtig", und bald, „kühn".

Richbert   Zus. aus. ahd, rihhi, „reich, mächtig", und beraht, „glänzend", weitere Form: Rigobert.

Richmar   Zus. aus. ahd, rihhi, „reich, mächtig", und mari, „berühmt"; weitere Form: Rigomar, Rickmer (fries.).

Richmut   Zus. aus. ahd, rihhi, „reich, mächtig", und muot, „Geist, Gesinnung"; weitere Form: Richmodis.

Rick   engl. KF zu → Richard.

Rickard   schwed. → Richard.

Rickert   fries. → Richard.

Ricky   engl. KoF zu → Richard.

Rico   ital. KF zu → Riccardo.

Ridolfo ital. → Rudolf.

Ridwan arab., „Wohlgefallen".

Rieghard fries. → Richard.

Riek fries. KF zu → Richard.

Rienzo ital. KF zu → Laurentius.

Rigo KF zu Vorn. mit Rig- oder Rigo-.

Rigobert NF zu → Richbert.

Rik niederdt./niederl. KF zu → Frederik oder → Hendrik.

Rikkart fries. → Richard; weitere Form: Rikkert.

Rinaldo ital. → Reinold; weitere Formen: Rinald, Rino.

Ringo KF zu → Ringolf; bekannter Namensträger: Ringo Starr, engl. Rockmusiker und Ex-Beatle (geb. 1940).

Ringolf Zus. aus ahd. ragin „Rat, Beschluss", und wolf, „Wolf".

Risto finn. KF zu → Christoph.

Riza türk., „Held, Herrscher".

Roald nord. Form zu → Rodewald; bekannte Namensträger: Roald Amundsen, norweg. Polarforscher (1872–1928), Roald Dahl, engl. Schriftsteller (1916–1990).)

Roar nord. → Rüdiger.

Rob KF zu → Robert.

Robby engl. KoF zu → Robert; weitere Form: Robbie; bekannter Namensträger: Robbie Williams, engl. Pop-Sänger (geb. 1974).

Robert NF zu → Rupert; UF Hrodeberth, Zus. aus ahd. hrod, „Ruhm", und beraht, „glänzen"; im MA im niederdt. Sprachgebiet verbreitet, dann nach Frankreich vorgedrungen, mit den Normannen nach England gelangt, dort volkstümlich geworden und nach Deutschland „reimportiert", seit 1800 zunehmend, heute öfter gewählt; zahlr. KF, NF und KoF; bekannte Namensträger: Robert Guiskard, franz. Herzog (um 1015–1085), Robert Bunsen, dt. Chemiker (1811–1899), Robert Schumann, dt. Komponist (1810–1856), Robert Koch, dt. Bakteriologe (1843–1910), Robert Musil, österr. Schriftsteller (1880–1942), Robert Hanell, dt. Komponist und Dirigent (geb. 1925), Robert Redford, am. Schauspieler und Regisseur (geb. 1937), Robert de Niro, am. Schauspieler (geb. 1943), Robert Palmer, engl. Popsänger (1949–2003).

Roberto ital. → Robert.

Robin engl. NF zu → Robert; bekannt durch den legendären Volkshelden Robin Hood.

Robinson aus dem Engl., eigentlich „Sohn des Robin"; vor allem bekannt durch Daniel Defoes Roman „Robinson Crusoe", aber selten gewählt.

Robrecht NF zu → Rodebrecht.

Rocco ital. → Rochus.

Roche span. → Rochus.

Rochus lat. Form des alten Vorn. Roch; aus fränk. rokh, ahd. rohon, „schreien, Kriegsruf", hervorgegangen; weitere Formen: Rocco (ital.), Roque (span.).

Rock am. → Rochus; bekannter Namensträger: Rock Hudson, am. Schauspieler (1925–1985).

Rockwell engl., kelt. Ursprungs, „an der Quelle des Rochus"; bekannter Namensträger: Rockwell Kent, am. Maler (1882–1971).

Rocky am. KoF zu → Rochus.

Rodebrecht Zus. aus dem german. hroth, „Ruhm", und aus ahd. beraht, „glänzend"; weitere Form: Rodebert.

Roderic franz. → Roderich.

Roderich Zus. aus dem german. hroth, „Ruhm", und ahd. rihhi, „reich, mächtig".

Roderick engl. → Roderich.

Rodewald Zus. aus dem german. hroth, „Ruhm", und ahd. waltan, „walten, herrschen".

Rodolfo ital. → Rudolf.

Rodolphe franz. → Rudolf.

Rodrigo ital./span./portug. → Roderich.

Rodrigue span./portug. NF zu → Roderich.

Roele fries. KoF zu → Rudolf.

Roelef fries. → Rudolf; weitere Formen: Roelf, Roelof, Rolof, Roloff, Roolof, Roluf.

Roff KF → Rudolf.

Roger normann. → Rüdiger; mit den Normannen nach England vorgedrungen, um 1900 wieder nach Deutschland gelangt; gilt heute als modern; bekannte Namensträger: Roger Bacon, engl. Philosoph und Pysiker (um 1219–1294), Roger Vadim, franz. Filmregisseur (1928–2000), Roger Moore, engl. Schauspieler (geb. 1927).

Roland Zus. aus dem german. hroth, „Ruhm", und ahd. lant, „Land"; weitere Formen: Rolland, Rolando.

Rolando ital. NF zu → Roland.

Rolf KF zu → Rudolf, sehr weit verbreitet und gegenüber der UF selbstständig geworden; bekannter Namensträger: Rolf Hochhuth, dt. Schriftsteller (geb. 1931).

Rolland franz. → Roland.

Rolph engl. NF zu → Rudolf.

Romain franz. → Romanus; bekannter Namensträger: Romain Rolland, franz. Schriftsteller (1866–1944).

Roman NF zu → Romanus; bekannte Namensträger: Roman Karmen, russ. Dokumentarfilmregisseur (1906–1978), Roman Polanski, poln.-am. Filmregisseur (geb. 1933), Roman Herzog, dt. Politiker, Bundespräsident (geb. 1934).

Romano ital. → Romanus; bekannter Namensträger: Romano Prodi, ital. Politiker, Präsident der EU-Kommission (geb. 1939).

Romanus lat., „der Römer"; im MA als Heiligenname verbreitet, aber nie volkstümlich geworden.

Romek poln. → Romanus.

Romeo ital. KF zu → Bartholomäus; bekannt geworden durch Shakespeares Drama „Romeo und Julia".

Romuald NF zu → Rumold; weitere Form: Romualdo.

Ron engl. KF zu → Ronald.

Ronald schott. → Reinold; bekannter Namensträger: Ronald Reagan, am. Schauspieler und Politiker, 40. Präsident der USA (geb. 1911).

Ronan aus dem Ir., „kleine Robbe", bekannter Namensträger: Ronan Keating, ir. Popsänger (geb. 1977).

Ronny KoF zu → Ronald.

Roque span. → Rochus.

Roswin Zus. aus ahd. hros, „Ross, Pferd", und wini, „Freund".

Rothard Zus. aus ahd. hruom, „Ruhm, Ehre", und harti, „hart".

Rother Zus. aus ahd. hruom, „Ruhm, Ehre", und heri, „Heer".

Rowland engl. → Roland.

Roy engl., kelt. Ursspungs, „rot"; bekannte Namensträger: Roy Orbison, am. Popmusiker (1936–1988), Roy Black, dt. Schlagersänger, Schauspieler (1943–1991).

Ruben bibl., hebr. Ursprungs; der älteste Sohn Jakobs; weitere Formen: Rubens, Rouven; bekannter Namensträger: Ruben Dario, nikaraguan. Schriftsteller (1867–1916), Rubens Barrichello, brasil. Formel-1-Rennfahrer (geb. 1972).

Rüdeger NF zu → Rüdiger.

Rudenz schweiz., der aus Schillers „Wilhelm Tell" bekannt, urspr. Name eines alten Ministerialengeschlechts.

Rudgard NF zu → Rüdiger.

Rudhard NF zu → Rothard.

Rudi KF zu → Rudolf; bekannte Namensträger: Rudi Völler, dt. Fußballspieler, Nationaltrainer (geb. 1960), Rudi Carrell, niederl. Fernsehunterhalter (geb. 1934), Rudi Dutschke, dt. Sozialist und Studentenführer (1940–1979).

Rudibert Zus. aus german. hroth, „Ruhm, Ehre", und ahd. beraht „glänzend".

Rüdiger Zus. aus german. hroth, „Ruhm, Ehre", und ahd. ger, „Speer"; im MA beliebt, dann in Vergessenheit geraten, erst im 19. Jh. durch die Neuentdeckung des Nibelungenliedes wieder häufiger gewählt; bekannter Namensträger: Rüdiger Hoffmann, dt. Kaberettist.

Rudmar Zus. aus ahd. hruom „Ruhm, Ehre", und mari, „berühmt"; weitere Form: Rutmar.

Rudo NF zu → Rudolf.

Rudolf Zus. aus german. hroth, „Ruhm, Ehre", und ahd. wolf, „Wolf"; seit dem MA in Deutschland beliebt und durch Rudolf von Habsburg (13. Jh.) volkstümlich geworden, seit 1800 wieder zunehmend gewählt; zahlr. KF, NF und KoF; bekannte Namensträger: Rudolf Virchow, dt. Mediziner (1821–1902), Rudolf Diesel, dt. Ingenieur, Erfinder (1858–1913), Rudolf Platte, dt. Schauspieler (1904–1984), Rudolf Augstein, Journalist und Herausgeber (1923–

2002), Rudolf Nurejew, russ. Tänzer und Choreograph (1938–1993).

Rudolph engl. → Rudolf.

Ruedi schweiz. NF zu → Rudolf; weitere Formen: Ruedy, Rudeli, Ruedli.

Rufus lat., „rot"; ursprünglich ein Beiname, eigentlich „der Rothaarige"; in England und Amerika häufiger gewählt, im deutschsprachigen Raum selten; weitere Formen: Rufin, Rufinus; bekannter Namensträger: Rufus Beck, dt. Schauspieler (geb. 1957).

Rumen aus dem Bulg., „mit roten Wangen".

Rumold Zus. aus ahd. hruom, „Ruhm, Ehre", und waltan, „walten, herrschen"; weitere Form: Rumolt.

Rupert Zus. aus dem german. hroth, „Ruhm, Ehre", und ahd. beraht, „glänzend"; seit dem MA im dt. Sprachraum verbreitet; zeitweilig so populär, dass seine süddt. KoF Rüpel als Schimpfwort abgewertet wurde.

Rupp NF zu → Rupert und → Ruprecht.

Ruppert NF zu → Rupert.

Ruprecht NF zu → Rupert; bekannter Namensträger: Ruprecht Eser; dt. TV-Journalist (geb. 1943).

Rurik russ. → Roderich.

Russell engl., Bedeutung unklar, wahrscheinlich „der Rothaarige".

Rutger NF zu → Rüdiger, weitere Form: Rütger.

Ruthard Zus. aus ahd. hruom, „Ruhm, Ehre" und harti, „hart"; weitere Form: Ruter (fries.).

Ruven NF zu → Ruben; weitere Form: Ruwen.

Sabin MF zu → Sabina; ursprünglich zum Volk der Sabiner; weitere Formen: Sabino, Savino (ital.), Sabinus (lat.).

Sabir türk., „Geduld".

Saburo jap., „der dritte Sohn".

Sacha franz. Form zu → Sascha; bekannter Namensträger: Sacha Guitry, franz. Schriftsteller (1885–1957).

Sachar russ. → Zacharias.

Sachso aus ahd. sahsun, „Sachse"; ursprünglich Beiname, heute selten.

Sahin türk., „Falke".

Said arab., „der Glückliche".

Saladin aus dem Arab., eigentlich „Heil des Glaubens"; bekannter Namensträger: Saladin, osman. Sultan (1138–1193).

Salim KF zu → Salomo.

Salman arab., „heil, gesund"; bekannter Namensträger: Salman Rushdie, ind. Schriftsteller (geb. 1947).

Salomo aus dem Hebr., „Friedensfürst".

Salomon NF zu → Salomo; weitere
Formen: Solomon, Salomone, Selim,
Suleiman; bekannte Namensträger: Salomon Maimon, litau. Philosoph, Logiker
(1753–1800), Solomon Burke, am. Soul-
Musiker (geb. 1940).

Salvator aus dem Ital., lat. Ursprungs,
eigentlich „der Erretter, Erlöser"; weitere
Formen: Salvator, Salvador (span.); bekannter Namensträger: Salvador Dalí,
span. Maler (1904–1989), Franz Salvator, österr. Erzherzog (1866–1939).

Sam KF zu → Samuel; auch weibl. KF
zu → Samantha; eindeutiger Zweitname
erforderlich; bekannter Namensträger:
Sam Shepard, am. Schriftsteller und
Schauspieler (geb. 1943).

Samit arab., „nächtlicher Gesprächspartner".

Sammy engl. KoF zu → Samuel; bekannte Namensträger: Sammy Drechsel,
dt. Sportjournalist und Kabarettist
(1925–1986), Sammy Davis jr., am.
Entertainer (1925–1990).

Samson bibl., hebr. Ursprungs, „kleine
Sonne"; der Legende nach war sein
Haupthaar Quelle übermenschlicher
Kräfte und seine Geliebte Delila schnitt
ihm die Haare ab und lieferte ihn –
wehrlos – den Philistern aus; weitere
Form: Simson.

Samuel bibl., hebr. Ursprungs, „von
Gott erhört"; in der Bibel war Samuel
der letzte Richter Israels und salbte
David zum König; heute im dt. Sprachraum selten, dagegen in England und
Amerika weit verbreitet; andere Formen:
Sam, Sally, Sami, Sammy (engl.); bekannte Namensträger: Samuel Scheidt,
dt. Komponist (1587–1654), Samuel
Pufendorf, dt. Historiker und Rechtsphilosoph (1632–1694), Samuel Hahnemann, Begründer der Homöopathie
(1755–1843), Samuel Fischer, dt. Verleger (1859–1934), Samuel Beckett, ir.
Dramatiker (1906–1989).

Sándor ungar. → Alexander; bekannter
Namensträger: Sándor Petöfi, ungar.
Dichter (1823–1849).

Sandro ital. KF zu → Alexander.

Sarik türk., „blank, glänzend".

Sascha russ. KoF zu → Alexander und
weibl. russ. KoF zu → Alexandra; eindeutiger Zweitname erforderlich; bekannter Namensträger: Sascha Hehn,
dt. Schauspieler (geb. 1954).

Sasso NF zu → Sachso.

Saul bibl., hebr. Ursprungs, eigentlich
„der Erbetene"; bekannter Namensträger: Saul Bellow, am. Schriftsteller (geb.
1919).

Schafik arab., „der Mitleidige, Zärtliche".

Scharif arab., „der Edle, Vornehme".

Schorsch KoF zu → Georg.

Schura russ. KoF zu → Alexander; auch
weibl. KoF zu → Alexandra; eindeutiger
Zweitname erforderlich.

Scipio lat., „Stab".

Sean engl.-am., Herkunft wahrscheinlich ir. → Jean; bekannte Namensträger:
Sean O'Casey, ir. Dichter (1884–1964),
Sean Connery, schott. Schauspieler (geb.
1930).

Sebald NF zu → Siegbald.

Sebastian aus dem Griech., „der Verehrungswürdige, Erhabene"; seit dem
späten MA als Name des hl. Sebastian,
Schutzpatron der Jäger, Soldaten und
Schützen, verbreitet, gilt auch heute als
modern; weitere Formen: Bastian, Basti,
Basch, Bascho, Bastia (schweiz.), Séba-
stien (franz.), Sebastiano, Bastiano, Basto
(ital.); bekannte Namensträger: Sebastian
Brant; dt. Humanist, Schriftsteller (1457–
1521), Johann Sebastian Bach, dt. Komponist (1685–1750), Sebastian Kneipp,
Promotor des Wasserheilverfahrens
(1821–1897), Sebastian Koch, dt. Schauspieler (geb. 1962).

Sebo KF zu → Siegbald; weitere Formen: Sebe, Sebold.

Sefu afrikan., „Klinge".

Segimer NF zu → Siegmar.

Segimund NF zu → Siegmund.

Sehmuz türk., „aus königlicher Familie
stammend".

Seibolt NF zu → Siegbald.

Selman Zus. aus dem altsächs. seli,
„Saalhaus", und ahd. man, „Mann".

Selmar Zus. aus dem altsächs. seli,
„Saalhaus", und ahd. mari, „berühmt".

Semjon russ. → Simon.

Seniz türk., „wir sind fröhlich".

Sepp KF zu → Josef.

Seraph hebr., „der Leuchtende"; meist
als Zweitname zu Franz; weitere Form:
Seraphin; bekannter Namensträger:
Franz Seraph Cramer; dt. Komponist
(1783–1935).

Serenus lat., „heiter, glücklich"; be-
kannt geworden als Figur des Erzählers
Serenus Zeitblohm in Thomas Manns
Roman „Doktor Faustus.

Serge franz./engl. → Sergius; bekannter
Namensträger: Serge Koussevitzky, russ.-
am. Dirigent (1874–1951).

Sergej russ. → Sergius; weitere Formen:
Sergei, Sergeij; bekannte Namensträger:
Sergej Prokofjew, russ. Komponist
(1891–1953), Sergej Rachmaninow,
russ.-am. Komponist (1873–1943), Sergei Bondartschuk, russ. Filmregsseur
(1920–1994).

Sergio ital. und span. Form zu → Sergius; bekannter Namensträger: Sergio
Leone, ital. Filmregisseur (1929–1989).

Sergius aus dem Lat., auf altröm.
Geschlechternamen zurückgehend;
besonders in Osteuropa verbreitet.

Serkan türk., „von Adel, Oberhaupt".

Servas KF zu → Servatius.

Servatius lat.; „der Gerettete"; durch
die Verehrung des hl. Servatius schon
zeitig in Nordwestdeutschland verbreitet;
im Volksglauben neben Bonifatius und

Pankratius einer der Eisheiligen; weitere Formen: Vaaz, Servais (franz.), Servazio (ital.).

Severin aus dem Lat., „ernsthaft, streng"; ursprünglich Beiname; weitere Formen: Sören (dän.).

Severus lat., „ernsthaft, streng"; (→ Serverin).

Shiro jap., „vierter Sohn".

Shui chin., „Wasser".

Sibo fries. KF zu → Siegbert und → Siegbald.

Siccard franz. → Sieghard.

Sidney engl., lat. Ursprungs (→ Sidonius); bekannte Namensträger: Sidney Lumet, am. Filmregisseur (geb. 1924), Sidney Poitier, am. Schauspieler (geb. 1927).

Sidonius lat., eigentlich „der Sidonier, aus der Stadt Sidon in Phönizien"; heute sehr selten geworden; weitere Formen: Zdenko (slaw.).

Siegbald Zus. aus ahd. sigu, „Sieg", und bald, „kühn"; weitere Formen: Sebald, Siebold, Siegbold, Seibold, Sebo, Sibo (fries.).

Siegbert Zus. aus ahd. sigu, „Sieg", und beraht, „glänzend"; weitere Formen: Sigbert, Sigisbert.

Siegbod Zus. aus ahd. sigu, „Sieg", und bodo, „Gebieter"; weitere Form: Sigbot.

Siegbold NF zu → Siegbald.

Siegbrecht NF zu → Siegbert.

Siegfried Zus. aus ahd. sigu, „Sieg", und fridu, „Frieden"; im Nibelungenlied trägt der Drachentöter und Held der Sage diesen Namen; weitere Formen: Sefried, Siffried, Sigfried, Siggi.

Sieghard Zus. aus ahd. sigu, „Sieg", und harti, „hart"; weitere Formen: Sieghart, Sighart, Siard.

Siegmar Zus. aus ahd. sigu, „Sieg", und mari, „berühmt"; weitere Formen: Sigmar, Segimer.

Siegmund Zus. aus ahd. sigu, „Sieg", und munt, „Schutz der Unmündigen, Vormundschaft"; seit dem MA vor allem in der NF → Sigismund geläufig; weitere Formen: Sigismund, Sigmund, Segimund, Sigismond (franz.), Sigismondo, Gismondo (ital.), Zygmunt (poln.), Zsigmond (ungar.).

Siegward Zus. aus ahd. sigu, „Sieg", und wart, „Hüter"; weitere Form: Siegwart.

Sierk fries. KF zu Vorn. mit Sieg-.

Siggo fries. KF zu Vorn. mit Sieg-; weitere Formen: Sigo, Sikko.

Sigismund NF zu → Siegmund; bekannter Namensträger: Sigismund von Radecki, dt. Schriftsteller (1891–1970).

Sigmund NF zu → Siegmund; bekannte Namensträger: Sigmund Freud, Begründer der Psychoanalyse (1856–1939), Sigmund Jähn, erster dt. Kosmonaut (geb. 1937).

Silvain franz. → Silvanus.

Silvan   NF zu → Silvanus.

Silvano   ital. → Silvanus.

Silvanus   aus dem Lat., zu silva, „Wald", Name eines altröm. Waldgottes; weiter verbreitet als die UF sind die KF und NF.

Silvest   NF zu → Silvester.

Silvester   aus dem Lat., eigentlich „der zum Walde Gehörende".

Silvio   ital. KF zu → Silvanus.

Simba   afrikan., „Löwe".

Simeon   bibl., hebr. Ursprungs, eigentlich „Gott hat gehört".

Simon   NF zu → Simeon; Verbreitung: seit der Reformation in Deutschland oft gewählter Vorn., heute gilt der Name als modern; bekannter Namensträger: Simon Dach, dt. Dichter (1605–1659), Georg Simon Ohm, dt. Physiker (1789–1854).

Simson   aus dem Hebr., „kleine Sonne", in der Vulgata als Samson übertragen.

Sintram   Zus. aus ahd. sind, „Weg, Reise", und hraban, „Rabe"; weitere Form: Sindram.

Sirk   fries., Zus. aus altsächs. sigi, „Sieg", und rikki, „reich".

Sisto   ital. → Sixtus.

Sitt   NF zu → Siegbert.

Sixten   schwed., aus Sighsten hervorgegangen, Zus. aus altschwd. sigher, „Sieg", und sten, „Steinwaffe"; bekannter Namensträger: Sixten Jernberg, schwed. Skilangläufer (geb. 1929).

Sixtus   lat., Umbildung des griech. Beinamens xystós, „der Feine, Glatte"; weitere Formen: Sixt, Sixto.

Slava   slaw. KF zu Vorn. mit -slava; weitere Form: Slavko, Slawa; bekannter Namensträger: Slawa Saizew, russischer Modeschöpfer.

Söncke   niederdt./fries., bedeutet ursprünglich „Söhnchen"; weitere Formen: Sönke, Sönnich; bekannter Namensträger: Sönke Wortmann, dt. Filmregisseur (geb. 1959).

Sören   dän./niederl. → Severin; bekannter Namensträger: Sören Kierkegaard, dän. Philosoph (1813–1855).

Spencer   engl., „Diener, Angestellter"; bekannter Namensträger: Spencer Tracy, am. Schauspieler (1900–1967).

Stachus   KF zu → Eustachius.

Stan   KF zu Stanley und Stanislaus; bekannter Namensträger: Stan Laurel, am. Filmkomiker (1890–1965).

Stani   NF zu → Stanislaus.

Stanislaus   lat. Form des slaw. → Stanislaw, Zus. aus altslaw. stani, „standhaft", und slava, „Ruhm"; der hl. Stanislaus (um 1030–1079) war Bischof von Krakau und ist der Schutzpatron Polens; im dt. Sprachraum um 1900 vor allem in katholischen Familien verbreitet; zahlr. NF und KF; bekannter Namensträger: Stanislaus Leszczynski, König von Polen und Herzog von Lothringen (1677–1766).

Stanislaw slaw. UF zu → Stanislaus; bekannter Namensträger: Stanislaw Lem, poln SF-Autor (geb. 1921).

Stanko KF zu → Stanislaus.

Stanley aus dem Engl., ursprünglich auf Orts- und Familiennamen zurückgehend; bekannte Namensträger: Stanley Kramer, am. Filmregisseur (1913–2001), Stanley Kubrick, am. Filmregisseur (1928–1999).

Stasch KoF zu → Stanislaus.

Stasik KoF zu → Stanislaus.

Steen niederl./dän. → Sten.

Stefan NF zu → Stephan; bekannte Namensträger: Stefan George, dt. Dichter (1868–1933), Stefan Andres, dt. Schriftsteller (1906–1970), Stefan Zweig, dt. Schriftsteller (1881–1942), Stefan Heym (dt. Schriftsteller (1913–2001), Stefan Lisewski, dt. Schauspieler (geb. 1933), Stefan Edberg, schwed. Tennisspieler (geb. 1966).

Stefano ital. → Stephan.

Steffen niederdt. → Stephan.

Sten aus dem Nord., eigentlich „Stein" bedeutet; bekannter Namensträger: Sten Nadolny; dt. Schriftsteller (geb. 1942).

Stenka slaw. → Stephan.

Stepan slaw. → Stephan.

Stephan aus dem Griech., zu stéphanos, „Kranz, Krone"; im MA sehr beliebt, zwischenzeitlich selten, seit 1900 zunehmend und heute häufig gewählt; zahlr. NF; bekannter Namensträger: Stephan Lochner, dt. Maler (um 1410–1451), Stephan Hermlin, dt. Dichter (1915–1997).

Stéphane franz. → Stephan; bekannter Namensträger: Stéphane Mallarmé, franz. Dichter (1842–1898).

Stephen engl. → Stephan; bekannter Namensträger: Stephen Crane, am. Schriftsteller (1871–1900), Stephen King, am. Schriftsteller (geb. 1947).

Stepka slaw. KF zu Stephan; weitere Form: Stepko.

Steve engl. NF zu → Stephan; bekannter Namensträger: Steve Mc Queen, am. Schauspieler (1930–1980), Steve Martin, am. Schauspieler (geb. 1945).

Steven engl./niederl. NF zu → Stephan; bekannter Namensträger: Steven Spielberg, am. Filmregisseur (geb. 1947).

Stig aus dem Nord., „Wanderer".

Stinnes rhein. KF zu → Augustinus.

Stuart aus dem Engl. der eigentlich schott. Clan-Name; bekannter Namensträger: Stuart Townsend, ir.-am. Schauspieler (geb. 1972).

Suad arab., „Glück".

Sükan türk., „heldenhaft, mutig".

Sven aus dem Nord., „junger Mann"; weitere Formen: Swen; Svend (dän.); bekannter Namensträger: Sven Gabelbart, dän. König (um 955–1914), Sven Hedin, schwed. Forschungsreisender und Schriftsteller (1865–1952).

Swante aus dem Slaw., „Kriegsvolk".

Swindbert Zus. aus ahd. swinde,
„stark, geschwind", und beraht, „glänzend".

Swjatoslaw russ., Zus. aus „hell" und
„Ruhm"; bekannter Namensträger:
Swjatoslaw Richter; russ. Pianist (1915–
1997).

Sylvester NF zu → Silvester; bekannter
Namensträger: Sylvester Stallone, am.
Filmschauspieler (geb. 1946), Sylvester
Groth, dt. Schauspieler (geb. 1958).

Tade fries. Form zu Vorn. mit Diet-;
weitere Formen: Taelke, Taetse, Take.

Tadeusz poln. → Thaddäus.

Tage aus dem Schwed., früher Beiname
eines Bürgen oder Gewährsmannes.

Tahir arab., „der Reine".

Tai chin., „sehr groß".

Tamás ungar. → Thomas.

Tamino aus dem Griech., „Herr, Gebieter"; durch die Gestalt des Tamino in
Mozarts Oper „Die Zauberflöte"
bekannt geworden.

Tamme fries. KF zu → Dankmar und
→ Thomas.

Tammes dän. → Thomas.

Tanagar türk., „Abenddämmerung,
Abendrot".

Tanaydin türk., „Morgengrauen, Morgenrot".

Tanko NF zu → Dankwart.

Tankred normann. → Dankrad; bekannter Namensträger: Tankred Dorst, dt.
Dramatiker und Regisseur (geb. 1925).

Tarek aus dem Arab., „der Besucher",
weitere Formen: Tarik.

Tassilo KoF zu → Tasso; im MA besonders in Bayern beliebt; um 1900 wieder
populär geworden; weitere Formen:
Thassilo; bekannte Namensträger: Tassilo von Heydebrand und der Lasa, dt.
Schachmeister und -theoretiker (1818–
1899), Thassilo von Scheffer, dt. Schriftsteller und Übersetzer (1873–1951).

Tasso aus dem Ital., lat. Herkunft, zu
taxus, „Eibe".

Täve KF zu → Gustav.

Ted engl. KF zu → Theodor und →
Edward.

Teddy KoF zu → Ted; Teddy war der
Spitzname des am. Präsidenten Theodore
Roosevelt (1858–1919), nach dem auch
die Teddybären benannt wurden.

Tell auf den Famliennamen des
schweiz. Nationalhelden bezogen; nur
selten gewählt.

Temme fries. KF → Dietmar.

Terence engl., lat. Ursprungs, vom
altröm. Geschlechternamen Terentius
abgeleitet; bekannter Namensträger:
Terence Hill, ital.-am. Schauspieler
(geb. 1939).

Terry   engl. KF zu → Terence.

Tetje   fries. KF zu Vorn. mit Diet-; weitere Form: Tete.

Thaddäus   bibl., unklarer Herkunft und Bedeutung; weitere Formen: Taddäus; Tadeusz (poln.); bekannter Namensträger: Thaddäus Troll, dt. Schriftsteller (1914–1980).

Thaisen   fries. → Matthias.

Themke   NF zu → Dietmar.

Theo   KF zu → Theodor oder → Theobald; weitere Form: Teo; bekannter Namensträger: Theo Lingen, dt. Schauspieler (1903–1978), Theo Sommer, dt. Publizist (geb. 1930).

Theobald   lat. → Dietbald; auch aus griech. theós (Gott) zu deuten; heute selten gewählt; weitere Formen: Debald, Diebald, Diebold, Theobald, Tibald (engl.), Thibaud, Thibault, Thibaut, Theobald (franz.), Tebaldo, Teobaldo (ital.); bedeutender Namensträger: Theobald v. Bethmann Hollweg, dt. Politiker, Reichskanzler (1856–1921).

Theoderich   lat. → Dietrich.

Theodor   Zus. aus griech. theós, „Gott", und dóron, „Gabe, Geschenk"; im 15. Jh. von den Humanisten besonders geschätzt; im 19. Jh. durch die Begeisterung für Theodor Körner neu belebt, heute selten; zahlr. NF und KF; bekannte Namensträger: Theodor Mommsen, dt. Historiker (1817–1903), Theodor Storm, dt. Schriftsteller (1817–1888), Theodor Fontane, dt. Schriftsteller (1819–1898), Theodor Heuss, dt. Politiker, Bundespräsident (1884–1963).

Theodore   engl. → Theodor; auch weibl., NF zu → Theodora; eindeutiger Zweitname erforderlich.

Theodosius   aus dem Griech., eigentlich „Gottesgeschenk"; weitere Form: Feodosi (russ.).

Theophil   Zus. aus dem griech. theós, „Gott", und philos, „lieb, freundlich"; weitere Formen: Théophile (franz.), Theophilus; bekannter Namensträger: Théophile Gautier, franz. Dichter (1811–1872).

Thiade   fries. KF zu Vorn. mit Diet-.

Thiedemann   NF zu Vorn. mit Diet-; weitere Form: Thielemann.

Thies   KF zu → Matthias; weitere Form: Thieß.

Thilo   KF zu Vorn. mit Diet-; weitere Formen: Tilo; bekannter Namensträger: Tilo Medek, dt. Komponist (geb. 1940).

Thimo   NF zu → Dietmar; weitere Formen: Tiemo, Thietmar.

This   niederdt. KF zu → Matthias.

Thomas   bibl., aram. Ursprungs, „Zwillingsbruder"; seit dem MA verbreitet, gehört bis heute zu den am meisten gewählten Vorn.; zahlr. KF und KoF; bekannte Namensträger: Thomas von Aquino, Philosoph und Theologe (1225–1274), Thomas Morus, engl. Staatsmann,

Philosoph (1478–1538), Thomas Münzer, dt. Bauernkriegsführer (1489–1525), Thomas Alva Edison, am. Erfinder (1847–1931), Thomas Mann, dt. Schriftsteller (1875–1955).

Thoralf aus dem Nord., Zus. aus german. thor, (Göttername) und alf „Elf, Naturgeist"; weitere Form: Toralf.

Thorben dän. Form zu Torbjörn; weitere Formen: Torben.

Thore aus dem Nord., vom Namen des germ. Donnergottes.

Thornton engl., von altengl. Herkunftsbezeichnung „Land mit Dornenhecken".

Thorsten aus dem Nord., Zus. aus germ. thor (Göttername) und sten, „Stein"; weitere Form: Torsten; gegenwärtig sehr beliebt.

Thorwald aus dem Nord., Zus. aus germ. thor (Göttername) und ahd. waltan, „walten, herrschen"; weitere Formen: Torwald, Torvald.

Tialf fries. KF zu → Dietlieb; weitere Form: Tjalf.

Tiard fries. KF zu → Diethard; weitere Form: Tjard.

Tiark fries. KF zu → Dietrich; weitere Formen: Tiarke, Tjark, Tyark.

Tiberius lat., eigentlich „dem Flussgott Tiber geweiht"; bekannt durch den röm. Kaiser Tiberius Claudius Nero.

Tibor ungar. → Tiberius; bekannter Namensträger: Tibor Déry, ungar. Schriftsteller (1894–1977).

Till fries. KF zu Vorn. mit Diet-; seit dem MA in Norddeutschland, den Niederlanden und in Flandern sehr beliebt; der bekannte Till Eulenspiegel (14. Jh.) ist nicht nur als Schalksnarr überliefert, sondern auch als fläm. Freiheitsheld Thyl Ulenspiegel; weitere Formen: Tile, Tyl, Thyl; bekannter Namensträger: Til Schweiger, dt. Schauspieler (geb. 1963).

Tillman alte fries. Form zu → Dietrich; weitere Formen: Tilmann, Tillman, Tilman, Tillo; bekannter Namensträger: Tilman Riemenschneider, dt. Bildhauer (1460–1531).

Tim KF von → Timotheus.

Timm KF zu → Thiemo oder → Timotheus.

Timon griech., „Ehre, Ansehen".

Timotheus griech., Zus. aus timan, „schätzen, ehren", und theós, „Gott"; weitere Formen: Tiemo, Timofej (russ.).

Timothy engl. Form zu → Timotheus.

Timur türk., „Eisen".

Tino ital. KF zu Vorn., die auf -tino enden.

Tito ital. → Titus.

Titus aus dem Lat., „Ruhm, Verdienst, Ansehen".

Tizian EF zu → Titus; weitere Form: Tiziano.

Tobi KF zu → Tobias.

Tobias bibl., hebr. Ursprungs, „Gott ist gnädig".

Toby engl. KF zu → Tobias.

Tom engl. KF zu → Thomas; bekannte Namensträger: Tom Cruise, am. Schauspieler (geb. 1962).)

Tomas schwed./span. → Thomas.

Tomaso ital. Form zu → Thomas; weitere Form: Tommaso.

Tommy engl. KoF zu → Thomas.

Toni KF zu → Anton, auch weibl. KF zu → Antonia; eindeutiger Zweitname erforderlich; weitere Form: Tony; bekannter Namensträger: Toni Sailer, österr. Skialpinist.

Tonio ital. KF zu → Anton.

Torbjörn aus dem Nord., Zus. aus germ. thor, (Göttername) und altschwed. biorn, „Mann, Held, Häuptling" oder „Bär".

Traugott pietistische Neuprägung des 17./18. Jhs.; bekannter Namensträger: Traugott Buhre, dt. Schauspieler (geb. 1929).

Trauthold Zus. aus ahd. trud, „Kraft, Stärke", und waltan, „walten, herrschen"; weitere Form: Trautwald.

Trautmann Zus. aus ahd. trud, „Kraft, Stärke", und man, „Mann".

Trautmar Zus. aus ahd. trud, „Kraft, Stärke", und mari, „berühmt".

Trautwein Zus. aus ahd. trud, „Kraft, Stärke", wini, „Freund"; weitere Form: Trautwin.

Treumund Zus. aus altsächs. triuwi, „treu, wahr", und ahd. munt, „Schutz der Unmündigen, Vormundschaft".

Tristan aus dem Kelt., eigentlich „Waffenlärm"; durch die Liebesgeschichte von Tristan und Isolde bekannt geworden; bekannter Namensträger: Tristan Tzara, franz. Dadaist, rum. Herkunft (1896–1963).

Tünnes rhein. KF zu → Antonius.

Tycho griech., „Schicksal, Glück"; weitere Form: Tychon.

Ubald Zus. aus ahd. hugo, „Sinn, Geist", und bald, „kühn"; weitere Formen: Hugbald, Ubalde (franz.), Ubaldo (ital.).

Ubbo fries. KF zu → Ubald.

Ubert rätoroman. Odilbert.

Udelar NF zu → Adelar.

Udo NF zu → Otto und → Ulrich; bekannte Namensträger: Udo Jürgens, österr. Schlagersänger und Komponist (geb. 1934), Udo Lindenberg, dt. Rockmusiker (geb. 1946).

Ueli schweiz. KF zu → Ulrich.

Ugo ital. → Hugo; weitere Formen: Ugolino; bekannter Namensträger: Ugo Tognazzi, ital. Schauspieler (1922–1990).

Ugurtan türk., „Zeit der frühen Morgens".

Uhl KF zu → Ulrich.

Ulbe   fries. KF zu Odilbert; weitere Formen: Ulbert, Ulbet.

Ule   KF zu → Ulrich.

Ulf   aus dem Nord., eigentlich „Wolf"; bekannter Namensträger: Ulf Merbold, dt. Astronaut (geb. 1941).

Ulfart   fries. → Wolfhard.

Ulfilas   NF zu → Wulfila, „Wölfchen".

Ulfo   NF zu → Ulf.

Ulfred   Zus. aus ahd. uodal, „Erbgut, Heimat", und fridu, „Frieden"; weitere Formen: Ulfrid, Ulfert, Olfert, Uodalfrid, Odalfrid.

Uli   KF zu → Ulrich.

Ulli   NF zu → Ulrich.

Ulmann   au Zus. aus ahd. uodal, „Erbgut, Heimat", und man, „Mann".

Ulrich   Zus. aus ahd. uodal, „Erbgut, Heimat", und rihhi, „reich, mächtig"; durch seit dem MA vor allem in Süddeutschland und der Schweiz verbreitet; um 1900 Modename, auch heute noch häufig vergeben; bekannte Namensträger: Ulrich von Hutten, dt. Humanist (1488–1523), Ulrich Wickert, dt. TV-Journalist und Autor (geb. 1942), Ulrich Mühe, dt. Schauspieler (geb. 1953), Ulrich Tucur, dt. Schauspieler (geb. 1957).

Ulrik   niederl. → Ulrich.

Ultimus   lat., „der Letzte".

Ulug   türk., „der Große, Erhabene".

Ulv   schwed. → Ulf.

Ulysses   lat. Odysseus; weitere Formen: Ulisse, Ulyxes, Ulixes.

Umberto   ital. → Humbert; bekannter Namensträger: Umberto Eco, ital. Philosoph und Schriftsteller (geb. 1932).

Ummo   fries. KF zu → Otmar; weitere Form: Umme.

Uorsin   rätoroman. → Ursus.

Urban   aus dem Lat., „der Stadtbewohner"; weitere Formen: Urbanus, Urbain (franz.); bekannter Namensträger: Urban Priol, dt. Kabarettist (geb. 1961).

Uri   KF zu → Uriel.

Urias   aus dem Hebr., „mein Licht ist Jahwe"; weitere Form: Urija.

Uri   KF zu → Uriel.

Uriel   bibl., hebr. Ursprungs, „Gott ist mein Licht; bekannter Namensträger: Uriel Acosta, jüdischer Religionsphilosoph (16./17. Jh.).

Urs   KF zu → Ursus; bekannte Namensträger: Urs Graf, schweiz. Maler und Holzschnitzmeister (um 1485–1527), Hans Urs von Balthasar, schweiz. Theologe und Schriftsteller (1905–1988), Urs Widmer, schweiz. Schriftsteller (geb. 1938).

Ursin   franz. → Ursus.

Ursinus   EF zu → Ursus.

Ursio   ital. → Ursus.

Ursus   lat. ursus, „Bär"; vor allem in der Schweiz beliebt.

Usama   arab., „Löwe".

Usmar   NF zu → Osmar.

Uto   NF zu → Udo.

Utz   oberdt. KF zu → Ulrich.

Uwe fries. zu Vorn. mit Ot- und NF zu Owe; weitere Formen: Uwo, Uve, Uvo; bekannte Namensträger: Uwe Seeler, dt. Fußballspieler (geb. 1936), Uwe Ochsenknecht, dt. Schauspieler (geb. 1956).

Uzer türk., „Held, tapferer Krieger".

Václav tschech. Form eines altslaw. Vornamens (zu → Wenzeslaus); bekannter Namensträger: Václav Havel, tschech. Schriftsteller und Politiker, Präsident der Republik (geb. 1936).

Valentin aus dem Lat., „gesund"; durch die Verehrung des hl. Valentin, Patron des Bistums Passau und Schutzheiliger bei Epilepsie (5. Jh.), in Deutschland bekannt geworden; ein anderer hl. Valentin wird als Schutzpatron der Liebenden verehrt (Valentinstag); weitere Formen: Felte, Valtin, Valten, Velten; bekannte Namensträger: Valentin Weigel, dt. Mystiker (1533–1588), Valentin Fey (bekannt unter dem Künstlernamen Karl Valentin), dt. Kabarettist und Humorist (1882–1948).

Valentino ital. → Valentin.

Valer NF zu → Valerius.

Valerian NF zu → Valerius.

Valerio ital. → Valerius.

Valerius lat., auf altröm. Geschlechternamen der Valerier zurückgehend.

Valten KF zu → Valentin.

Valtin KF zu → Valentin.

Vargin türk., „der Angekommene".

Varus aus dem Lat., unklare Bedeutung; besonders in der Schweiz verbreitet.

Vasco span./portug., „der Baske"; bekannter Namensträger: Vasco de Gama, portug. Seefahrer (1469–1524).

Veit NF zu → Vitus, Bedeutung unklar, ev. auf vita, „Leben" bezogen; seit dem MA durch die Verehrung des hl. Vitus (oder Veit) weit verbreitet; weitere Formen: Vit, Wido, Vit, Vito (roman.), Voit, Guido (franz.), Guy (engl.), Witas (schwed.), Wida (ungar.), Vit, bekannte Namensträger: Veit Stoss, dt. Holzschnitzer und Bildhauer (1440–1533).

Velten KF zu → Valentin.

Vico ital. KF zu → Viktor; weitere Formen: Vicco, Viggo; bekannter Namensträger: Vicco von Bülow (Loriot), dt. Satiriker (geb. 1923).

Victor engl./franz. → Viktor.; bekannte Namensträger: Victor Hugo, franz. Schriftsteller (1802–1855), Victor de Kowa, dt. Schauspieler und Regisseur (1904–1973).

Viktor aus dem Lat., „der Sieger"; weitere Formen: Viktorian, Vittore, Vittorio (ital.), Witja (russ.); bekannter Namensträger: Viktor von Scheffel, dt. Schriftsteller (1826–1886).

Vilmar   Zus. aus ahd. filu, „viel", und mari, „berühmt".

Vilmos   ungar. → Wilhelm.

Vincent   franz./niederländ. → Vinzenz; bekannter Namensträger: Vincent van Gogh, niederländ. Maler (1853–1890).

Vincente   ital. → Vinzenz.

Vincenzo   ital. → Vinzenz.

Vinzent   NF zu → Vinzenz.

Vinzenz   aus dem Lat., Weiterbildung von vincere, „siegen".

Vitalis   aus dem Lat., „kräftig, munter"; weitere Formen: Vital, Vitale, Vidal.

Vito   roman. Form zu → Veit; bekannter Namensträger: Vito von Eichborn, dt. Verleger.

Vitus   aus dem Lat., Bedeutung unklar, eventuell auf Vita, „Leben", bezogen oder latinisierte Form zu ahd. witu, „Holz, Wald"; weitere Form: Veit; bekannter Namensträger: Vitus Bering, dän. Seefahrer (1680–1741).

Vivian   aus dem Engl., lat. Ursprungs, wohl aus altröm. Personennamen Vivianus hervorgegangen; weitere Formen: Vivien (franz.), Viviano (ital.), Bibieno (port.); auch engl. WF, eindeutiger Zweitname erforderlich.

Volbert   NF zu → Volkbert; weitere Form: Volbrecht.

Volkbert   Zus. aus ahd. folc, „Volk, Kriegsschar", und beraht, „glänzend".

Volkbrand   Zus. aus ahd. folc, „Volk, Kriegsschar", und brand, „brennen".

Volker   Zus. aus ahd. folc, „Volk, Kriegsschar", und heri, „Heer"; durch den Spielmann Volker aus dem „Nibelungenlied" bekannt geworden; bekannte Namensträger: Volker Lechtenbrink, dt. Schauspieler (geb. 1944), Volker Schlöndorff, dt. Regisseur (geb. 1939).

Volkhart   Zus. aus ahd. folc, „Volk, Kriegsschar", und harti, „hart"; weitere Formen: Volhart, Volkert, Volkhard.

Volkmar   Zus. aus ahd. folc, „Volk, Kriegsschar", und mari, „berühmt".

Volko   KF zu Vorn. mit Volk-.

Volkrad   Zus. aus ahd. folc, „Volk, Kriegsschar", und rat, „Ratgeber".

Volkram   Zus. aus ahd. folc, „Volk, Kriegsschar", und hraban, „Rabe".

Volmar   KF zu → Volkmar.

Volprecht   NF zu → Volkbert; weitere Formen: Volpert, Volbert.

Volrad   NF zu → Volkrad; weitere Formen: Vollrad, Volrat.

Wahid   arab., „der Einzigartige".

Waldemar   Zus. aus ahd. waltan, „walten, herrschen", und mari „berühmt"; als Fürstenname im MA sehr stark verbreitet; im 19. Jh. neu belebt und volkstümlich; heute noch verbreitet, aber selten;

bekannter Namensträger: Waldemar Bonsels, dt. Schriftsteller (1888–1952).

Waldfried   Zus. aus ahd. waltan, „walten, herrschen", und fridu, „Frieden".

Waldmann   Zus. aus ahd. waltan, „walten, herrschen", und man, „Mann".

Waldo   KF zu → Waldemar und → Walter.

Walfried   NF zu → Waldfried.

Walram   NF zu → Waltram.

Walt   dt. und engl. KF zu → Walter; bekannte Namensträger: Walt Whitman, am. Lyriker (1819–1892), Walt Disney, am. Trickfilmzeichner (1901–1966).

Walter   Zus. aus ahd. waltan, „walten, herrschen", und heri, „Heer"; zahlr. NF; bekannte Namensträger: Walter Scott, engl. Schriftsteller (1771–1832), Walter P. Chrysler, am. Industrieller (1875–1940), Walter Gropius, dt. Architekt (1883–1969), Walter Ulbricht, dt. Politiker (1893–1973), Walter Jens, dt. Literaturwissenschaftler und Schriftsteller (geb. 1923), Walter Plathe, dt. Schauspieler (geb. 1951).

Walther   NF zu → Walter; bekannter Namensträger: Walther von der Vogelweide, dt. Minnesänger (um 1200), Walther Rathenau, dt. Unternehmer und Politiker (1867–1922).

Waltram   Zus. aus ahd. waltan, „walten, herrschen", hraban, „Rabe".

Wanja   russ. KoF zu → Iwan.

Wanko   bulgar. KoF zu → Iwan.

Warmud   Zus. aus ahd. warjan, „wehren", und munt, „Schutz der Unmundigen, Vormundschaft"; weitere Form: Warimut.

Warren   engl., zu ahd. warjan, „wehren"; bekannter Namensträger: Warren Beatty, am. Schauspieler (geb. 1937).

Wasmod   NF zu → Wasmut.

Wasmut   Zus. aus ahd. wahsan, „wachsam", und muot, „Gesinnung, Geist".

Wassili   russ. → Basilius; weitere Formen: Wassily, Wassilij, Vassilij, Wasja, Vasja; bekannter Namensträger: Wassily Kandinsky, russ. Maler (1866–1944).

Wastl   bayer. KoF zu → Bastian.

Wedekind   NF zu → Widukind.

Wedik   fries. Form zu Vorn. mit Wede-; weitere Form: Wedigo.

Weigand   NF zu → Wiegand.

Weigel   alte NF zu → Wiegand.

Weike   NF zu → Wighard; weibl. NF zu Vorn. mit -wig; eindeutiger Zweitname erforderlich.

Weikhard   NF zu → Wighard.

Weinrich   NF zu → Winrich.

Weke   fries. KF zu Vorn. mit Wede-; weitere Formen: Weko.

Welf   wahrscheinlich durch das Fürstengeschlecht der Welfen bekannt geworden; auch mit „Tierjunges, junger Hund" gleichzusetzen.

Welmer   NF zu → Willimar.

Welmot   fries. → Wilmut; weitere Form: Welmuth.

Wendel KF zu Vorn. mit Wendel-.

Wendelberth Zus. aus dem Stammesnamen der Wandalen und ahd. beraht, „glänzend".

Wendelin KF zu Vorn. mit Wendel-; im MA durch die Verehrung des hl. Wendelin, des Schutzpatrons der Hirten und des Viehs, verbreitet; weitere Form: Wendelinus.

Wendelmar Zus. aus dem Stammesnamen der Wandalen und ahd. mari, „berühmt".

Wenz KF zu → Werner.

Wenzel KF zu → Wenzeslaus; vor allem durch die Verehrung des hl. Wenzel, des Nationalheiligen von Böhmen, und durch verschiedene böhmische Könige bekannt geworden.

Wenzeslaus aus dem Slaw., eigentlich „Mehrer des Ruhms"; weitere Formen: Wenzel, Vaclav (tschech.); bekannte Namensträger: Georg Wenzeslaus von Knobelsdorff, dt. Architekt (1699–1753), Klemens Wenzeslaus von Metternich, österr. Staatsmann (1773–1859).

Werner Zus. aus ahd. warjan, „wehren", und heri, „Heer"; seit dem MA sehr weit verbreitet, im 19. Jh. neu belebt und und volkstumlich; nach 1900 Modename, jetzt zurückgehend; weitere Formen: Neres, Wetzel, Warner (fries.), Verner (niederdt.), Garnier, Vernier (franz.), Guarniero, Guernard (ital.); bekannte Namensträger: Werner von Siemens, dt. Erfinder und Industrieller (1816–1892), Werner Krauss, dt. Schauspieler (1884–1959), Werner Egk, dt. Komponist (1901–1983), Werner Bochmann, dt. Filmmusik-Komponist (1900–1992), Werner Finck, dt. Kabarettist (1902–1978), Werner Heisenberg, dt. Physiker (1901–1976), Werner Herzog, dt. Filmregisseur (geb. 1942), Rainer Werner Fassbinder, dt. Regisseur (1946–1982); bekannt auch die populäre Comic-Figur Werner.

Wernfried Zus. aus ahd. warjan, „wehren", und fridu, „Frieden".

Wernhard Zus. aus ahd. warjan, „wehren", und harti, „hart"; weitere Form: Wernhart.

Wernher NF zu → Werner; bekannter Namensträger: Wernher von Braun, dt.-am. Raketenkonstrukteur (1912–1977).

Werno KF zu Vorn. mit Wern-.

Wetzel NF zu → Werner.

Wiclef Zus. aus ahd. wig, „Kampf", und lef, „Nachkomme, Erbe"; andere Form: Wiclif.

Widar Zus. aus ahd. witu, „Wald, Gehölz", und heri, „Heer".

Wido KF zu Vorn. mit Wid- oder Wit-; bekannter ist die romanisierte Form → Guido.

Widukind Zus. aus ahd. witu, „Wald, Gehölz" und kind, „Kind, Sohn"; weitere Formen: Wedekind, Wittekind, Widu, Weeke, Wide (fries.).

Wiegand aus ahd. wigan, „kämpfen" hervorgegangen; weitere Form: Wigand.

Wieland Zus. aus ahd. vela, „(Kampf-) Gewoge", und nand, „wagemutig, kühn"; weitere Formen: Wielant, Welant, Wiolant.

Wigald NF zu → Wigbald; bekannter Namensträger: Wigald Boning, dt. TV-Darsteller, Komiker (geb. 1967).

Wigbald Zus. aus ahd. wig, „Kampf", und bald, „kühn".

Wigbert Zus. aus ahd. wig, „Kampf", und beraht, „glänzend"; weitere Form: Wigbrecht.

Wigbrand Zus. aus ahd. wig, „Kampf", und brand, „brennen".

Wighard Zus. aus ahd. wig, „Kampf", und harti, „hart"; weitere Formen: Wighart, Wichard, Wickart, Wickhart, Wichert.

Wiglaf Zus. aus ahd. wig, „Kampf", und altsächs. leva, „Erbe"; bekannter Namensträger: Wiglaf Droste, dt. Schriftsteller (geb. 1961).

Wigmar Zus. aus ahd. wig, „Kampf", und mari, „berühmt".

Wigmund Zus. aus ahd. wig, „Kampf", und munt, „Schutz der Unmündigen, Vormundschaft".

Wilbert Zus. aus ahd. willo, „Wille", und beraht, „glänzend"; weitere Formen: Willibert, Willbrecht, Wilbrecht.

Wilbrand Zus. aus ahd. willo, „Wille", und brand, „brennen".

Wilbur aus dem Am. übernommener Vorn., eigentlich „Bauer auf Ödland"; bekannter Namensträger: Wilbur Wright, am. Flugpionier (1867–1912).

Wildfried NF zu → Wilfried.

Wilfried Zus. aus ahd. willo, „Wille", und fridu, „Frieden"; im MA vor allem in Norddeutschland bekannt geworden und auch heute noch weit verbreitet; weitere Formen: Wilfrid, Wilfred, Wilferd.

Wilhard Zus. aus ahd. willo, „Wille", und harti, „hart".

Wilhelm Zus. aus ahd. willo, „Wille", und helm, „Helm, Schutz"; im MA in ganz Europa beliebt, u. a. Name vieler Fürsten, auch Kaiser- und Königsname; im 19. Jh. einer der häufigsten Vorn.; nach 1920 zurückgehend, heute selten gewählt; zahlr. KF, NF und KoF; bekannte Namensträger: Wilhelm von Oranien, Statthalter der Niederlande, König von England (1650–1702), Wilhelm Grimm, dt. Philologe, Sagen- und Märchenforscher (1786–1859), Wilhelm Conrad Röntgen, dt. Physiker (1845–1923), Wilhelm Steinitz, österr. Schachmeister (1836–1900), Wilhelm Backhaus, dt. Pianist (1884–1969).

Wilke fries. Form zu Wilhelm; weitere Formen: Wilken, Wilko.

Will KF zu → Wilhelm; bekannter Namensträger: Will Quadflieg, dt. Schauspieler (1914–2003), Will Smith, am. Schauspieler (geb. 1968).

Willehad Zus. aus ahd. willo, „Wille",
und hadu, „Kampf".

Willem niederl. → Wilhelm.

Willi KF zu → Wilhelm.

William engl. → Wilhelm; bekannte
Namensträger: William Shakespeare,
engl. Schriftsteller (1564–1616), William
Faulkner, am. Schriftsteller (1897–1962).

Willibald Zus. aus ahd. willo, „Wille",
und bald, „kühn"; bekannter Namensträger: Willibald Pirckheimer, dt. Humanist (1470–1830), Christoph Willibald
Gluck, dt. Komponist (1714–1787).

Willimar Zus. aus ahd. willo, „Wille",
und mari, „berühmt"; weitere Form:
Wilmar.

Willram Zus. aus ahd. willo, „Wille",
und hraban, „Rabe".

Willy KF zu → Wilhelm; bekannte
Namensträger: Willy Forst, dt. Schauspieler und Filmregisseur (1903–1980),
Willy Messerschmitt, dt. Flugzeugkon-
strukteur (1898–1978), Willy Brandt,
dt. Politiker (1913–1992).

Wilmont Zus. aus ahd. willo, „Wille",
und munt, „Schutz der Unmündigen,
Vormundschaft".

Wilmut Zus. aus ahd. willo, „Wille",
und muot, „Gesinnung, Geist".

Wim KF zu → Wilhelm; bekannte Namensträger: Wim Wenders, dt. Filmregisseur (geb. 1945).

Winald Zus. aus ahd. wini, „Freund",
und waltan, „walten, herrschen".

Winemar Zus. aus ahd. wini,
„Freund", und mari, „berühmt"; weitere
Formen: Winmar, Wimmer, Wemmer.

Winfried Zus. aus ahd. wini, „Freund",
und fridu, „Frieden"; weitere Form: Win-
fred (engl.).

Winibald Zus. aus ahd. wini,
„Freund", und bald, „kühn".

Winibert Zus. aus ahd. wini, „Freund",
und beraht, „glänzend".

Winimar Zus. aus ahd. wini, „Freund",
und mari, „berühmt"; andere Formen:
Winmar, Winemar, Weimer.

Winrich Zus. aus ahd. wini, „Freund",
und rihhi, „reich, mächtig".

Winston engl., auf Ortsnamen zurückgehend; bekannter Namensträger: Winston Churchill, engl. Politiker (1874–
1965).

Wipert NF zu → Wigbert.

Wiprecht NF zu → Wigbrecht.

Witiko KF zu Vorn. mit Wit- oder Wid-.

Wito KF zu Vorn. mit Wit-.

Witold Zus. aus ahd. witu „Wald, Gehölz" und waltan, „welten, herrschen";
weitere Form: Withold; bekannter Namensträger: Witold Lutoslawski, poln.
Komponist (1913–1994).

Wittekind NF zu → Widukind.

Wjatscheslaw russ. → Wenzeslaus;
bekannter Namensträger: Wjatscheslaw
Molotow, russ. Politiker (1890–1986).

Wladimir russ. → Waldemar; besonders
bei den Kiewer Großfürsten beliebt;

bekannter Namensträger: Wladimir Iljitsch Lenin, russ. Politiker (1870–1924), Wladimir Majakowski, russ. Dichter (1893–1930).

Wladislaw slaw. → Ladislaus.

Woldemar NF zu → Waldemar.

Wolf selbständige KF zu Vorn. mit Wolf-; weitere Formen: Wulf.

Wolfdietrich DF aus → Wolf und → Dietrich (auch als DN); weitere Form: Wulfdietrich; bekannter Namensträger: Wolfdietrich Schnurre, dt. Schriftsteller (1920–1989).

Wolfgang Zus. aus ahd. wolf, „Wolf", und ganc, „Waffengang, Streit"; im MA vor allem in Süddeutschland und Österreich verbreitet; bekannte Namensträger: Wolfgang Amadeus Mozart, österr. Komponist (1756–1791), Johann Wolfgang von Goethe, dt. Dichter (1749–1832), Wolfgang Borchert, dt. Schriftsteller (1921–1947), Wolfgang Ullrich, dt. Zoologe (1923–1973), Wolfgang Neuß, dt. Kabarettist (1923–1989), Wolfgang Joop, dt. Modemacher (geb. 1944); Wolfgang Niedecken, dt. Rockmusiker (geb. 1951).

Wolfhard Zus. aus ahd. wolf, „Wolf", und harti, „hart".

Wolfrad Zus. aus ahd. wolf, „Wolf", und rat, „Ratgeber".

Wolfram Zus. aus ahd. wolf, „Wolf", und hraban, „Rabe"; im Mittelalter weit verbreitet, auch heute noch öfter gewählt; bekannter Namensträger: Wolf-

ram von Eschenbach, dt. Dichter (um 1200).

Wolfried Zus. aus ahd. wolf, „Wolf", und fridu, „Frieden".

Wolodja russ. KoF → Wladimir.

Wolter niederdt. Form zu → Walter.

Wout niederl. KF zu → Walter.

Wunibald Zus. aus ahd. wunna, „Verlangen, hohe Lust", und bald, „kühn"; weitere Formen: Wunnibald, Winnibald.

Wunibert Zus. aus ahd. wunna, „Verlangen, hohe Lust", und beraht, „glänzend".

Xander rätoroman. KF zu → Alexander.

Xaver aus dem Span., ursprünglich verselbständigter Beiname des hl. Franz Xaver (nach seinem Geburtsort, Schloss Xavier, heute: Javier, in Navarra); heute vor allem in Süddeutschland verbreitet, in der Regel als Zweitname; weitere Formen: Xavier, Javier; bekannte Namensträger: Franz Xaver von Baader, dt. Philosoph (1765–1841), Franz Xaver Gabelsberger, Erfinder der Stenographie (1789–1849), Franz Xaver Kroetz, dt. Schriftsteller und Schauspieler (geb. 1946), Xavier Naidoo, dt. Popsänger (geb. 1971).

Xenophon griech., Zus. aus xenos, „Gast, Fremder", und phainesthai, „scheinen, leuchten".

Xenos aus dem Engl., griech. Herkunft von xenos, „fremd"; weitere Formen: Xeno, Zeno.

Xerxes griech. Form eines pers. Königsnamens; weitere Formen: Xerus, Xeres (engl.), Ahasver (hebr.).

Xiang chin., „der Aufsteigende".

Xylon aus dem Engl., griech. Herkunft, von xylon, „Holz".

Yago NF von → Jakob.

Yale engl. zu den fries. Vorn. Yale, Jale, Jele, auf ahd. geil, „übermütig, ausgelassen", zurückgehend.

Yan KF zu → Yanneck.

Yanneck schweizer. zu breton. Yannic, (NF zu Johannes); weitere Formen: Yannick, Yannik, Yanik, Yannic; bekannter Namensträger: Yannick Noah, französischer Tennisspieler (geb. 1960).

Yehudi MF von → Judith; weitere Form: Jehudi; bekannter Namensträger: Yehudi Menuhin, engl. Geiger (1916–1999).

York dän. → Georg; weitere Formen: Yorck, Yorrick, Yorick.

Yule schottisch und nordengl., auf schwed. jul, „Weihnachten, Mittwinterfest" zurückgehend, weitere Form: Yul; bekannter Namensträger: Yul Brynner, am. Schauspieler (1915–1985).

Yvan NF zu → Iwan; bekannter Namensträger: Yvan Goll, dt.-franz. Dichter (1891–1950).

Yves aus dem Franz., auf die altfranz. Ritternamen Ive, Ivon und Ivo zurückgehend; bekannte Namensträger: Yves Montand, franz. Schauspieler (1921–1991), Yves Saint Laurent, franz. Modeschöpfer (geb. 1936).

Yvo NF zu → Yves; weitere Form: Yvon.

Zacharias bibl., hebr. Ursprungs, „der Herr hat sich meiner erinnert"; im frühen MA verbreitet; nach der Reformation bis in das 19. Jh. beliebt, heute sehr selten; andere Formen: Sacharja, Sachar (russ.); bekannter Namensträger: Zacharias Werner, dt. Schriftsteller (1768–1823).

Zacharie franz. → Zacharias.

Zachäus NF zu → Zacharias.

Zadok hebr., „der Gerechte".

Zalo bulgar., (Wunsch nach gesunder Entwicklung).

Zander   rätoroman. KF zu → Alexander.

Zarin   aus dem Bulgar., „Herrscher"; weitere Form: Zarjo.

Zdenko   tschech. → Sidonius.

Zeno   aus dem Griech. übernommener Vorn., eigentlich Geschenk des Zeus; Verbreitung: verschiedene griech. Philosophen trugen diesen Vorn.; durch die Verehrung des Heiligen Zeno, Bischof von Verona (4. Jh.), bis in die heutige Zeit in Bayern, Tirol und am Bodensee gewählt; weitere Formen: Zenobio, Zenobius, Zenon.

Zenobio   NF zu → Zeno.

Zenobius   NF zu → Zeno.

Zenon   NF zu → Zeno.

Zens   KF von → Vinzenz.

Zenz   KF zu → Innozenz, Kreszenz und → Vinzenz; weitere Formen: Zenzi; weibl., KF zu → Innozentia, → Kreszentia und → Vinzentia; eindeutiger Zweitname erforderlich.

Zerres   niederrhein. KF zu → Severin.

Zlatko   slaw., „Goldjunge".

Zoltán   ungar. → Sultan; bekannter Namensträger: Zoltán Kodály, ungar. Komponist (1882–1967).

Zygmond   ungar. → Siegmund.

Zygmunt   poln. → Siegmund.

Zyprian   NF zu → Cyprian; weitere Form: Zyprianus.

Zyriakus   griech., „zu dem Herrn gehörend"; weitere Formen: Cyriakus, Ciriaco.

Die beliebtesten Namen im Jahr 2003

Über Jahrzehnte hinweg haben die Zeitschriften *Sprachdienst* (alte Bundesländer) und *Sprachpflege* (DDR bis 1990) die Namengebung gründlich analysiert und dokumentiert. Wer sich für die „Hitlisten" interessiert, kann sich dort informieren oder sich direkt an die Gesellschaft für deutsche Sprache (Spiegelgasse 13, 65183 Wiesbaden) wenden oder sich im Internet unter www.gfds.de informieren.

1	Anna	23	Sophia
2	Johanna	24	Victoria, Viktoria
3	Hanna, Hannah	25	Alina
4	Sara, Sarah	26	Nele
5	Julia	27	Finja
6	Lara	28	Annica, Annika
7	Lena	29	Sophie, Sofie
8	Emely, Emily	30	Jacqueline, Jaqueline
9	Lea, Leah	31	Amelie
10	Lina	32	Jette
		33	Emma
		34	Fabienne
11	Laura	35	Celine
12	Josefine, Josephine	36	Michelle
13	Lilli, Lilly	37	Lisa
14	Katharina	38	Melissa
15	Antonia	39	Chiara, Kiara
16	Louisa, Luisa	40	Larissa
17	Jule	41	Merle
18	Celina	42	Angelina
19	Vanessa	43	Emilia
20	Marie	44	Franziska
21	Charlotte	45	Angelique
22	Leoni, Leonie	46	Linn, Lynn

1	Lucas, Lukas	24	Jannick, Jannik, Yannick, Yannik
2	Ben, Benjamin	25	Simon
3	Luca, Luka	26	Justus
4	Tim	27	Tobias
5	Finn	28	Alexander
6	Jan	29	Lars
7	Moritz	30	Eric, Erik
8	Felix	31	Fabian
9	Jonas	32	Justin
10	Philip, Philipp, Phillip	33	Malte
		34	Nick
		35	Bjarne
11	Kevin	36	Florian
12	Leon	37	Marlon
13	Nico	38	Jakob
14	Paul	39	Nicholas, Nicolas, Nikolas
15	Pascal	40	Mika
16	Louis, Luis	41	Jonathan
17	David	42	Henri, Henry
18	Niclas, Niklas	43	Mats
19	Julius	44	Lennard, Lennart
20	Marvin	45	Carl
21	Maximilian	46	Linus
22	Marc, Mark		
23	Tom		

Tagesnamen und Namenstage

	für evangelische Kalender	für katholische Kalender
1. Januar	*Namengebung des Herrn*; *Neujahr*	*Neujahr*
		Gottesmutter Maria, Wilhelm
2. Januar	Basilius, Wilhelm Löhe	Basilius, Gregor von Nazianz
3. Januar	Gordius	Irmina
4. Januar	Fritz von Bodelschwingh	Marius
5. Januar	Feofan	Ämiliana
6. Januar	*Epiphanias*	*Erscheinung des Herrn*
	Walther Pauker	Balthasar, Kaspar, Melchior
7. Januar	Jakob Andreä	Valentin
8. Januar	Severin	Severin
9. Januar	Johann Laski	Adrian
10. Januar	Karpus, Papylus	Walarich
11. Januar	Ernst der Bekenner	Hyginus
12. Januar	Remigius von Reims	Ernst
13. Januar	Hilarius von Poitiers	Hilarius
14. Januar	Georg Fox	Felix von Nola
15. Januar	Traugott Hahn	Romedius
16. Januar	Georg Spalatin	Marcellus I.
17. Januar	Antonius von Ägypten	Antonius
18. Januar	Ludwig Steil	Priska
19. Januar	Johann Michael Hahn	Agritius
20. Januar	Sebastian	Fabian, Sebastian
21. Januar	Matthias Claudius	Meinrad
22. Januar	Vincentius	Vinzenz
23. Januar	Menno Simons	*Mariä Vermählung*
24. Januar	Erich Sack	Franz von Sales
25. Januar	*Bekehrung des Apostels Paulus*	*Bekehrung des Apostels Paulus*
	Heinrich Seuse	Wolfram
26. Januar	Thimotheus und Titus, Johann	Thimotheus und Titus
27. Januar	Paavo Ruotsalainen	Angela Merici
28. Januar	Karl der Große	Thomas von Aquin
29. Januar	Theophil Wurm	Valerius
30. Januar	Xaver Marnitz	Adelgundis
31. Januar	Charles Spurgeon	Johannes Bosca
Februar		
1. Februar	Klaus Harms	Sigisbert
2. Februar	*Lichtmess*	*Lichtmess*
	Burkhard von Würzburg	Hadelog (Adelheid) von Kitzingen

3. Februar	Ansgar, Matthias Desubas	Blasius
4. Februar	Hrabanus Maurus	Hrabanus Maurus
5. Februar	Philipp Jakob Spener	Agatha
6. Februar	Amandus	Paul Miki
7. Februar	Adolf Stoecker	Richard
8. Februar	Georg Wagner	Hieronymus Ämiliani
9. Februar	John Hooper	Apollonia
10. Februar	Friedrich Christoph Oetinger	Scholastika
11. Februar	Hugo von St. Victor, Benjamin Schmolck	*Mariengedenktag in Lourdes* Theobert (Dietbert)
12. Februar	Valentin Ernst Löscher, Friedrich Schleiermacher	Benedikt von Aniane
13. Februar	Christian Friedrich Schwartz	Wiho
14. Februar	Cyrill und Methodius, Johann Daniel Falck	Cyrill und Methodius
15. Februar	Georg Maus	Siegfried
16. Februar	Wilhelm Schmidt	Juliana
17. Februar	Johann Heermann	Sieben Gründer des Servitenordens
18. Februar	Martin Luther	Bernadette
19. Februar	Peter Brullius	Julian
20. Februar	Friedrich Weißler	Eleutherius
21. Februar	Lars Levi Laestadius	Petrus Damiani
22. Februar	Bartholomäus Ziegenbalg	Kathedra Petri
23. Februar	Polycarpus	Polykarp
24. Februar	Apostel Matthias	Apostel Matthias
25. Februar	Walburga	Walburga
26. Februar	Mechthild von Magdeburg	Alexander
27. Februar	Patrick Hamilton	Leander
28. Februar	Martin Bucer	Roman und Lupicin
29. Februar	Suitbert	Oswald
März		
1. März	Martin Moller	Albinus
2. März	John Wesley	Agnes von Böhmen
3. März	Johann Friedrich der Großmütige	Titian
4. März	Elsa Brandström	Kasimir
5. März	Hermann Friedrich Kohlbrügge	Johannes Josef
6. März	Chrodegang von Metz	Fridolin
7. März	Perpetua und Felicitas	Perpetua, Felicitas
8. März	Thomas von Aquin	Johannes von Gott
9. März	Pusei, Bruno von Querfurt	Bruno von Querfurt
10. März	Vierzig Ritter von Sebaste	Vierzig Märtyrer von Sebaste, Attala

11. März	Pionius	Eulogius
12. März	Gregor der Große	Engelhard
13. März	Georg von Ghese	Paulina
14. März	Mathilde, Friedrich Gottlieb Klopstock	Mathilde
15. März	Kaspar Olevianus	Klemens Maria Hofbauer
16. März	Heribert von Köln	Heribert
17. März	Patrick von Irland	Gertrud von Nivelles
18. März	Cyrillus von Jerusalem, Marie Schlieps	Cyrill von Jerusalem
19. März	Michael Weiße	Josef
20. März	Albrecht von Preußen	Wolfram
21. März	Benedikt von Nursia	Serapion
22. März	August Schreiber	Herlinde und Reinhilde
23. März	Wolfgang von Anhalt	Turibio
24. März	Veit Dietrich	Bernulph
25. März	*Verkündigung Mariä* Ernst der Fromme	*Verkündigung des Herrn* Annunziata
26. März	Liudger, Karl Schlau	Liudger
27. März	Meister Eckhart	Frowin
28. März	Rupert	Totilo
29. März	Hans Nielsen Hauge	Eustasius
30. März	Johannes Evangelista Goßner	Quirin
31. März	Akazius von Melitene	Kornelia

April

1. April	Amalie Sieveking	Hugo
2. April	Friedrich von Bodelschwingh	Franz von Paula
3. April	Gerhard Tersteegen	Irene
4. April	Ambrosius von Mailand	Isidor
5. April	Christian Scriver, Maximus	Vinzenz
6. April	Cyrillus und Methodius; Notker der Stammler	Notker
7. April	Albrecht Dürer	Johannes Baptist de la Salle
8. April	Martin Chemnitz	Walter
9. April	Dietrich Bonhoeffer	Waltraud
10. April	Thomas von Westen	Fulbert
11. April	Matthäus Apelles von Löwenstern	Matthäus
12. April	Petrus Waldus	Zeno
13. April	Konrad Hubert	Martin I.
14. April	Simon Dach	Tiburtius
15. April	Karolina Fliedner	Reinert
16. April	Sundar Singh	Benedikt Josef Labre

17. April	Ludwig von Berquin	Stephan Harding
18. April	Apollonius	Ursma
19. April	Philipp Melanchthon	Leo IX.
20. April	Johannes Bugenhagen	Oda
21. April	Anselm von Canterbury	Konrad von Parzham
22. April	Friedrich Justus Perels	Wolfhelm
23. April	Georg, Adalbert von Prag	Adalbert
24. April	Johann Walter	Fidelis von Sigmaringen
25. April	Evangelist Markus, Philipp Friedrich Hiller	Evangelist Markus
26. April	Tertullian	Trudpert
27. April	Origenes	Petrus Kanisius
28. April	Johannes Gramann	Pierre Chanel
29. April	Katharina von Siena	Katharina von Siena
30. April	David Livingstone	Pius V.
Mai		
1. Mai	Nikolaus Hermann	Josef der Arbeiter
2. Mai	Athanasius	Athanasius
3. Mai	Apostel Philippus und Jakobus d.J.	Apostel Philippus und Jakobus d.J.
4. Mai	Michael Schirmer	Florian
5. Mai	Godehard	Godehard
6. Mai	Friedrich der Weise	Britto
7. Mai	Otto der Große	Gisela
8. Mai	Gregor von Nazianz	Ulrika
9. Mai	Graf Nikolaus von Zinzendorf	Beatus
10. Mai	Johann Hüglin	Bertram
11. Mai	Johann Arnd	Gangolf
12. Mai	Pankratius	Pankratius
13. Mai	Hans Ernst von Kottwitz	Servatius
14. Mai	Nikolaus von Amsdorf	Bonifatius
15. Mai	Pachomius	Sophie
16. Mai	Die fünf Märtyrer von Lyon	Johannes Nepomuk
17. Mai	Valerius Herberger	Paschalis Baylon
18. Mai	Christian Heinrich Zeller	Johannes I.
19. Mai	Alkuin	Petrus Cölestin
20. Mai	Samuel Hebich	Bernhardin von Siena
21. Mai	Konstantin der Große	Hermann Josef
22. Mai	Marion von Klot	Rita
23. Mai	Girolarno Savonarola	Wibrecht
24. Mai	Nikolaus Selnecker, Esther	Auxilia
25. Mai	Beda der Ehrwürdige	Beda
26. Mai	Augustin von Canterbury	Augustin von Canterbury

27. Mai	Johannes Calvin, Paul Gerhard	Philipp Neri
28. Mai	Karl Mez	Wilhelm
29. Mai	Hieronymus von Prag	Maximin
30. Mai	Gottfried Arrald	Ferdinand
31. Mai	Joachim Neander	Hiltrud

Juni

1. Juni	Justin der Märtyrer	Justin
2. Juni	Blandina, Friedrich Oberlin	Marcellinus, Petrus
3. Juni	Hudson Taylor	Karl Ilwanga
4. Juni	Morandus	Clotilde
5. Juni	Winfried, Bonifatius	Bonifatius
6. Juni	Norbert von Xanten	Norbert
7. Juni	Ludwig Ihmels	Eoban
8. Juni	August Hermann Franke	Medard
9. Juni	Ephräm der Syrer	Ephräm
10. Juni	Friedrich August Tholuck	Bardo
11. Juni	Barnabas	Barnabas
12. Juni	Isaak le Febre	Lea III.
13. Juni	Antoine Coart	Antonius von Padua
14. Juni	Gottschalk der Wende	Hartwig
15. Juni	Georg Israel	Vitus
16. Juni	Johannes Tauler	Benno
17. Juni	August Hermann Werner	Rainer
18. Juni	Albert Knapp	Elisabeth von Schönau
19. Juni	Ludwig Richter	Romuald
20. Juni	Johann Georg Hamann	Silverius
21. Juni	Eva von Tiele-Winkler	Aloysius Gonzaga
22. Juni	Paulinus von Nola	Paulinus von Nola
23. Juni	Argula von Grumbach	Edeltraud
24. Juni	Johannes der Täufer	Johannes der Täufer
25. Juni	Prosper von Aquitanien	Prosper
26. Juni	Vigilius	Anthelm
27. Juni	Johann Valentin Andreä	Hemma
28. Juni	Irenäus	Irenäus
29. Juni	Apostel Petrus und Paulus	Apostel Petrus und Paulus
30. Juni	Otto von Bamberg	Otto

Juli

1. Juli	Heinrich Voes, Jan van Esch	Theobald
2. Juli	*Mariä Heimsuchung*	*Mariä Heimsuchung*
	Georg Daniel Teutsch	Wiltrud
3. Juli	Aonio Paleario	Apostel Thomas

4. Juli	Ulrich von Augsburg	Ulrich
5. Juli	Johann Andreas Rothe	Antonius Maria Zaccaria
6. Juli	Johannes Hus	Maria Goretti
7. Juli	Tilman Riemenschneider	Willibald
8. Juli	Kilian	Kilian
9. Juli	Georg Neumark	Veronika
10. Juli	Wilhelm von Oranien	Knud, Erich und Olaf
11. Juli	Renata von Ferrara	Benedikt von Nursia
12. Juli	Natan Söderblom	Hermagoras und Fortunat
13. Juli	Heinrich II., Kunigunde	Heinrich II. und Kunigunde
14. Juli	Karolina Utriainen	Kamillus
15. Juli	Johannes Bonaventura	Bonaventura
16. Juli	Anna Askew	*Mariengedenktag a. d. Berge Karmel*, Donata
17. Juli	Märtyrer von Scili	Alexius
18. Juli	Paul Schneider	Answer
19. Juli	Johann Marteihle	Makrina
20. Juli	Margareta	Margaretha
21. Juli	John Eliot	Laurentius von Brindisi
22. Juli	Moritz Bräuninger	Maria Magdalena
23. Juli	Brigitta von Schweden	Brigitta
24. Juli	Christophorus	Christophorus
25. Juli	Apostel Jakobus d. Ä.	Apostel Jacobus
26. Juli	Luise Scheppler	Joachim und Anna
27. Juli	Angelus Merula	Pantaleon
28. Juli	Johann Sebastian Bach	Beatus und Bantus
29. Juli	Olaf der Heilige	Martha
30. Juli	William Penn	Petrus Chrysologus
31. Juli	Bartolomé Las Casas	Ignatius von Loyola

August

1. August	Gustav Werner	Alfons Maria von Lignori
2. August	Christoph Blumhardt	Eusebius von Vercelli
3. August	Josua Stegmann	Lydia
4. August	Johannes Maria Vianney	Johannes Maria Vianney
5. August	Franz Härter	Mariä Schnee, Oswald
6. August	Die evangelischen Salzburger	*Verklärung des Herrn* Felizissimus und Agapitus
7. August	Afra	Kajetan
8. August	Jean Valliére	Dominikus
9. August	Adam Reusner	Theresia Benedicta vom Kreuz
10. August	Laurentius	Laurentius
11. August	Klara von Sciffi	Klara

12. August	Paul Speratus	Radegunde
13. August	Radegundis, Paul Richter	Pontianus und Hippolyt
14. August	Georg Balthasar, Florence Nightingale	Maximilian Kolbe
15. August	Hermann von Wied	*Mariä Himmelfahrt* Assunta
16. August	Leonhard Kaiser	Stephan von Ungarn
17. August	Johann Gerhard	Hyazinth
18. August	Erdmann Neumeister	Helena
19. August	Blaise Pascal	Johannes Eudes
20. August	Bernhard von Clairvaux	Bernhard von Clairvaux
21. August	Geert Groote	Pius X.
22. August	Symphorian	*Maria Königin* Regina
23. August	Gaspard de Coligny	Rosa
24. August	Apostel Bartholomäus	Apostel Bartholomäus
25. August	Gregor von Utrecht	Ludwig
26. August	Wulfila	Wulfila
27. August	Monika	Monika
28. August	Augustinus	Augustinus
29. August	Martin Boos	*Enthauptung Johannes des Täufers* Sabina
30. August	Mathis G. Nithart „Grünewald"	Riza
31. August	John Bunyan	Paulinus von Trier

September

1. September	Sixt Karl Kapff	Verena
2. September	Nicolai Frederik S. Grundtvig	Apollinaris
3. September	Oliver Cromwell	Gregor der Große
4. September	Giovanni Mollio	Switbert
5. September	Katharina Zell	Maria Theresia Wüllenweber
6. September	Matthias Weibel	Magnus
7. September	Lazarus Spengler	Otto von Freising
8. September	Korbinian	*Mariä Geburt*
9. September	Luigi Pasquali	Petrus Claver
10. September	Leonhard Lechner	Theodard
11. September	Johannes Brenz	Maternus
12. September	Matthäus Vlicky	*Mariä Namen*
13. September	Johannes Chrysostomus	Johannes Chrysostomus
14. September	Cyprian	*Kreuzerhöhung* Conan
15. September	Jan van Woerden	*Mariä Schmerzen* Dolores

16. September	Kaspar Tauber	Cornelius und Cyprian
17. September	Hildegard von Bingen	Hildegard
18. September	Lambert	Lambert
19. September	Thomas John Barnado	Januarius
20. September	Carl Heinrich Rappard	Eustachius
21. September	Apostel und Evangelist Matthäus	Apostel Matthäus
22. September	Mauritius	Mauritius
23. September	Maria de Bohorques	Linus
24. September	Hermann der Lahme	Rupert und Virgil
25. September	Paul Rabaut	Nikolaus von Flüe
26. September	Herrezuela und Leonore de Cisnere	Kosmas und Damian
27. September	Vinzenz von Paul	Vinzenz von Paul
28. September	Lioba	Lioba und Thekla
29. September	Erzengel Michael	Erzengel Michael, Gabriel, Raphael
30. September	Hieronymus	Hieronymus

Oktober

1. Oktober	Petrus Herbert	Theresia vom Kinde Jesu
2. Oktober	Pietro Carnesecchi	Schutzengel, Beregis
3. Oktober	Franz von Assisi	Ewald
4. Oktober	Rembrandt	Franz von Assisi
5. Oktober	Theodor Fliedner	Meinolf
6. Oktober	William Tindale	Bruno der Kartäuser
7. Oktober	Heinrich Melchior Mühlenberg	*Mariengedenktag vom Rosenkranz* Rosa
8. Oktober	Johann Mathesius	Sergius
9. Oktober	Justus Jonas	Dionysius
10. Oktober	Bruno von Köln	Viktor
11. Oktober	Huldreich Zwingli	Bruno von Köln
12. Oktober	Elisabeth Fry	Maximilian
13. Oktober	Theodor Beza	Lubentius
14. Oktober	Jakob der Notar	Kallistus I.
15. Oktober	Hedwig von Schlesien	Theresia von Avila
16. Oktober	Gallus, Lukas Cranach	Hedwig
17. Oktober	Ignatius von Antiochien	Ignatius
18. Oktober	Evangelist Lukas	Evangelist Lukas
19. Oktober	Ludwig Schneller	Jean de Brébeuf, Isaac Jogues
20. Oktober	Karl Segebrock, Ewald Ovir	Wendelin
21. Oktober	Elias Schrenk	Ursula
22. Oktober	Jeremias Gotthelf	Cordula
23. Oktober	Johannes Zwick	Johannes von Capestrano
24. Oktober	Starez Leonid	Antonius Maria Claret

25. Oktober	Philipp Nicolai	Krispin, Krispinian
26. Oktober	Frumentius	Amandus
27. Oktober	Olaus, Lorenz Petri	Wolfhard
28. Oktober	Apostel Simon und Judas	Apostel Simon und Judas
29. Oktober	Henri Dumant	Ferrutius
30. Oktober	Gottschalk	Liutbirg
31. Oktober	*Reformationsgedenktag* Wolfgang	Wolfgang

November

1. November	*Gedenktag der Heiligen*	*Allerheiligen*
2. November	Johann Albrecht Bengel	*Allerseelen*
3. November	Pirmin	Rupert Mayer
4. November	Claude Brousson	Karl Borromäus
5. November	Hans Egede	Emmerich
6. November	Gustav Adolf	Leonhard
7. November	Willibrand	Willibrand
8. November	Willihad	Willihad
9. November	Emil Frommel	Theodor
10. November	Leo der Große	Leo der Große
11. November	Martin von Tours	Martin
12. November	Christian Gottlob Barth	Josaphat
13. November	Ludwig Harms	Stanislaus Kostka
14. November	Gottfried Willhelm Leibniz	Alberich
15. November	Albert der Große	Albert der Große
16. November	Jan Amos Comenius	Margareta von Schottland
17. November	Jakob Böhme	Gertrud von Helfta
18. November	Ludwig Hofacker	Odo von Clany
19. November	Elisabeth von Thüringen	Elisabeth von Thüringen
20. November	Bernward von Hildesheim	Bernward
21. November	Wolfgang Capilo	*Mariengedenktag in Jerusalem* Amalberg
22. November	Cäcilia	Cäcilia
23. November	Kolumban	Kolumban
24. November	Johannes Oekolampad	Modestus
25. November	Katharina	Katharina von Alexandria
26. November	Konrad	Konrad und Gebhard
27. November	Virgilius von Salzburg	Bilhildis
28. November	Margaretha Blarer	Gerhard
29. November	Saturninus	Friedrich
30. November	Apostel Andreas, Alexander Roussel	Apostel Andreas

Dezember

1. Dezember	Eligius	Eligius
2. Dezember	Jan van Ruysbroek	Lucius
3. Dezember	Ämilie Juliane von Schwarzburg-Rudolstadt	Franz Xaver
4. Dezember	Barbara	Barbara
5. Dezember	Aloys Henhäfer	Anno
6. Dezember	Nikolaus, Ambrosius Blarer	Nikolaus
7. Dezember	Blutzeugen des Thorner Blutgerichts	Ambrosius
8. Dezember	Martin Rinckart	*Unbefleckte Empfängnis Mariä*
9. Dezember	Richard Baxter	Eucharius
10. Dezember	Heinrich Zütphen	Petrus Fourier
11. Dezember	Lars Olsen Skrefsrud	Damasus I.
12. Dezember	Vicelin	Johanna Franziska von Chanta
13. Dezember	Odilia	Odilia
14. Dezember	Berthold von Regensburg	Johannes vom Kreuz
15. Dezember	Gerhard Uhlhorn	Wunibald
16. Dezember	Adelheid	Adelheid
17. Dezember	Abt Sturmius von Fulda	Yolanda
18. Dezember	Wunibald, Willibald	Desideratus
19. Dezember	Paul Blau	Mengoz
20. Dezember	Katharina von Bora	Julius
21. Dezember	Apostel Thomas	Anastasius
22. Dezember	Dwight Liman Moody	Jutta
23. Dezember	Anne Dubourg	Johannes von Krakau
24. Dezember	Matilda Wrede	Adam, Eva
25. Dezember	*1. Christtag: Geburt des Herrn*	*Weihnachten: Geburt des Herrn*
26. Dezember	*2. Christtag* Erzmärtyrer Stephanus	*Fest der heiligen Familie* Stephan
27. Dezember	Apostel und Evangelist Johannes	Apostel Johannes
28. Dezember	*Unschuldige Kindlein* Reinhard Hedinger	*Unschuldige Kinder* Hermann und Otto
29. Dezember	Thomas Becket	Thomas Becket
30. Dezember	Martin Schalling	Lothar
31. Dezember	*Altjahresabend* Johann Wiclif	Silvester I.

Die wichtigsten Abkürzungen

ahd.	althochdeutsch	MF	männliche Form
altengl.	altenglisch	mhd.	mittelhochdeutsch
am.	amerikanisch	MoF	moderne Form
arab.	arabisch	NF	Nebenform
aram.	aramäisch	niederdt.	niederdeutsch
AT	Altertum	niederl.	niederländisch
bask.	baskisch	nord.	nordisch
bibl.	biblisch/aus der Bibel	norweg.	norwegisch
chin.	chinesisch	österr.	österreichisch
dän.	dänisch	pers.	persisch
DF	Doppelform	phönik.	phönikisch
DN	Doppelname	poln.	polnisch
dt.	deutsch	rätoroman.	rätoromanisch
EF	erweiterte Form	roman.	romanisch
engl.	englisch	russ.	russisch
finn.	finnisch	schwed.	schwedisch
franz.	französisch	schweiz.	schweizerisch
fries.	friesisch	serbokroat.	serbokroatisch
germ.	germanisch	skand.	skandinavisch
griech.	griechisch	slaw.	slawisch
hebr.	hebräisch	slowak.	slowakisch
hl.	heilige(r)	span.	spanisch
ir.	irisch	tschech.	tschechisch
isländ.	isländisch	türk.	türkisch
ital.	italienisch	UF	ursprüngliche Form
jap.	japanisch	ungar.	ungarisch
KF	Kurzform	walis.	walisisch
KoF	Koseform	WF	weibliche Form
MA	Mittelalter	Zus.	Zusammensetzung